PRESIONANDO LA ANTÍTESIS

PRESIONANDO LA ANTÍTESIS

DEFENDIENDO LA COSMOVISIÓN CRISTIANA

GREG L. BAHNSEN

Introducción por GARY DEMAR

Cali, Colombia

Jordan Station, Ontario, Canada

Este libro está dedicado a David L. Bahnsen, un hijo fiel quien mantiene vivo el legado de su padre.

Presionando la Antítesis
Copyright © Monte Alto Editorial y Cántaro Publications, 2022, una imprenta del Cántaro Institute, Jordan Station, ON. L0R 1S0, Canada
www.cantaroinstitute.org/es

Traducido con permiso del libro *Pushing the Antithesis: The Apologetic Methodology* © American Vision, Inc. 2021;
Powder Springs, Georgia, 30127

Todos los derechos reservados. Ninguna parte de esta publicación puede ser reproducida, almacenada en un sistema de recuperación o transmitida en forma alguna por ningún medio, ya sea electrónico, mecánico, fotocopiado, grabado o de otro tipo, sin el permiso previo del editor.

A menos que se indique lo contrario, las citas de las Escrituras son de la Biblia RV60 (Versión Reina Valera 1960) © 1960 en América Latina por Sociedades Bíblicas. Las citas marcadas con (LBLA) son tomadas de la Nueva Biblia de las Américas LBLA Copyright © 2005 por The Lockman Foundation. Las citas marcadas con (NVI) son tomadas de la La Santa Biblia, Nueva Versión Internacional © 1999 por la Sociedad Bíblica Internacional. Las citas marcadas con (NTV) son tomadas de la Santa Biblia, Nueva Traducción Viviente © 2010 por Tyndale House Foundation, 2010. Las citas marcadas con (BTX) son tomadas de la Biblia Textual.

Primera impresión 2022 en Colombia (tapa blanda) y Canada (tapa dura)

Library & Archives Canada
ISBN: 978-1-777 6633-8-4
Printed in the United States of America

TABLA DE CONTENIDO

Prólogo por Gary Demar 9
Introducción 25
1. El mito de la neutralidad 31
2. Destruyendo las fortalezas filosóficas 57
3. Definiendo las cosmovisiones 79
4. Características de la cosmovisión 97
5. Cosmovisiones alternativas 123
6. Cosmovisiones en colisión 149
7. Venciendo el prejuicio anti-metafísica 167
8. Acercamiento al incrédulo 203
9. El problema de los absolutos de la moral 239
10. La uniformidad de la naturaleza 267
11. El problema de los universales 287
12. Libertad personal y dignidad 307
Clave de respuestas 337
Glosario de términos y frases 381

PRÓLOGO

por Gary DeMar

> *"Nunca se trata acerca de ganar, Greg.*
> *Se trata acerca de exponer sus inconsistencias.*
> *Dios hace todo lo demás. Nunca te olvides de la antítesis."*
> — *Cornelius Van Til a Greg L. Bahnsen (1985)[1]*

YO SÉ QUE DIOS debe tener sentido del humor ya que estoy escribiendo el Prólogo a un libro que esboza la metodología apologética del Dr. Greg L. Bahnsen. Aún la frase "metodología apologética" muestra este humor considerando que antes de convertirme en cristiano en 1973, yo no hubiera tenido la menor idea de lo que la frase significaba. Si alguna vez existió una relación donde el músculo y el cerebro se identificaran como los dos involucrados, fue en mi relación y amistad con Dr. Bahnsen

Mi enfoque en la vida durante la preparatoria y la universidad era el atletismo. En lugar de estudiar, pasaba mí tiempo entrenan-

---

1. Conversación entre Cornelius Van Til y Greg L. Bahnsen como la reportó David L. Bahnsen, "Esta Noche hace 20 años: El Debate Bahnsen/Stein", www.dlbthoughts.com/Articles.aspx?IDCol=91 (Aunque el artículo existía cuando este libro fue escrito originalmente, fue removido antes de esta publicación.)

do para el lanzamiento de bala, disco, jabalina, salto de longitud, con gran énfasis en el lanzamiento de bala. Para aquellos que no están familiarizados con este evento de atletismo, piensen en un hombre empujando (no aventando) una bala de cañón a los confines de un círculo de aproximadamente 2 metros en un intento de dejar atrás a sus competidores. Yo pasaba horas todos los días entrenando con pesas ya que para poder lanzar una bola de acero que pesa poco más de 5 kilos, tienes que ser grande y fuerte. Esto implicaba comer una cantidad exagerada de alimentos cada día para subir mi peso a casi 100 kilos siendo tan sólo un estudiante del último año de preparatoria. Mi dedicación y esfuerzo me llevaron al nuevo récord estatal de Pennsylvania en 1968, a un quinto lugar a nivel nacional con un tiro de más de 19 metros y medio, a participar en el encuentro deportivo en la pista de los Golden West Invitational que se llevó a cabo en Sacramento, California, así como a obtener 50 ofrecimientos de becas para algunas de las mejores universidades del país. Sólo había una cosa que me faltaba: buenas calificaciones. Mientras que yo entrenaba diligentemente, aún religiosamente podrían decir algunos, yo hice todo esto excluyendo el estudio.[2]

Yo entré a la universidad académicamente atrofiado. Pero como dije, Dios tiene buen sentido del humor. Durante mi último año en la universidad, después de una disminución constante de mi habilidad atlética y de mi interés por los deportes, Dios transformó mi vida espiritual y académicamente. Yo realmente me convertí en "una nueva creación en Cristo" (2 Corintios 5:17) con una mente transformada (Romanos 12:2). Dándome

---

2. Para antecedentes adicionales, ver de Gary DeMar, "Ron Semkiw: Una Breve pero Fuerte Carrera," 14:3 *MILO* (Diciembre 2006), 49–53 y de Gary DeMar, "La Cultura Esteroide" (Diciembre 9, 2004): http://americanvision.org/1357/steroid-culture/., consultado el 5-31-13.

cuenta que me encontraba muy retrasado en mi conocimiento acerca de muchas cosas, empecé a leer y estudiar, empezando con *Mero Cristianismo* de C. S. Lewis, *La Primera Navidad* de Paul L. Maier y *Evidencia que exige un veredicto* de Josh McDowell. Esperando acelerar mi reeducación, en 1974, me inscribí como estudiante en un Seminario llamado Reformed Theological Seminary (RTS) en Jackson, Mississippi. Fue ahí donde entré en contacto con otros estudiantes que pensaban de manera similar, una biblioteca enorme, una librería bien abastecida, profesores bien preparados y el mejor preparado de todos ellos, el Dr. Greg L. Bahnsen.

Al principio cuando llegué a Cristo, estaba viviendo en algo menos que el escenario espiritual ideal. Pero aún esto era para un propósito de Dios mayor. Aprendí desde el principio que defender la fe cristiana requería de conocimiento, habilidad y la obra del Espíritu Santo. Siempre que compartiera la cosmovisión de aquellos con los que vivía, había muy poco para debatir. Mientras que hacía lo mejor para responder preguntas importantes y objeciones rotundas lanzadas por mis compañeros de casa y sus amigos, era obvio que lamentablemente estaba sin preparación. Mi fe cristiana fue puesta a prueba inmediatamente por interrogatorios escépticos. Sus preguntas me llevaron a estudiar más y pronto me di cuenta que el campo de la apologética cristiana era un área de ministerio que, de hecho, podría ser el llamado de Dios para mi vida. Pero ¿quién era yo para defender las declaraciones de Cristo en un ambiente académico donde la historia, el conocimiento del griego y hebreo, la lógica, las habilidades para el debate y el conocimiento exhaustivo de la Biblia son requeridos? Yo estaba entrenado como un atleta, no como un apologista. Aún así, parecía que Dios me estaba moviendo a especializarme en apologética.

En la impredecible previsión de Dios, terminé en RTS donde el músculo conoció al cerebro. Esto no quiere decir que el Dr. Bahnsen no disfrutó ni participó en atletismo, sino que tan sólo él no hizo de los deportes el centro de su vida como yo. Mientras que yo me gradué de la universidad Western Michigan con un título en Educación Física y aspiraba a ser entrenador a nivel universitario, los logros académicos del Dr. Bahnsen, poniéndolo de una forma amable para mi propio beneficio, estaban en el otro lado del espectro. En 1970, el Dr. Bahnsen se graduó con el reconocimiento *magna cum laude* de la Universidad Westmont, donde se recibió como Licenciado en Filosofía y fue premiado con el reconocimiento John Bunyan Smith por su promedio general de calificaciones. De ahí buscó especializarse en el Westminster Theological Seminary en Filadelfia, Pensilvania, donde estudió con Cornelius Van Til (1895–1987) y solidificó su entendimiento y apreciación de la metodología presuposicional de la apologética desarrollada por Van Til. Cuando se graduó en Mayo de 1973, el Dr. Bahnsen recibió simultáneamente dos grados, Maestro en Divinidad y Maestro en Teología, así como el premio William Benton Greene en apologética y la beca universitaria Richard Weaver del Instituto Intercollegiate Studies. Después de terminar el seminario, inició su trabajo académico en la Universidad del Sur de California (USC) donde estudió filosofía, especializándose en la teoría del conocimiento (epistemología). En 1975, después de ser ordenado en la Iglesia Presbiteriana Ortodoxa, se convirtió en profesor adjunto de Apologética y Ética en el Reformed Theological Seminary en Jackson, Mississippi. Mientras estaba ahí, completó sus estudios de doctorado en USC, recibiendo su título de Doctor en Filosofía en 1978 a la edad de 30.[3]

---

3. Para una biografía breve del Dr. Bahnsen, ver de David L. Bahnsen, "La vida del Dr. Greg L. Bahnsen," *El Abanderado: En Memoria del*

PRÓLOGO

Como un cristiano recién convertido viviendo en la guarida de la incredulidad durante mi último semestre de la universidad, me encontraba con que cada vez que alguien levantaba una objeción acerca de la autoridad de la Biblia—la realidad de los milagros, el problema del mal o la existencia de Dios—y yo intentaba contestarlas, era golpeado con otra objeción. Cuando quedaba desconcertado, como lo era muy seguido, iba y pasaba tiempo investigando y regresaba un día o dos después con las respuestas de mi estudio de las Escrituras y con información adicional entresacada de libros de mi creciente biblioteca. Algunas veces obtenía que alguno de mis amigos escépticos asintiera con la cabeza estar de acuerdo en puntos que yo daba, pero entonces, surgiría una nueva objeción. Debía haber una mejor manera de defender la fe cristiana que tan sólo tomando un poco "de aquí y de allá". Pronto aprendí que había una mejor forma bíblica que seguía el consejo de Pedro de ""Sino santifiquen a Cristo como Señor en sus corazones, estando siempre preparados para presentar defensa ante todo el que les demande razón de la esperanza que hay en ustedes. Pero *háganlo* con mansedumbre y reverencia" (1 Pedro 3:15). Pedro dejó claro que defender la fe no era para una casta especial de cristiano. Todos debemos estar listos. Es cierto que algunos están mejor equipados que otros, pero de todos modos está el requisito para todos los cristianos de estar listos para hacer una defensa. Esto significa que la metodología debe ser lo suficientemente básica para que cualquier cristiano la domine.

Mi método de "de aquí y de allá" que estaba usando se basaba fuertemente en las evidencias. Esta metodología está mejor expresada por Josh McDowell en *Evidencia que Exige un Veredicto,* libro que fui animado a leer por mis nuevos amigos

Greg L. Bahnsen, ed. Steven M. Schlissel (Nacogdoches, TX: Covenant Media Press, 2002), 9–27.

cristianos para presentar mi argumento de la autenticidad del historial bíblico y de mi testimonio cristiano. Las evidencias de un hecho de la naturaleza son indudablemente importantes en la defensa de la fe cristiana,[4] pero pronto aprendería que nunca deberían ser vistas separándolas de la cosmovisión de una persona. El acercamiento evidencialista asume que los hechos son neutrales, que ellos "hablan por sí mismos" y que aquellos que evalúan los hechos no tienen prejuicios ni operan en la cosmovisión de supuestos en su interpretación de los hechos. Si un escéptico parte de la premisa de que los milagros no suceden, entonces toda la evidencia del mundo no lo convencerá de lo contrario. Su punto de partida anti sobrenatural en el que opera, asumirá que debe haber alguna explicación naturalista que no fue comprendida por aquellos que escribieron en el tiempo pre-científico. Los anti sobrenaturalistas podrían argumentar: (1) Quizás Lázaro no estaba realmente muerto cuando fue puesto en la tumba. Él podría haber estado en coma y ser mal diagnosticado por su familia y amigos, quienes tenían muy poco conocimiento médico. (2) Escritores más recientes de reportes del evangelio inventaron historias acerca de la vida y obra de Jesús para poderlo hacer ver como un operador de milagros ante aquellos a quienes se les invitaba a unirse a la nueva religión. (3) En términos de lo que conocemos acerca de la ciencia, simplemente no es posible resucitar a los muertos.

Para aquellos establecidos en su cosmovisión anti sobrenatural, siempre habrá alguna razón naturalista del porque los milagros son imposibles y ninguna cantidad de evidencia les convencerá de lo contrario. Considere la siguiente historia humorística para aclarar el punto de que las evidencias sólo tienen sentido dentro de la cosmovision que una persona ya ha aceptado:

---

4. Thom Notaro, *Van Til y el Uso de la Evidencia* (Phillipsburg, PA: Presbyterian and Reformed, 1980).

PRÓLOGO

Hace mucho tiempo existió un hombre quien creyó que había muerto. Su preocupada esposa y amigos lo enviaron al amistoso psiquiatra del vecindario. El psiquiatra determinó curarlo convenciéndolo de un hecho que contradecía su creencia de que estaba muerto. El psiquiatra decidió utilizar el simple hecho de que los hombres muertos no sangran. El puso a su paciente a leer textos médicos, a observar autopsias, etc. Después de semanas de esfuerzo, el paciente finalmente dijo, "¡Está bien, está bien! Me ha convencido. Los hombres muertos no sangran." Después de lo cual, el psiquiatra lo picó con una aguja en el brazo y la sangre empezó a fluir. El hombre miró hacia abajo y se contorsionó, empalideció y gritó: "¡Por Dios Santo! ¡Después de todo, los hombres muertos si sangran!"[5].

Suena ridículo, pero como veremos, existen ejemplos de personas de la vida real, quienes argumentan de una manera similar. Los hechos para este "hombre muerto" no eran convincentes debido a la presuposición en la que operaba. La evidencia que se le presentó era incontrovertible para alguien operando en una cosmovisión partiendo de suponer que sólo los vivos sangran. Para poder sostener la legitimidad de su cosmovisión, nuestro paciente sólo tuvo que hacer unos pequeños ajustes a su visión para que encajara en el nuevo "hecho" desconocido para él antes—los hombres muertos si sangran. El doctor y el paciente estaban observando el mismo hecho—el fluir de la sangre—pero la visión en la que operaban provocó que llegaran a conclusiones diferentes de lo que la evidencia significaba.

Todos hemos experimentado esto. El debate acerca del aborto no se trata sólo acerca de la evidencia. No puede ser, ya que la

---

5. John Warwick Montgomery, *El Diálogo Altizer-Montgomery* (Chicago, IL: InterVarsity Press, 1967), 21–22. Para una ilustración diferente de este fenómeno, ver la Introducción de Gary DeMar en, *Pensando con Claridad en un Mundo Torcido: Un Manual de Defensa Cristiana* (Powder Springs, GA: American Vision, 2001).

evidencia es la misma tanto para los que están a favor o en contra del aborto. Lo mismo es verdad en el debate de creación-evolución. Los biólogos, antropólogos, químicos y filósofos de ambos bandos están observando la misma evidencia, pero llegan a diferentes conclusiones. ¿Qué hace la diferencia? Un compromiso previo con una presuposición establecida. Consideren lo siguiente escrito por el evolucionista Richard Lewontin:

> Nosotros nos ponemos del lado de la ciencia *a pesar de que* es patente lo absurdo de algunas de sus construcciones, *a pesar de* su fracaso para cumplir muchas de sus promesas extravagantes de salud y vida, *a pesar de* la tolerancia de la comunidad científica a sus historias fabricadas y sin fundamento, debido a que tenemos un compromiso previo, un compromiso con el materialismo. No es que los métodos y las instituciones de la ciencia de alguna manera nos obliguen a aceptar una explicación material de un mundo fenomenal, sino que por el contrario, nosotros nos vemos forzados por nuestra adhesión previa a las causas materiales, a crear un equipo de investigación y establecer conceptos que produzcan explicaciones materiales, sin importar que tan en contra de la intuición, sin importar que tan místico sea para los no iniciados. Es más, el materialismo es absoluto, porque nosotros no podemos permitir que haya un Pie Divino en la puerta[6].

¡Ahí lo tienen! No podía haber aclarado el punto de mejor manera. Muchas veces es difícil convencer a la gente de que la ciencia no es el campo de estudio objetivo que finge ser. Aún cuando los hechos no tengan sentido, el no probado compromiso previo con el materialismo debe ser abrazado a toda costa, sin importar lo que los hechos digan. Para aflojar el control sólo un poco, Dios debe ser considerado como el factor principal en la ecuación y esto nunca lo van a hacer los materialistas aunque

---

6. Richard Lewontin, "Billiones y billiones de demonios," *The New York Review* (Enero 9, 1997), 31

esto implique ser irracional y anticientífico para proteger una cosmovisión que necesita dar cuentas a Dios de la lógica que es usada para mantenerlo a Él fuera.

El objetivo en la apologética, como enseñó el Dr. Bahnsen a sus estudiantes, es acercarse a la persona al nivel de su cosmovisión, visión que está construida sobre un grupo de supuestos operando en torno a la fuente y naturaleza del conocimiento que le da significado a los hechos y las experiencias que encuentra. El Dr. Bahnsen ofrece a continuación un útil extracto de la metodología:

> Todo mundo piensa y razona en términos de un entendimiento amplio y fundamental de la naturaleza de la realidad, de cómo sabemos lo que sabemos y de cómo deberíamos vivir nuestras vidas. Esta filosofía o perspectiva se "presupone" por todo lo que el incrédulo (o creyente) dice; es el antecedente implícito el que le da significado a las declaraciones y a las conclusiones sacadas por la gente. Por esta razón, todo encuentro apologético al final es un conflicto de visiones o de perspectivas fundamentales (ya sea que esto sea mencionado de manera explícita o no)[7].

Consideren la resurrección. Ya que el universo fue creado por Dios de cosas que no son visibles (Hebreos 11:3) y el hombre fue formado "del polvo de la tierra" (Génesis 2:7), el que un cuerpo muerto sea reanimado no sería algo difícil para Dios. Pablo le aclara el punto al Rey Agripa: "¿Por qué se considera increíble entre ustedes que Dios resucite a los muertos?" (Hechos 26:8) La lógica es sencilla: Ya que Dios crea, Él puede ciertamente recrear. Los relatos de eventos sobrenaturales (desde nuestro punto de vista) encontrados en la Biblia son explicados fácilmente cuando la presuposición que opera es que el Creador del cosmos está

---

7. Greg L. Bahnsen, *La Apologética de Van Til: Lecturas y Análisis* (Phillipsburg, NJ: Presbyterian and Reformed, 1998), 30.

detrás de estos eventos. La *Biblia* inicia con esta presuposición operando "Dios creó los cielos y la tierra" (Génesis 1:1) Si este no es el punto de partida, entonces nada tiene sentido. No hay forma de explicar la razón, lógica, amor, bondad, personalidad o significado de cualquier tipo en un cosmos al azar y material. "En resumen", argumentó el Dr. Bahnsen, "los apologistas presuposicionales argumentan acerca de la verdad del cristianismo 'desde la imposibilidad de lo opuesto.' Alguien que es tan necio como para operar en su vida intelectual como si no existiera Dios (Salmos 14:1) de este manera 'Desprecian la sabiduría y la instrucción' y 'odiaron el conocimiento' (Proverbios 1:7, 29). Necesita que se le conteste conforme a su locura—demostrando a donde llevan sus principios filosóficos—'Para que no sea sabio ante sus propios ojos' (Proverbios 26:5)."[8]

Entonces, en lugar de empezar con partes de aquí y de allá de una cosmovisión (evidencias de esta o aquella doctrina, o este o aquel dios), el punto de partida es más fijo y fundamental. "Así, cuando todo es dicho y hecho", el Dr. Bahnsen nos deja claro que, "los apologistas se convierten en la reivindicación de la visión cristiana como un todo, no simplemente una defensa poco sistemática de puntos religiosos aislados y definidos de manera abstracta."[9] Es con este tipo de presuposición operando, con la que el Dr. Bahnsen hace un llamado a sus estudiantes a "presionar la antítesis", esto es a forzar al incrédulo a vivir consistentemente con sus presuposiciones racionalistas y materialistas que subyacen y aparentemente sostienen su cosmovisión. Es este impulso el que expone las fallas inherentes en la visión naturalista que inicia con la supuesta soberanía de lo creado en lugar del Creador, lo cual es la esencia de la antítesis. "Sin el ingrediente de la *antíte-*

---

8. Bahnsen, *La Apologética de Van Til*, 6.
9. Bahnsen, *La Apologética de Van Til*, 31

sis, el cristianismo no es solamente anémico, sino que ha perdido juntamente con eso su desafío a todas las otras cosmovisiones."[10] El Dr. Bahnsen continúa:

> Abraham Kuyper comprendió bien que todo hombre dirige su razonamiento y su manera de pensar en términos de un principio esencial que lo controla—la más básica presuposición. Para el incrédulo, este es el principio natural o naturalista, en términos de lo cual el pensamiento del hombre es tomado para ser inteligible sin recurrir a Dios. Para el creyente, es un principio sobrenatural basado en la participación de Dios en la historia y experiencia del hombre, especialmente en la regeneración-{una} perspectiva que provee del marco necesario para que todo tenga sentido. Estos dos compromisos esenciales—llámelos naturalismo y sobrenaturalismo cristiano—lógicamente son incompatibles y buscan anularse uno al otro[11].

Cuando se es presionado a ser consistente con los supuestos que operan en su cosmovisión, los naturalistas aprenden muy pronto que las presuposiciones únicamente de la materia no funcionan y conducen al nihilismo. R. C. Sproul lo establece bien cuando escribe, "Aunque yo no abrazo la apologética de la presuposición, si reconozco que la existencia de Dios es la *proto*-suposición suprema de todo pensamiento teórico. La existencia de Dios es el elemento principal en la construcción de cualquier visión. Negar esta premisa principal es orientar las velas hacia la isla del nihilismo. Este es el continente más oscuro de la mente entenebrecida-el paraíso más remoto del necio".[12]

El Dr. Bahnsen dejó un legado perdurable que está dando

---

10. Greg L. Bahnsen, "En Guerra con la Palabra: La Necesidad de Antítesis Bíblica," *Antítesis*, 1:1 (Enero/Febrero 1990), 6.
11. Bahnsen, "En Guerra con la Palabra," 48.
12. R. C. Sproul, *Las Consecuencias de las Ideas: Entendiendo los Conceptos que Moldearon nuestro Mundo*

mucho fruto. Como lo demuestra la cita de R. C. Sproul: "es difícil sacudirse las implicaciones y la efectividad del modelo de presuposición que defendió, practicó y popularizó el Dr. Bahnsen". El método de presuposición de los apologistas está siendo reconocido en otros trabajos sobre el tema. Joe Boot aplica la metodología de la presuposición en su libro *Por qué sigo Creyendo*.[13] La *Guía a la Apologética Cristiana* de Doug Powell contiene un capítulo completo de la metodología apologética donde cita a Cornelius Van Til, John Frame y Greg Bahnsen de manera sucinta y confiable. Powell hace un trabajo excelente al describir y distinguir los diferentes acercamientos a la apologética e incluye gráficas bien diseñadas para ilustrar la antítesis entre el pensamiento cristiano y el no cristiano.

Como una nota personal, el Dr. Bahnsen ayudó a un atleta a convertirse en apologista, alguien que continúa estudiando sobre eso para que (con la ayuda de Dios) pueda estar listo para defender la fe. Lo que empezó como una relación maestro-estudiante creció en una amistad y en una relación profesional. El Dr. Bahnsen fue el pilar como orador durante los tres años que American Vision organizó la "Conferencia que Prepara para la Vida" (1991– 1993). Él y yo presentamos trabajos en la "Consulta acerca del Rol Bíblico del Gobierno Civil" que se sostuvo en la Universidad Geneva en Beaver Fall, Pensilvania, el 2 y 3 de junio de 1987. Nuestros artículos, junto con los de los demás participantes, fueron publicados en *Dios y la Política: Cuatro Visiones acerca de la Reforma del Gobierno Civil*.[14] Para poder ayudar a que avanzara el ministerio de enseñanza y de

---

13. Joe Boot, *Por qué Todavía Creo (Pista: Es la Unica Forma en la que el Mundo Tiene Sentido)* (Grand Rapids, MI: Baker Books), 2006.
14. Gary Scott Smith, ed., *Dios y la Política: Cuatro Puntos de Vista acerca de la Reforma del Gobierno Civil* (Phillipsburg, NJ: Presbyterian and Reformed, 1989).

acercamiento a la apologética del Dr. Bahnsen ante una mayor audiencia, lo comisioné a que escribiera varios artículos para la revista de American Vision llamada *Visión Bíblica*. Estos fueron publicados posteriormente en la "Sección Cinco" de *Siempre Listos: Instrucciones para Defender* la Fe.[15] La influencia del Dr. Bahnsen en mi vida demuestra la verdad que escribió el Dr. Gary North en su página de dedicatoria acerca del comentario económico sobre Números:

> Este libro está dedicado a Gary DeMar quien ha comprobado que hay *vida después del lanzamiento de bala*.[16]

Con la religión tan prevalente en nuestros días y con el surgimiento del movimiento "Nuevo Ateísmo" dirigido por la trinidad atroz de Richard Dawkins, Daniel C. Dennet y Sam Harris, debemos aquellos de nosotros, quienes vimos a Greg en acción debatir, ser polémico y que ya no está con nosotros, presionar la antítesis con estos hombres. El dejó un legado en la gente que Dios, de manera providencial, trajo bajo su enseñanza.

Hay muchos que están muy bien equipados para dominar el embate del pensamiento de incredulidad de hoy en día gracias a que Greg les mostró como "presionar la antítesis" de una forma solícita y convincente.[17] Aunque su legado continúa con el creciente número de hombres y mujeres que han estado bajo su enseñanza, sólo hubo un Greg L. Bahnsen. Todos aquellos que

---

15. Greg L. Bahnsen, *Siempre Preparados: Instrucciones para Defender la Fe*, ed. Robert R.Booth (Nacogdoches, TX: Covenant Media Foundation, 2006).
16. Gary North, *Sanciones y Dominio: Un Comentario Económico sobre los Números* (Tyler, TX: Institute for Christian Economics, 1997), v.
17. Gary DeMar, "'Los Brights': Un Cosmovisión sin Luz Propia," *Revista Cosmovisión Bíblica* 22:10 (October 2006), 4–6 y Gary DeMar, "El Dios Invisible llamada 'La Razón'" ("The Invisible God Called 'Reason'") *Revista Cosmovisión Bíblica* 22:11 (Noviembre 2006), 4–6, 8.

conocimos a Greg seguramente le extrañamos. "Esa misma Providencia misteriosa que nos dio al Dr. Bahnsen, también lo llamó a su hogar a la temprana edad de 47—él se fue para estar con su Señor el 11 de Diciembre de 1995."[18]

---

18. Robert R. Booth, "Prefacio del Editor," *Siempre Preparados*, x.

PRÓLOGO

DR. BAHNSEN, "PRESIONANDO LA ANTÍTESIS"

Lo siguiente es un extracto de "El Gran Debate: ¿Existe Dios?", un debate formal entre el Dr. Greg L. Bahnsen y el Dr. Gordon S. Stein que sostuvieron en la Universidad de California (Irvine) el 11 de Febrero de 1985. El Dr. Bahnsen inicia con el interrogatorio:

Dr. Bahnsen: "¿Se responden todas las preguntas sobre hechos concretos de la misma manera?"

Dr. Stein: "No, se responden usando ciertos métodos, aunque son los mismos—razonamiento, lógica, presentación de evidencia y hechos."

Dr. Bahnsen: "Muy bien. Le escuché mencionar uniones lógicas y contradicciones lógicas en su discurso. ¿Usted realmente dijo eso?"

Dr. Stein: "Sí, yo lo dije. Yo utilicé esa frase, sí."

Dr. Bahnsen: "Entonces, ¿Usted cree que existen las leyes de la lógica?"

Dr. Stein: "Absolutamente."

Dr. Bahnsen: "¿Son universales?"

Dr. Stein: "Estas son acordadas por seres humanos. No son leyes que existan en la naturaleza. Son consensuales."

Dr. Bahnsen: "Entonces, ¿son simplemente convencionalismos?"

Dr. Stein: "Son convencionalismos, pero son convencionalismos que son auto verificables."

Dr. Bahnsen: "¿Son leyes sociológicas o leyes de pensamiento?"

Dr. Stein: "Son leyes de pensamiento, las cuales son interpretadas por hombres y promulgadas por hombres."

Dr. Bahnsen: "¿Son material en la naturaleza?"

Dr. Stein: "¿Cómo podría una ley ser material en la naturaleza?"

Dr. Bahnsen: "Esa es una pregunta que yo le voy a hacer."

Dr. Stein: "Yo diría que no."

Moderador: "Dr. Stein, ahora usted tiene una oportunidad para interrogar al Dr. Bahnsen."

Dr. Stein: "Dr. Bahnsen, ¿Llamaría usted a Dios como material o inmaterial?"

Dr. Bahnsen: "Inmaterial."

Dr. Stein: "¿Qué es algo que es inmaterial?"

Dr. Bahnsen: "Algo que no se extiende en el espacio."

Dr. Stein: "¿Puede darme un ejemplo de otra cosa que no sea Dios, que sea inmaterial?"

Dr. Bahnsen: "Las leyes de la lógica."

Moderador: "Voy a tener que pedirle a la audiencia que se tranquilice por favor. Por favor. Refrenen las risas y los aplausos. ¿Pueden tranquilizarse, por favor?"

INTRODUCCIÓN

PRESIONANDO LA ANTÍTESIS está basado en el ciclo de conferencias del Dr. Greg L. Bahnsen titulado *Entrenamiento Básico para Defender la Fe Cristiana*. Las pláticas fueron dadas en la primera conferencia de American Vision de "Preparación para la Vida" en 1991, llevada a cabo en la Universidad de Alabama. Estudiantes de preparatoria y universidad de todo Estados Unidos convergieron en el campus de la Universidad para una semana de estudio intensivo sobre **cosmovisión**. Ellos tuvieron el privilegio de ser enseñados por uno de los apologistas cristianos más experimentado que la Iglesia haya producido. Los videos de las series permanecieron sin ser tocados por más de 15 años hasta que se notó que estaban almacenados en una caja en las oficinas de American Vision. Considerando los avances de la tecnología, nosotros no teníamos muchas esperanzas en la calidad de producción del video. Para nuestro asombro, la calidad de producción fue muy buena. Una serie de videos fue producida y ha tenido gran éxito ya que la gente que había leído los libros del Dr. Bahnsen y había escuchado sus casetes de audio y cd han sido acercados al lado más personal de un maestro talentoso.

Presionando la Antítesis trata con la **apologética**, una palabra derivada de la combinación de dos palabras griegas: *apo* ("atrás, desde") y *logos* ("palabra"), que significa "dar una palabra de regreso, responder" en defensa. Encontramos esta palabra griega en varios textos del Nuevo Testamento. Cuando Pablo estaba en el templo en Jerusalén (Hechos 21:27), algunos judíos en Asia Menor alborotaron a la ciudad en su contra (21:30a) La multitud lo arrastró fuera del templo y procuraban matarle (21:31). Los soldados romanos intervinieron, lo arrestaron y lo custodiaron (21:32-33). Muy pronto se le permitió dirigirse a los judíos para presentar su defensa (21:39–40). El inició con estas palabras: "Hermanos y padres, escuchen mi defensa {griego: *apologia*} que ahora presento que ahora les presento" (Hechos 22:1).

En su primera epístola, Pedro instruye a todos los cristianos como debían conducirse. En el capítulo 3 les exhorta a ser fieles aún cuando fueran perseguidos (1 Pedro 3:9–13). En lugar de tener miedo y retirarse de la oposición o enojarse y responder igual, les insta a: "Santifiquen a Cristo como Señor en sus corazones, *estando* siempre preparados para presentar defensa {griego: *apologia*} ante todo el que les demande razón de la esperanza que hay en ustedes. Pero *háganlo* con mansedumbre y reverencia" (3:15). Este se convierte en el pasaje escritural clave para instar a los cristianos a defender su fe.

En su importante trabajo sobre apologética, el Dr. Bahnsen cita la sucinta y útil definición de "apologética" de Cornelius Van Til: "La apologética es la vindicación de la filosofía de vida cristiana en contra de las diferentes formas de filosofía de vida no cristiana."[1] La apologética Bíblica no nos enseña que nos estemos disculpando, como si admitiéramos un error moral o mental cuando defendemos la fe cristiana.

En la serie de videos, el Dr. Bahnsen utiliza la Versión Estandarizada Americana de 1901. El favoreció esta traducción

---

1. Greg L. Bahnsen, *La Apologética de Van Til: Lecturas y Análisis* (Phillipsburg, NJ: Presbyterian and Reformed, 1998), 34.

debido a su manera literal de abordar la traducción de la teoría y la práctica. Debido a que esta traducción en particular es difícil de encontrar hoy en día. La Nueva Biblia Americana Estándar será utilizada. Esta traducción conservadora y evangélica sigue a la original VEA procurando ser tan literal como sea posible. Claro está que ninguna traducción está exenta de tendencias. En esta traducción las citas de la Biblia son de la *Nueva Versión Internacional*, 1979.

Van a encontrar algunas palabras clave y términos técnicos con los que no estén familiarizados y que se necesiten definir. Cualquier término que sea definido en esta guía de estudio estará **marcado** para resaltarlo del resto del texto. Esto les alertará acerca de una definición que aparecerá en el texto principal o en una nota a pie de página. También ha sido provisto un "Glosario de Términos y Frases" a partir de la página 271. Aprender la jerga de la apologética incrementará su comprensión del método de la apologética en sí. De hecho, en su último capítulo, el Dr. Bahnsen mencionará la importancia de definir los términos cada vez que estén debatiendo.

Al estudiar cada lección, se seguirá el mismo bosquejo básico. Las **Preocupaciones Centrales** del Dr. Bahnsen se resumirán y después se profundizarán con mayor detalle. El concentrarse en temas centrales es importante para entender y están bíblicamente garantizados. Jesús dirigió a los Fariseos a entender el significado central de las Escrituras cuando los instó a enfocarse en Él (Juan 5:39; Lucas 24:25–27). Les reprendió por resaltar detalles minuciosos y olvidarse de los asuntos centrales de mayor peso: "¡Ay de ustedes, escribas y fariseos, hipócritas que pagan el diezmo de la menta, del anís y del comino, y han descuidado los preceptos más importantes de la ley: la justicia, la misericordia y la fidelidad! Estas son las cosas que debían haber hecho, sin descuidar aquellas" (Mateo 23:23).

Después de esto, se proporcionarán **Observaciones Exegéticas** de textos bíblicos importantes y relevantes para el estudio, dejando en claro la garantía bíblica para la enseñanza del Dr. Banhsen.[2] Esto en armonía con la recomendación de Pablo de ser diligentes "Maneja con precisión la palabra de verdad" (2 Timoteo 2:15). Lucas recomienda a los de Berea, señalando que ellos "eran más nobles que los de Tesalónica, pues recibieron la palabra con toda solicitud, escudriñando diariamente las Escrituras, para ver si estas cosas eran así" (Hechos 17:11) Esto es importante, Max Reich (1867–1945) escribió una vez, "el cristiano que es negligente en su lectura de la Biblia, será negligente en su vivir cristiano."

Posteriormente, haremos algunas **Preguntas de Repaso** para reforzar su memoria acerca del material. Dios muchas veces nos llama a recordar cosas (ej. Salmos 105:5; Eclesiastés 12:1; Isaías 46:8). Dios conmemora aún ciertos asuntos redentores al proveer "lecciones de repaso" a través de rituales ceremoniales (ej. Éxodo 12:14; 1 Corintios 11:23–25). El repaso mejora la memoria. Acto seguido, ofreceremos **Aplicaciones Prácticas** del material para mejorar tu experiencia educativa como cristiano. Tu compromiso cristiano requiere tanto de entender como de hacer (Santiago 1:22; Mateo 7:24–27; Lucas 6:46–49). Este curso será de mayor provecho para usted, si trabaja activamente a lo largo de las lecciones y de la aplicación de las tareas asignadas.

Finalmente, proporcionaremos una lista de **Lecturas Recomendadas** para complementar el estudio de estos temas.

---

2. "Exégesis" se basa en dos palabras griegas: *ex*, que significa "fuera de" (de ahí se deriva la palabra en inglés exit: "salir") y *ago*, que significa "ir." Es decir, "exégesis" es aquello que "sale de" el texto. Es el significado enraizado en el texto que se saca cuidadosamente de él (no que se interpreta) a través de procedimientos interpretativos apropiados.

Como cristiano, debería estar ansioso por obtener mayor conocimiento sobre estos temas a través de investigar más. El Señor nos anima a descubrir cosas cuando enseña:

"Pidan, y se les dará; busquen, y hallarán; llamen, y se les abrirá" (Mateo 7:7).

"Vengan ahora, y razonemos" (Isaías 1:18).

CAPÍTULO 1

EL MITO DE LA NEUTRALIDAD

*El que no está a favor Mío, está contra Mí;
y el que no recoge a Mi lado, desparrama (Mateo 12:30).*

1.0 PREOCUPACIONES CENTRALES

TÚ ERES UN CRISTIANO. Tú crees en Jesucristo como tu Señor y Salvador. Tú le adoras en todo lo que haces. Tú buscas obedecer Su Palabra. Tú quieres honrarle en todo lo que haces y como hijo de Dios quieres que otros crean en Cristo y sirvan a Dios. Tú sabes *cómo* desafiar a otros que no creen en Jesucristo, Señor y Salvador para que también sometan sus vidas a Él.

La pregunta principal a considerar es cómo puedes dar mejor testimonio del Señor. Estados Unidos fue fundado como una nación cristiana,[1] y la mayoría de la gente hoy en día dice ser un

---

1. Gary DeMar, *La Historia Cristiana de Estados Unidos* (Powder Springs, GA: American Vision 1995); Gary DeMar, *La Herencia Cristiana de Estados Unidos* (Nashville, TN: Broadman and Holman, 2003); David J. Brewer, *Los Estados Unidos: Una Nación Cristiana* (Powder Springs, GA: American Vision, {1995} 1996); Charles B. Galloway, *El Cristianismo y la Comunidad Americana: La Influencia*

cristiano. Hay iglesias casi en cada esquina y mucha gente que conoces personalmente dice ser cristiana.[2] Sin embargo, tú sabes que muchas otras personas no creen que Dios exista. ¿Cómo puedes alcanzar a esa gente? ¿Cómo deberías razonar con ellos? ¿Qué método debes seguir para mostrarles que Dios existe? De eso se trata este libro.

ESTABLECIENDO EL TEMA

Es importante entender que la *forma apropiada,* el *método correcto* y los *procedimientos correctos* para probar la existencia de Dios a los escépticos, a los que dudan y a los incrédulos son esenciales para la defensa de la fe cristiana. No es que cualquier método viejo funcionará.

Antes que nada, debemos considerar una pregunta crítica: ¿Deberías ser *neutral* acerca de tu compromiso cristiano mientras argumentas la existencia de Dios con un incrédulo? Muchos cristianos pretenden alcanzar tanto al ateo como al agnóstico[3] diciendo algo como: "Voy a hacer a un lado mi creencia en Dios para que te pueda probar que Él existe. No voy a depender en mi fe, para que te pueda mostrar que la existencia de Dios es razonable y no sólo mis tendencias personales." Este

---

del Cristianismo al Formarse Esta Nación (Powder Springs, GA: American Vision, {1898} 2005).

2. De acuerdo con las encuestas recientes de Gallup, cerca de un 82% de americanos afirman ser cristianos. http://www.gallup.com/poll/11089/look-americans-religion-today.aspx, consultado el 5-31-13

3. Un **ateo** niega la existencia de Dios. La palabra "ateo" se deriva de dos palabras en griego: *a* significa "no" y *theos* significa "dios". Un "agnóstico" es alguien que *duda* de la existencia de Dios o que sostiene que cualquier dios que pudiera existir es desconocido. La palabra "agnóstico" viene del griego *a,* que significa "no" y de *gnostos* que significa "saber", esto es, que Dios no puede ser conocido o que nosotros no tenemos suficiente conocimiento.

apologista "neutral" también sostendrá: "Yo creo que hay razones buenas, independientes y no tendenciosas que pueden llevarte a la conclusión de que Dios existe." Desafortunadamente, este acercamiento "neutral" no es ni bíblico ni efectivo. Los cristianos deben estar comprometidos con procedimientos *garantizados bíblicamente* para defender la fe. La defensa bíblica no sólo es diferente al intento de acercamiento neutral, sino que es *exactamente opuesto*. ¡Eso es una gran diferencia! Los cristianos *no* deben hacer a un lado su compromiso de fe *ni siquiera temporalmente* como un intento de acercarse a un no creyente dentro de un "terreno neutral".

Debido a que Jesucristo es el fundamento sólido en cada creyente, los cristianos deben rechazar el "mito de la neutralidad" y afirmar que sólo Dios es el *punto de partida* en su razonamiento. Los incrédulos, claro está, que objetarán este rechazo a la neutralidad con respuestas como la siguiente:

- "¡Eso no es justo! ¿Cómo puedes asumir lo que se supone que vas a demostrar?"
- "¡Esto es perjudicial! ¡Tú no puedes dar el cristianismo por sentado!"
- "Como tenemos puntos de vista conflictivos de si Dios existe o no, ambos debemos abordar el asunto desde una posición neutral."
- "Debes utilizar criterios que sean comunes a todas las personas, no criterios generados de tus convicciones cristianas."

Si el incrédulo te desafiará para que construyas tu caso en favor de Dios en un terreno *neutral*, sin construirlo sobre tu fundamento en Dios. ¡Ten cuidado! Si tú no inicias con Dios como tu suposición base, *no puedes demostrar nada*. Suponer la existencia de Dios es esencial para *todo* razonamiento.

DOCUMENTANDO LA EVIDENCIA

El principio de neutralidad es el presunto supuesto que opera en *toda* discusión de los incrédulos y tristemente también en la mayoría de los sistemas apologéticos evangélicos. Debes reconocer, esta práctica casi universal en el pensamiento moderno. La neutralidad y su gemelo, la duda, han sido por mucho tiempo principios indiscutibles en el conflicto del mundo moderno con el cristianismo. Esto ha sido así, especialmente desde la **Ilustración**.[4] Observe los siguientes llamados a la neutralidad y la duda:

- David Hume (1711–1776): "Nada puede ser más antifilosófico que estar seguro y ser dogmático ante cualquier tema."
- William Hazlitt (1778–1830): "Lo más difícil en la filosofía es llegar a cada pregunta con una mente fresca y sin cadenas de teorías pasadas."
- C. C. Colton (1780–1832): "La duda es el vestíbulo que todos debemos pasar antes de poder entrar en el templo de la sabiduría."
- William H. Seward (1801–1872): "Las circunstancias del mundo son tan variables, que un propósito u opinión irrevocable es casi siempre un sinónimo de uno necio."
- Oliver Wendell Holmes (1841–1935): "El haber dudado

---

4. De acuerdo a la *Enciclopedia Merriam Webster's Collegiate*: La **Ilustración** fue el "movimiento intelectual europeo de los siglos 17 y 18, cuyas ideas acerca de Dios, la razón, naturaleza y el hombre fueron mezcladas en una cosmovisión que inspiró a desarrollos revolucionarios en el arte, la filosofía y la política. Algo importante en el pensamiento de la Ilustración era el uso y la celebración de la razón. Para los pensadores de la Ilustración, la *autoridad recibida*, ya fuera de la ciencia o de la religión, era para ser *sujeta a investigación por las mentes sin restricciones*. Énfasis añadido.

de nuestros primeros principios es la marca de un hombre civilizado."
- Alfred North Whitehead (1861–1947): "En una discusión filosófica, la menor insinuación de una certeza dogmática como una declaración final es una exhibición de locura."
- Bertrand Russell (1872–1970): "En todos los asuntos, es algo sano de vez en cuando ponerle un signo de interrogación a las cosas que por mucho tiempo has dado por hecho."
- Wilson Mizner (1876–1933): "Yo respeto la fe, pero la duda es lo que te da una educación."
- Alan Bloom (1930–1992): La función más importante de la universidad en la edad del razonamiento es la de proteger al razonamiento de sí mismo, siendo el modelo de la verdadera sinceridad."

La mentalidad moderna demanda neutralidad como su supuesto operativo general y dos aplicaciones influyentes del pensamiento contemporáneo evidencian esto: la evolución y el deconstruccionismo.

EVOLUCIÓN

La hostilidad del mundo a la certeza y los absolutos como son requeridos en el sistema cristiano se ha vuelto cada vez más aparente, especialmente en el compromiso fundamental y controlador que domina todo el pensamiento y la cultura moderna occidental: la evolución.

La ciencia moderna enseña que el hombre no es la cúspide de la creación sino la ex cúspide de la evolución. La teoría evolutiva es dada por hecho, *a lo largo* del plan de estudios de la universidad, así como lo está en todos los aspectos del pensamiento moderno y la experiencia. La evolución no sólo influye en las ciencias como la biología o la tierra como es de esperarse, sino que también en la psicología, antropología, sociología, política, economía, los medios, las artes, la medicina y todas las otras disciplinas académicas.

Por la naturaleza del asunto, la teoría evolutiva resiste la estabilidad y la certeza, las cuales son exigidas en la perspectiva bíblica. En lugar de eso, necesita de un desarrollo implacable y aleatorio en el tiempo conduciendo a cambios fundamentales y masivos en los sistemas. Oliver Wendell Holmes, ex Jefe de Justicia de la Suprema Corte de Estados Unidos (1899–1902), expresó muy bien el compromiso moderno de la evolución cuando aseguró, "Nada es seguro sólo el cambio." Como muchas veces sucede, esto nos evoca a la antigüedad. El filósofo griego Heráclito (540–480 a.c.) declaró algo bastante similar cuando afirmó lo siguiente hace más de 2,500 años: "Nada perdura solo el cambio".

DECONSTRUCCIONISMO

Una aplicación contemporánea influyente acerca del pensamiento evolutivo se llama **deconstruccionismo.** Esta complicada nueva filosofía no ha sido ampliamente conocida fuera de los círculos escolares, pero está influyendo fuertemente a los intelectuales en diferentes campos de estudio y está teniendo su impacto en los salones universitarios. El deconstruccionismo apareció primero como una teoría para interpretar literatura en 1973 en los escritos del filósofo francés, Jacques Derrida (1930–2004). Su acercamiento a la crítica literaria dio lugar en Estados Unidos a lo que se llama el Deconstruccionismo de la Escuela de Yale. Pero ¿qué es el "deconstruccionismo?"

El deconstruccionismo es un principio de análisis del lenguaje moderno, el cual afirma que el lenguaje se refiere a sí mismo más que a una realidad externa. Desafía a cualquier reclamo de verdad definitiva y de obligación al atacar las teorías del conocimiento y de valores definitivos. Esta filosofía afirma "deconstruir" textos y quitar todas las tendencias y las suposiciones tradicionales. "Los deconstruccionistas argumentan, por lo tanto, que no existe ningún texto escrito que comunica un significado establecido o acordado ni que transmite un mensaje confiable y coherente." Los textos escritos están siempre sujetos a diferir en interpretaciones que son afectadas por la propia cultura, tendencias, imprecisiones del lenguaje y demás, y siempre van a falsificar el mundo debido a estos u otros factores. Como consecuencia *toda* comunicación está *necesariamente* sujeta a diferir, ser contradictoria y cambiar interpretaciones, toda la cual es irreconciliable. Este acercamiento crítico es una forma de **relativismo**[5] o **nihilismo**.[6] Se ha extendido pasando los límites académicos del análisis literario para convertirse en un principio más amplio, en una filosofía mucho más moderna y un punto de vista crítico social.

El deconstruccionismo confronta directamente el compromiso cristiano con las Escrituras.[7] Nosotros creemos que la Biblia

---

5. El **relativismo** enseña que el conocimiento, la verdad y la moralidad no son absolutos. Sino que más bien, varían de una cultura a otra e inclusive de una persona a otra. Esto se debe a lo limitado del estado de la mente y a que no pueden haber absolutos que den un significado establecido o valor a cualquier pensamiento o acto humano.

6. El **nihilismo** enseña que el mundo y el hombre están completos sin significado o propósito. Que el mundo y el hombre son absolutamente insensatos e incompetentes acerca de que no existe la verdad comprensible. La palabra "nihilismo" se deriva del Latín *nihil,* que significa "nada"

7. Vea los siguientes artículos en el *Diario de la Sociedad Evangélica Teológica* 48:1 (Marzo 2005): Andreas J. Köstenberger, "'¿Qué es la Verdad?' La pregunta de Pilato en el evangelio de Juan y su Mayor Contexto Bíblico"; R. Albert Mohler, "¿Qué es la Verdad?: La Verdad y

es la Palabra de Dios invariable, autoritativa y veraz. Por ejemplo, el salmista declaró confiadamente: "Las palabras del Señor son palabras puras, plata probada en un crisol en la tierra, siete veces refinada" (Salmos 12:6). Cristo enseña que "Y la Escritura no se puede violar" (Juan 10:35b). Pablo nos informa que más que no ser confiable o que carezca de mensajes coherentes, "Toda Escritura es inspirada por Dios y útil para *enseñar*, para *reprender*, para *corregir*, para instruir en *justicia*, a fin de que el hombre de Dios sea perfecto, *equipado para toda buena obra*" (2 Timoteo 3:16–17).

Pero la enseñanza abierta de estos dos sistemas incrédulos no es el único problema que enfrentan los estudiantes cristianos. Existen otros para los que se debe estar preparado.

OPOSICIÓN ESCONDIDA

Aún cuando un profesor de la universidad o un portavoz de los medios no ataca *directamente* la verdad que el cristianismo declara, no obstante está *indirectamente en guerra* contra ella *en principio*. Por todas partes en nuestra cultura secularizada—especialmente en la universidad—los principios anti cristianos se dan por hecho. Muchos temas pueden aparentar estar completamente sin relación a asuntos cristianos y aparentan no oponerse a las afirmaciones de verdad. A pesar de todo, debido a su naturaleza escondida pueden muchas veces ser los más seductores para el cristiano y los más dañinos para la fe verdadera. Ellos representan fuerzas erosivas y poderosas que están silenciosamente filtrándose en la mente del creyente. Ellos de forma gradual quitan los fundamentos mismos de la vida cristiana, del compromiso con Dios y Su Palabra. Como un cáncer indetectable se comen la fe del

---

la Cultura Contemporánea"; "La Verdad, la Filosofía Contemporánea y el Giro Postmoderno"; Kevin J. Vanhoozer, "¿Interpretación perdida? La Verdad, las Escrituras y la Hermenéutica."

creyente importando suposiciones incrédulas a su pensamiento. El Periódico *Christian Post* informa lo siguiente:

> El Director Apologista de Enfoque en la Familia del Adolescente, el Dr. Alex McFarland, se ha involucrado en el ministerio juvenil por los últimos 16 años. El dice que los estudiantes por lo general están mal equipados para valerse por sí mismos en su fe cristiana porque carecen de un buen entendimiento de los hechos detrás del cristianismo—científica, histórica o lógicamente.
>
> De acuerdo a McFarland, los adolescentes tienen una fe sincera como la de un niño pero no han sido expuestos a la buena apologética," lo cuál él dice es "sumamente necesario para ser capaces de defender su fe."
>
> El advierte a los padres, "yo he aconsejado a muchas familias muy perturbadas y aún con el corazón roto, quienes dedican 18 años criando a un hijo en los caminos de Dios sólo para tener esa fe destruida en los cuatro años de una universidad secular."
>
> Los estudios han demostrado que cuando los estudiantes carecen de buenas defensas, su fe se erosiona. Y dos terceras partes abandonarán el cristianismo en su último año de la universidad. Por otro lado, la fe sólida ayuda a los estudiantes en todos los aspectos de la vida.[8]

Lo que un estudiante no sabe *le va* a hacer daño. Aquí tenemos tres ejemplos:

1. Consideraciones selectivas. Aun cuando un profesor universitario no critica directamente la fe cristiana, desafía silenciosamente los fundamentos de las suposiciones cristianas. La

---

8. "Lo que los Padres Pueden Hacer Cuando los Universitarios Pierden la Fe," El Periódico *Christian Post* (Diciembre 18, 2005): http://www.christianpost.com/news/what-parents-can-do-when-collegestudents-lose-faith-13889/, consultado el 5-31-13

educación moderna está haciendo publicidad al ateísmo de una forma **subliminal**[9] muy efectiva. El profesor decide qué opciones son serias, que preguntas valen la pena, que evidencias deberían ser puestas delante de su clase. El selecciona las lecturas a asignar de acuerdo a su propia perspectiva la cual deja afuera los principios cristianos. El estudiante cristiano eventualmente se adapta al proceso y empieza a dejar grandes campos de estudio separados de sus creencias de fe. Esta es una manera sutil de secularización.

2. Tolerancia neutral. La universidad y los medios se supone que promueven la neutralidad instando a la tolerancia de todos los puntos de vista. El llamado a la tolerancia es simplemente la aplicación del principio de neutralidad a los temas morales. Pero todos estamos conscientes de que al punto de vista cristiano rara vez se le da la misma tolerancia. De hecho, el llamado a la tolerancia es aún más contradictorio en sí mismo en el sistema del incrédulo. Este es intolerante a los puntos de vista que no toleran cosas tales como la conducta homosexual, el feminismo o el aborto, por ejemplo. Como Tom Beaudoin, profesor asistente de los estudios religiosos en la Universidad de Santa Clara, lo establece: "**La Generación X**[10] no es tolerante a un Dios intolerante".

---

9. **Subliminal** se deriva de dos palabras en Latín: *sub* ("abajo") y *limmen* ("umbral"). Esto habla de aquello que está debajo del umbral de la conciencia, aquello que está fuera de la percepción consciente. Los publicistas han descubierto que la gente recoge de manera inconsciente y son influenciados por destellos de información, por debajo de los límites normales de percepción. Se dice que algunos de los publicistas han destellado imágenes de sus productos en una pantalla de cine para sugerir inconscientemente al espectador e instarlo a comprar el producto.

10. La **Generation X** consiste en aquellos cuya adolescencia fue tocada por los años 80s es decir, aquellos que nacieron en los 60s y los 70s. El término fue popularizado por la novela de Douglas Coupland *Generación X: Historias para una Cultura Acelerada*. En el uso de Coupland, la X se refiere a la dificultad de definir a una generación cuya única creencia que les unificaba era el rechazo a las creencias de sus padres

3. *Afirmaciones de Censura.* Las bibliotecas afirman resistirse a la censura en nombre de la neutralidad, pero una forma de censura siempre está trabajando en ampliar la colección de libros de la biblioteca. Por necesidad, la biblioteca debe seleccionar algunos libros por otros—a menos que la biblioteca contenga todos los libros que se hayan escrito en todo el mundo. Como consecuencia, algún grupo de principios establecidos va a aplicar en la selección de grupos. La neutralidad es una falsa ilusión en las bibliotecas.

DEMOSTRANDO EL PROBLEMA

Muchos eruditos cristianos caen presa del mito de la neutralidad: "maestros, investigadores y escritores son muchas veces guiados a pensar que la honestidad les demanda hacer a un lado todos los compromisos distintivos del cristiano cuando estudian en un área que no está directamente relacionada con asuntos de la adoración dominical."[11] Esta práctica debe ser evitada. Cornelius Van Til12[12] siempre desafió al incrédulo en los mismos fundamentos de su pensamiento. En un debate filosófico, los creyentes *deben* partir de compromisos bíblicos.

Como cristianos debemos entender la importancia fundamental, las amplias implicaciones y el carácter destructivo de afirmar la neutralidad. Nosotros debemos hacer eso si estamos comprometidos con una apologética bíblica verdadera de forma

---

llamada Baby Boomers. Aunque no fue el primer grupo de americanos que creciera con la televisión, los de la generación X si fueron el primer grupo que no conocía la vida sin ella.

11. Greg L. Bahnsen, *Siempre Preparados: Instrucciones para Defender la Fe* (Nacogdoches, TX: Covenant Media Publications, 1996), 3.
12. Cornelius Van Til (1895–1987) escribió acerca de la apologética, filosofía, ética y teología. Para una bibliografía completa, ver Greg L. Bahnsen, *La Apologética de Van Til: Lectura y Análisis* (Phillipsburg, NJ: Presbyterian and Reformed, 1998), 735–740.

que sea fiel a Dios y a su revelación en las Escrituras. Muchos programas apologéticos requieren que nosotros suspendamos nuestro compromiso con la fe para poder permitir un "encuentro de mentes" neutral con el incrédulo. Esta suspensión de la fe puede ser llamada en verdad "un puente colgante" al mundo del incrédulo. Desafortunadamente, este "puente" te llevará al mundo del incrédulo, pero no te traerá de regreso.

No debes dejar a un lado tu fe en Dios cuando consideres *lo que sea*-aún la prueba de la existencia de Dios. Tal "pensamiento neutral borraría el distintivo cristiano, empañaría la **antítesis**[13] entre las mentalidades mundanas y las de creyentes e ignoraría el abismo entre el "viejo hombre" (nuestra naturaleza caída, pecaminosa e innata) y el "nuevo hombre" (nuestra naturaleza del nuevo nacimiento redimida). El cristiano que se esfuerza por la neutralidad involuntariamente endosa suposiciones que son hostiles a su fe."[14]

Puesto de forma sencilla, no puedes adoptar una posición de neutralidad hacia Dios si es que vas a permanecer fiel a Cristo. Nuestro Señor nunca promueve ni siquiera permite que suspendas tu fe para hacer cualquier cosa. Aquellos cristianos que procuran la neutralidad en la apologética están, de hecho, construyendo su casa apologética en "arenas movedizas." Sin embargo, Cristo enseña que "Por tanto, cualquiera que *oye estas palabras Mías y las pone en práctica*, será semejante a un hombre sabio que edificó su casa sobre la roca..." Él continúa advirtien-

---

13. La **Antítesis** está basada en dos palabras griegas: *anti* ("en contra") y *tithenai* ("establecer o poner"). "Antítesis" habla de la oposición o de un contrapunto. Como cristianos debemos reconocer el desacuerdo fundamental entre el pensamiento bíblico y todas las formas de incredulidad en el nivel fundacional de nuestra teoría del saber y del conocimiento. Ver Capítulo 6 para una discusión acerca de la noción bíblica de la antítesis.
14. Bahnsen, *Siempre Preparados*, 23.

do que "Todo el que oye estas palabras Mías y no las pone en práctica, será semejante a un hombre insensato que edificó su casa sobre la arena" (Mateo 7:24, 26) Un método apologético sabio reconoce sus fundamentos cristianos y los implementa.

¿Por qué no deberías intentar la neutralidad en la apologética? La respuesta es: Porque debido a la caída del hombre en el pecado, la enemistad es el principio que controla separando al creyente del incrédulo (Génesis 3:15; Juan 15:19; Romanos 5:10; Santiago 4:4)

El mensaje cristiano no es agradable para el incrédulo porque lo confronta como un pecador culpable que está en guerra con su Creador y Juez justo. El Apóstol Pablo va aún más allá y declara:

> Porque la ira de Dios se revela desde el cielo contra toda impiedad e injusticia de los hombres, que *con injusticia restringen la verdad*. Pero lo que se conoce acerca de Dios es evidente dentro de ellos, pues Dios se lo hizo evidente. Porque desde la creación del mundo, Sus atributos invisibles, Su eterno poder y divinidad, se han visto con toda claridad, siendo entendidos por medio de lo creado, de manera que ellos *no tienen excusa*. Pues aunque conocían a Dios, no lo honraron como a Dios ni le dieron gracias, sino que *se hicieron vanos en sus razonamientos y su necio corazón fue entenebrecido* (Romanos 1:18–21)

Esto ciertamente no suena como si Pablo endosara el principio de la neutralidad al tratar con incrédulos. El enseña que los hombres no *son* neutrales, sino que son activamente *hostiles* a Dios, a quien ellos conocen en lo profundo de sus corazones.

Para empeorar las cosas al acercamiento neutralista, el documento fundador del cristianismo, la Biblia, declara la autoridad infalible y obligatoria que *demanda* compromiso con las declaraciones de su verdad y obediencia a sus directrices morales: "La conclusión, cuando todo se ha oído, es esta: *Teme a Dios y guarda Sus mandamientos*, porque esto concierne a toda persona. Porque Dios traerá toda obra a juicio, junto con todo lo oculto, sea bueno o sea malo" (Eclesiastés 12:13-14) Esta demanda absoluta de temer al Dios vivo y verdadero y obedecer Su palabra-ley obligatoria irrita la ambición central del pecador. Su deseo pecaminoso es "ser como Dios" determinando el bien y el mal por sí mismo, sin someterse a los mandatos de Dios (Génesis 3:5; Romanos 8:7). En realidad, "todo lo que no procede de fe, es pecado" (Romanos 14:23) porque "sin fe es imposible agradar a Dios" (Hebreos 11:6). Los pecadores buscan escapar de los *reclamos dogmáticos de la fe y de las directrices morales obligatorias de* las Escrituras recurriendo a (una supuesta) la neutralidad en el pensamiento. Tal neutralidad incluso suma al *escepticismo* por lo que se refiere a la existencia de Dios y la autoridad de Su Palabra. Los incrédulos se quejan de que "nadie sabe a ciencia cierta, por lo tanto la Biblia no puede ser lo que dice ser." Interesantemente, la narrativa bíblica explica la caída del hombre, como salida del principio de la neutralidad que alienta la duda acerca de la autoridad absoluta de Dios. Debe recordar que Dios claramente le ordenó a Adán y Eva que *no* comieran del árbol del conocimiento del bien y del mal (Génesis 2:16-17; 3:3) Sin embargo, Satanás vino a ellos con la tentación de dudar de Dios por medio de suponer una posición neutral acerca del mandato de Dios: "¿Conque Dios les ha dicho?"(Génesis 3:1b).

Satanás tentó a Eva a abordar la pregunta de comer del árbol prohibido en una manera neutral y sin tendencias. El sugirió que ella debía permanecer neutral para poder decidir quién estaba bien, Dios o Satanás. Ella no aceptó la palabra de Dios como autoritativa o conclusiva, sino que como una verdadera neutralista, determinó por sí misma que opción tomar (Génesis 3:4-6).

Tal "neutralidad" es peligrosa, por cómo la expresa Robert South (1634-1716): "Aquel que pelee con el diablo con sus propias armas, no debe sorprenderse de sí se halla a sí mismo sobrepasado."

Pablo relaciona esta histórica tentación de Eva a nuestros fracasos espirituales en nuestra devoción a Cristo: "Pero temo que, así como la serpiente con su astucia engañó a Eva, las mentes de ustedes sean desviadas de la sencillez y pureza de la devoción a Cristo" (2 Corintios 11:3). En otra parte, escribe acerca del intento de neutralidad de Eva como un fracaso ocasionado por el "engaño" satánico (1 Timoteo 2:14). Como manifestó Edwin Hubbell Chapin (1814-1880), "Los hombres neutrales son aliados del diablo." Debes recordar que el diablo se presenta a sí mismo como "ángel de luz" (2 Corintios 11:14)

No debes construir tu defensa de la fe en el principio que llevó a la caída de la humanidad. Esa manera de abordarlo no sólo fracasó, sino que trajo el pecado, la muerte, la destrucción y la desesperación al mundo.

> Como Van Til se esforzó por enseñar a lo largo de su carrera..., *simplemente no existe una presuposición libre y una forma neutral para abordar el razonamiento,* especialmente razonando acerca del fundamento y lo filosófico de temas trascendentales de la existencia y la revelación de Dios. El formular pruebas para Dios que asumen otra cosa no sólo es necio y fútil, desde una perspectiva filosófica, sino también es infidelidad al Señor. El razonamiento es un don dado por Dios al hombre, pero no le concede una autoridad independiente. El concepto cristiano de Dios lo toma como la autoridad más alta y absoluta, aún sobre el razonamiento del hombre: Tal Dios *no puede* ser probado de existir por otros estándares como la más alta autoridad en el razonamiento de alguien. Eso sería asumir lo contrario a lo que estás buscando probar.[15]

---

15. Bahnsen, *La Apologética de Van Til,* 614.

> Vivimos en una cultura que por mucho tiempo ha estado saturada con las demandas de la autonomía intelectual y la demanda por la neutralidad en estudios minuciosos e importantes, que esta perspectiva impía (de la neutralidad) ha sido ya arraigada en nosotros: como la "música de las esferas", es tan constante y nosotros estamos tan acostumbrados a ella que fallamos en discernirla. Es una tarifa común y simplemente eso esperamos.[16]

Así que entonces, el punto clave es este: La apologética cristiana no debe y no puede ser neutral. Operar desde la posición de la neutralidad es haber rendido la fe cristiana de antemano, antes de que cualquier argumentación se lleve a cabo. Debemos evitar *el mito de la neutralidad,* no adoptarla.

Un programa académico cargado y un programa social en la universidad pueden fácilmente jalar al cristiano lejos de la Palabra de Dios. Pero recuerda: La Biblia llama a todos los creyentes a la tarea apologética. No puedes defender a Dios y Su Palabra si no estás santificado (apartado) para Él por medio de tener contacto con Su Palabra. Muchos estudiantes cristianos se alejan de la fe en la Universidad porque no han sido preparados para las batallas espirituales y apologéticas que enfrentarán. Dr. Gary North una vez escribió un artículo promocionando una universidad cristiana. El artículo mostraba a un padre abatido que había enviado a su hijo fuera a una universidad secular. Este declaraba: "Gasté $40,000 dólares para enviar a mi hijo al infierno."

Aprender a contar no es más importante que saber que es lo que realmente cuenta. Los cristianos deben mantenerse a sí mismos delante del Señor leyendo las Escrituras y en oración. Desafortunadamente, como lo observa Charles Colson: "Nuestro organización educativa busca instilar una pasión por la curiosidad y apertura intelectual, pero sólo permite la existencia

---

16. Bahnsen, *Siempre Preparados,* 31

de una búsqueda sin valor de la verdad".[17] Mientras estén en la universidad, los cristianos no deben ser esponjas pasivas simplemente absorbiendo el material, sino deben ser filtros activos cerniendo los temas a través de una red bíblica.

Es indispensable pensar bíblicamente, el razonar como cristianos de modo "principal" (es decir, basado en principios), pensar los pensamientos de Dios después de Él, en lugar de hacer a un lado los pensamientos de Dios como lo pide el principio de neutralidad. La Palabra de Dios debe ser el fundamento en todo pensamiento y vida, porque nosotros hemos sido "comprados por un precio" (1 Corintios 6:20; 7:23) y somos "pueblo *adquirido* para *posesión de Dios.*" (1 Pedro 2:9).

Busca discernir los motivos y principios subyacentes del profesor. La apologética Bíblica está diseñada para enseñar a los cristianos a pensar *como cristianos,* no como observadores neutrales. Ninguna área en la vida es neutral, aún tu vida intelectual debe ser rendida a la autoridad de Cristo. Una apologética verdaderamente bíblica que representa la soberanía del Creador en todas las cosas requiere que se someta toda autoridad a Cristo desde cualquier punto de partida. Primer de Corintios 10:31 declara que *aún si comemos o bebemos* lo debemos hacer para la gloria de Dios. (Colosenses 3:17; 1 Pedro 4:11). Además la Biblia enseña que *cada* cristiano debe ser capaz de lidiar con *todo* problema en *cualquier* tiempo. Dios *espera* que tú lidies con cualquier forma de oposición a la fe cristiana. Los escritores del Nuevo Testamento desafían a su audiencia original—y *a ti*—a ser defensores de la fe. En el versículo que sirve de piedra angular para la apologética cristiana, Pedro ordena: "Santifiquen a Cristo como Señor en sus corazones, *estando* siempre

---

17. Charles Colson, *En contra de la Noche: Viviendo en la Era de la Nueva Obscuridad* (Ann Arbor, MI: Vine Books, 1989), 85

preparados para presentar defensa ante todo el que les demande razón de la esperanza que hay en ustedes. Pero *háganlo* con mansedumbre y reverencia" (1 Pedro 3:15; ver también Judas 3). Nota que a los cristianos como tal (¡no sólo los de mente filosófica entre nosotros!) se les manda a contestar "siempre a todo hombre". Tristemente, pocos son los estudiantes evangélicos que aprenden esto en sus iglesias locales. El creyente debe aprender la apologética por su propio bien espiritual, así como para convertirse en un agente de reforma para los cristianos no entrenados. Todo esto está retratado de manera eficaz para nosotros en Deuteronomio 6: "Las enseñarás diligentemente a tus hijos, y hablarás de ellas cuando te sientes en tu casa y cuando andes por el camino, cuando te acuestes y cuando te levantes. Las atarás como una señal a tu mano, y serán por insignias entre tus ojos. Las escribirás en los postes de tu casa y en tus puertas" (Deuteronomio 6:7–9). Esto nos habla de la palabra-ley de Dios guiando nuestras labores diarias (gobernando nuestra "mano"), nuestros procesos de pensamientos (gobernando nuestra "cabeza") y nuestra mundana manera de vivir para Él al acostarnos, levantarnos, sentarnos y caminar.

2.0 OBSERVACIONES EXEGÉTICAS

Pon atención de cómo los siguientes pasajes bíblicos impactan nuestro método apologético. Tenemos gran optimismo de que este estudio mejorará nuestro entendimiento de estos textos de la Escritura, subrayando el método apologético bíblico y unas cuantas observaciones exegéticas adicionales. El apologista cristiano debe conocer la Palabra de Dios para funcionar correctamente.

MARCOS 12:30

Marcos 12:30 dice, "Y amarás al Señor tu DIos con todo tu

corazón, y con toda tu alma, y con toda tu mente, y con toda tu fuerza." Esta declaración es tomada de Deuteronomio 6:5 inmediatamente después de que Moisés declarara que "El Señor uno es" (Deuteronomio 6:4). Israel es recordado que sólo existe un Dios, a diferencia de muchos "dioses" que competían en el mundo pagano antiguo que le rodeaba.[18] Debido a que sólo hay un Dios (quien creó y controla todas las cosas), hay un sistema verdadero, en lugar de sistemas de explicación que compiten. El mundo antiguo tenía un dios para el sol, otro para la fertilidad, para esto y para lo otro. Como consecuencia, su cosmovisión estaba fragmentada y su conocimiento carecía de coherencia.[19]

Debemos notar que Cristo enfatiza Su llamado a amar a Dios en todas las cosas. El no dijo simplemente: "Amarás al Señor tu Dios con todo tu corazón, alma, mente y fuerzas." Sino que, Él enfatizó la totalidad de nuestro amor por Dios al repetir "todo" antes de cada sustantivo: "Y amarás al Señor tu Dios con *todo* tu corazón, y con *toda* tu alma, y con *todas* tus fuerzas." Estos énfasis repetitivos fortalecen Su llamado a obedecer amorosamente a Dios en *todas* las cosas. Claro está que, nuestra preocupación principal en la apologética es en el llamado a amar a Dios con "*toda* nuestra mente". Ninguna neutralidad es inherente a este encargo de Cristo.

1 PEDRO 3:15

Encontramos el texto clásico de la apologética en 1 Pedro 3:15: "Santifiquen a Cristo como Señor en sus corazones, *estando*

---

18. Por ejemplo, Las diez plagas de Dios en Egipto fueron dirigidas a los así llamados "dioses" de Egipto. (Exodo 12:12; 18:11; Números 33:34).
19. Francias A. Schaeffer, *Entonces ¿Cómo deberíamos Vivir? El Surgimiento y la Decadencia del Pensamiento y la Cultura* (Old Tappan, NJ: Revell, 1967)

siempre preparados para presentar defensa ante todo el que les demande razón de la esperanza que hay en ustedes. Pero *háganlo con mansedumbre y reverencia.*" Este texto se opone claramente al principio de neutralidad.

Note que Pedro manda a que "santifiques a Cristo como Señor en tú corazón" para poder defender la fe. "Santificar" significa "apartar, separar, distinguir." Un apologista verdaderamente bíblico no *aparta* a Cristo *de* nuestros corazones, sino que *aparta* a Cristo *en* nuestros corazones. De hecho, aparta a Cristo *como Señor* o Maestro. Pablo lo pone así, Cristo debe "Él tenga en todo la primacía" (Colosenses 1:18). Tu punto de partida al razonar con un incrédulo debe ser Cristo.

No debes perder el punto específico de Pedro: Él te está llamando a apartar a Cristo *en el proceso mismo de defender la fe.* Su punto principal es llamarte a "hacer una defensa" y "a dar razón" de tu esperanza en Cristo. La apologética no es un tema aparte aquí, es el punto central. Otra vez, él aclara el punto instando a que aparten a Cristo en sus corazones—en lo más profundo de su ser. Estos son tan sólo dos ejemplos de la Palabra de Dios, existen muchos más para estudiar. Pero el hecho es, que la Biblia presenta una perspectiva teológica y una cosmovisión práctica, la cual, claramente niega que la neutralidad exista en el hombre caído y su forma de pensar. La Biblia demanda que los cristianos reconozcan que la neutralidad es un mito y que la resistan.

3.0 PREGUNTAS PLANTEADAS

Intente contestar las siguientes preguntas por sí mismo antes de ver el texto o consultar la **Clave de Respuestas.**

1. ¿Qué es la "apologética"? Defina el término y explique la derivación de la palabra "apologética".

2. ¿Cuál es el punto central del primer capítulo?
3. ¿Cómo es que el mismo principio de la evolución (aún aparte de las declaraciones científicas/ biológicas de la teoría de la evolución) se opone a la fe cristiana?
4. ¿Qué es el "deconstruccionismo"? ¿En dónde surgió esta filosofía?
5. ¿Cómo es que está en conflicto con los principios básicos de la fe cristiana?
6. Enlista algunos pasajes de la Escritura que afirman la certeza y la autoridad de la Palabra de Dios.
7. ¿Cómo es que la cosmovisión de los profesores incrédulos de las universidades confrontan sutilmente tu fe, aún cuando el profesor per se no esté mencionando directamente el cristianismo?
8. ¿Cuál es el significado del "mito de la neutralidad"?
9. ¿Qué declaraciones de Cristo descartan la posibilidad de la neutralidad?
10. ¿Dónde en las Escrituras ves por primera vez un intento de la neutralidad con respecto a Dios y Su Palabra?
11. ¿Es el intento de la neutralidad un tema simplemente metodológico o es también uno moral? Explica.

4.0 APLICACIÓN PRÁCTICA

Ahora, ¿cuáles son algunas cosas prácticas que puedes hacer para reforzar lo que has aprendido? ¿Cómo puedes promover este método apologético entre tus amigos cristianos?

1. Recuerda con frecuencia la naturaleza de la guerra espiritual. Para poder prepararte para tus clases en la universidad, al iniciar cada semestre debes volver a leer

los pasajes bíblicos que demuestran el antagonismo activo del mundo incrédulo, en contra de tu fe cristiana. No debes olvidar que la naturaleza del incrédulo desafía tu fe holística.

2. Desarrolla una vida devocional que refuerce tú llamado a la apologética. Haz una lista de pasajes bíblicos usados en este estudio y léelos en tus devocionales.

3. Busca diligentemente evaluar desde una perspectiva de principios cristianos cada cosa que te es enseñada. Cada día después de clases, anota comentarios acerca de las contradicciones a la fe cristiana que hayas encontrado. Mantenlas en una libreta. El anotar cosas es el mejor secreto para una buena memoria. Reflexiona sobre las respuestas bíblicas a estas supuestas contradicciones.

4. Crea pequeños grupos de estudio Bíblico para rendir cuentas con otros estudiantes cristianos del campus. Parte de defender la fe involucra el promover esta defensa entre otros creyentes. Como un cristiano en comunión con otros cristianos, debes instar a los otros creyentes a darse cuenta de su obligación espiritual de defender la fe ante el mundo incrédulo.

5. Busca algún ministerio cristiano en el campus que esté fuertemente comprometido con la Biblia y que estén desarrollando una vida cristiana. Asiste a sus reuniones e involúcrate en sus ministerios.

6. Encuentra una buena iglesia cerca de tu universidad. Comprométete a asistir regularmente a la iglesia. Como cristianos, no debemos de "dejar de congregarnos, como algunos tienen por costumbre, sino exhortándonos." (Hebreos 10:25)

7. Cuando sea posible usa las asignaciones de la clase para presentar la perspectiva cristiana de los temas. Te recomendamos que evites los trabajos del tipo de testimonios de mente cerrada. En lugar de eso, deberías

desarrollar temas orientados a la cosmovisión que trabajan en la imagen de principios básicos cristianos. Testimonios muy directos podrían afrentar al profesor y aparentar ser un desafío para él. Pero trabajar en tus principios bíblicos puede alertarlo a las implicaciones filosóficas del cristianismo y con certeza te ayudarán a encarnar tu propio entendimiento. Debes "aprovechar bien tu tiempo" mientras estás en la universidad (Efesios 5:16)

Mientras estés inscrito en la universidad, estás en un medio ambiente educacional de tiempo completo. Estás buscando, por tanto, ser educado. El Dr. Van Til enseña que si la educación debe ser práctica debe moldear el desarrollo de la mente del estudiante para que este sea puesto en la mejor relación posible con su medio ambiente. Después él explica que el medio ambiente fundamental es Dios mismo, porque "en Él vivimos, nos movemos y existimos" (Hechos 17:28; Job 12:10; Salmos 139:7–17; Daniel 5:23). Es una realidad que no vas a encontrar profesores asignando trabajos que promuevan la fe cristiana, pero tú debes buscar las oportunidades—cuando te sea permitido.

8. Como cristiano integral buscando glorificar a Cristo, debes enfocar tus estudios académicos de una forma madura y diligente. Tu estás tanto pagando una fuerte cantidad de dinero por la educación universitaria, como gastando el tiempo que Dios te ha dado en la universidad, saca el mayor provecho a tu inversión. No tomes atajos en tus estudios o simplemente trates de "arreglártelas". El llamado de Cristo para ti es la excelencia. Algunos estudiantes son por naturaleza flojos, otros sufren de inercia voluntaria. No permitas que tu experiencia educacional sin darte cuenta te enseñe a ser intelectual-

mente perezoso. Esa pereza es deslealtad a Cristo.

La mayoría de las universidades son universidades de artes liberales que se supone dan una educación integral—aún cuando seas obligado a tomar un curso como requisito que tu en lo personal no disfrutes. Como G. K. Chesterton (1874–1936) meditó: "La educación es el periodo durante el cual eres instruido por alguien que no conoces, acerca de algo que no quieres saber." También recuerda que, este curso afectará tu promedio general y por lo tanto impactará tu testimonio como estudiante cristiano. Además, descubrirás, para sorpresa tuya, que el conocimiento obtenido aún en ese curso será útil.

Los siguientes comentarios anónimos deberían sacarte una sonrisa por su locura expuesta y no deberían resumir tu enfoque en la educación:

- "La Universidad es una fuente de conocimiento donde algunos estudiantes vienen a beber, algunos a sorber, pero la mayoría a hacer gárgaras."

- "Todos los estudiantes universitarios persiguen sus estudios, pero algunos van más atrás que otros."

- "Algunos estudiantes toman las artes en la universidad, algunos toman las ciencias, mientras que otros sólo toman espacio."

5.0 LECTURAS RECOMENDADAS

Para mejorar tu entendimiento del antagonismo de la mente de los incrédulos y de los peligros de la neutralidad, te recomendamos la siguiente lectura adicional.

Bahnsen, Greg L., *Siempre Preparados: Instrucciones para Defender la Fe* (Nacogdoches, Tex.: Covenant Media Foundation, 1996), capítulos 1–2.

DeMary, Gary, *Pensando Derecho en un Mundo Torcido: Manual de Defensa Cristiana* (Powder Springs, GA: American Vision, 2001)

Gentry, Kenneth L., Jr., *Defendiendo la Fe: Una Introducción a la apologética Bíblica,* 3ra. Edición (Fountain Inn, SC: KennethGentry.Com, 2001)

Newport, Frank, "Un Vistazo a los Americanos y a la Religión de Hoy en Día": http://www.gallup.com/poll/11089/look-americans-religion-today.aspx, consultado el 5-31-13

Pratt, Richard L., Jr., *Cautivo Todo Pensamiento* (Phillipsburg, NJ) Presbyterian and Reformed, 1979), capítulos 1, 2, 4, 6.

Van Til, Cornelius, "¿Por qué Creo en Dios?": http://www.reformed.org/ apologetics/index.html?mainframe=/apologetics/why_I_believe_cvt. html, consultado el 5-31-13

CAPÍTULO 2

DESTRUYENDO LAS FORTALEZAS FILOSÓFICAS

Las armas de nuestra contienda no son carnales, sino poderosas en Dios para la destrucción de fortalezas; 5 destruyendo especulaciones y todo razonamiento altivo que se levanta contra el conocimiento de Dios, y poniendo todo pensamiento en cautiverio a la obediencia de Cristo (2 Corintios 10:4–5).

1.0 PREOCUPACIONES CENTRALES

EXISTEN DOS VERDADES importantes que impactan nuestro método apologético cuando estamos lidiando con el (presunto) problema de la neutralidad. Un asunto es de hechos, el otro es moral: (1) Objetivamente, debemos reconocer que los incrédulos *no* son neutrales. Tener esta perspectiva nos hace acercarnos al incrédulo partiendo de reconocer su cosmovisión escéptica que neutraliza la cosmovisión bíblica. (2) Moralmente, debemos entender que el creyente *no debe* ser neutral. Si no nos damos cuenta de esto, nos enfrascamos en defender la fe de una forma no fiel.

EL INCRÉDULO NO ES NEUTRAL

A pesar de sus afirmaciones fuertes y constantes de lo contrario, los incrédulos no practican la neutralidad al abordar la cuestión de la existencia de Dios. En realidad, no abordan ningún tema de manera neutral. Cualquier afirmación de neutralidad es una pretensión y es filosóficamente imposible.

Como cristiano crees que la Palabra de Dios es verdad. También tienes un Salvador quien intercede por tu santificación (que seas apartado para Dios y Su servicio) por medio de la Palabra de Dios. Él declara que la Palabra santificadora de Dios es una verdad absoluta: "Santifícalos en la verdad; Tú palabra es verdad." Y que la misma Palabra de Dios trata directamente con el asunto de la neutralidad en la perspectiva del incrédulo.

LA MENTE DEL INCRÉDULO ES HOSTIL A DIOS

La Biblia señala que el incrédulo *no* es neutral hacia la cuestión de Dios. Pero va más allá, declarando que él en realidad es *hostil* hacia ella:

> Esto digo, pues, y afirmo juntamente con el Señor: que ustedes ya no anden así como andan también los gentiles, en la vanidad de su mente. Ellos tienen entenebrecido su entendimiento, están excluidos de la vida de Dios por causa de la ignorancia que hay en ellos, por la dureza de su corazón (Efesios 4:17–18).

Observa que Pablo *no* habla de la mente del incrédulo o de su corazón como neutral. Sino todo lo contrario, declara la "vanidad" absoluta de la mente del incrédulo. La mente de los incrédulos está en realidad "entenebrecida" no sombría. Aún está "ajeno" de Dios, no "en la orilla" de lo que se refiera a Dios. Esto es debido a su "ignorancia" no a su confusión. Su corazón está "endurecido" contra Dios, no sólo indiferente hacia Él. Estas observaciones son las que debes esperar a la luz del hombre caído en pecado (Génesis 3:1–7; Romanos 3:10; 5:12) y la maldición de Dios en Génesis 3:15.

En lugar de permitir que el creyente adopte la mente del incrédulo (representado en Efesios 4:17–18), Pablo establece que el creyente *no* ha "aprendido a Cristo de esta manera" (Efesios 4:30) Esto es que, como creyente no llegaste a un conocimiento verdadero de Cristo a través de los procesos de pensamiento caídos. Tal método, entonces, es inapropiado para la apologética. Por esta razón, Pablo te llama a *desechar* la pasada manera de vivir por medio de renovar tu mente:

> En cuanto a la anterior manera de vivir, ustedes se despojen del viejo hombre, que se corrompe según los deseos engañosos, y que sean renovados en el espíritu de su mente, y se vistan del nuevo hombre, el cual, en la semejanza de Dios, ha sido creado en la justicia y santidad de la verdad (Efesios 4:22–24).

Efesios 4:17 nos enseña que o estás apartado para Dios o alejado de Él. No existe una tercera opción, no hay un lugar intermedio—el hombre simplemente *no* es neutral. Los hombres seguirán al mundo o a la Palabra. Tendrán la mente de Cristo (1 Corintios 2:16; Efesios 4:23–24) o una mente de "vanidad" (Efesios 4:17) Sus pensamientos están "cautivos" en Cristo (2 Corintios 10:5) o son "hostiles" a Él (Colosenses 1:21) Note que algunas de las imágenes de Pablo acerca de las dos mentes implica guerra: La mente cristiana está "cautiva"[1] en Dios, mientras que la

---

1. La palabra griega es *aichmalotizo,* que es parte de un grupo de palabras que normalmente se usaba para los cautivos de la guerra (ver Lucas 21:24; Efesios 4:8; Apocalipsis 13:10) En realidad, Pablo habla de las "armas" de nuestra "milicia" y de la "destrucción" de fortalezas".

del incrédulo permanece "hostil"[2] a Él. Aquí vemos la enemistad de Génesis 3:15 separando la mente del incrédulo de la del creyente.

Puesto de manera sencilla: la mente no es neutral. Como Jesús dijo, "Nadie puede servir a dos señores; porque o aborrecerá a uno y amará al otro, o apreciará a uno y despreciará al otro" (Mateo 6:24) y "El que no está a favor Mío, está contra Mí" (Mateo 12:30).

Pablo presenta el mismo problema en Romanos 1. Este no es un pensamiento vago de su comprensión de la condición del hombre. Note su descripción contundente de la mente caída como hostil a Dios y trabajando activamente para suprimir la verdad que conlleva:

> Porque la ira de Dios se revela desde el cielo contra toda impiedad e injusticia de los hombres, que *con injusticia restringen la verdad.* Pero lo que se conoce acerca de Dios es evidente dentro de ellos, pues Dios se lo hizo evidente. Porque desde la creación del mundo, *Sus atributos invisibles, Su eterno poder y divinidad, se han visto con toda claridad, siendo entendidos* por medio de lo creado, de manera que ellos no tienen excusa. Pues aunque *conocían a Dios*, no lo honraron como a Dios ni le dieron gracias, sino que *se hicieron vanos en sus razonamientos* y su necio corazón fue entenebrecido. Profesando ser sabios, se volvieron necioss... *Porque ellos cambiaron la verdad de Dios por la mentira* (Romanos 1:18–21, 25).

Más tarde en Romanos, Pablo también declara que "la mente puesta en la carne es enemiga de Dios, porque no se sujeta a la ley de Dios, pues ni siquiera puede hacerlo" (Romanos 8:7).

Cualquier método apologético que no reconozca la hostil-

---

2. La palabra "hostil es una traducción de la palabra en griego *echthros,* que muchas veces se traduce como "enemigo", ver Lucas 1:74; 1 Corintios 15:25–26)

idad de la mente caída, no sólo está muy equivocado sino que está resistiendo la enseñanza de las mismas Escrituras que la apologética ¡debería estar defendiendo! Los cristianos debemos reconocer la realidad de la no neutralidad en el mundo actual.

Contrariamente a la teología gravemente empobrecida en la mayoría del evangelicalismo moderno, las Escrituras enseñan lo que se conoce como los efectos "**noéticos**" del pecado. "Noético" se deriva de la palabra griega *nous*, que significa "mente" (ver: Lucas 24:45; Romaos 7:23; Filipenses 4:7). Este es un aspecto de la doctrina de "depravación total", que declara que la caída llega hasta lo más profundo del ser, aún a su mente a sus procesos de razonamiento. "El efecto noético del pecado (la depravación del intelecto del hombre) no significa, para Van Til, que el incrédulo no pueda tener un intelecto agudo. La persona puede ser de hecho muy inteligente y por lo tanto, aún más peligrosa para sí misma y para otros. La depravación da una *orientación* distorsionada y destructiva a las funciones mentales del pecador."[3] Esto es evidente en los escritos de Pablo citados anteriormente.

LA MENTE DEL INCRÉDULO NIEGA LA REALIDAD

La neutralidad le pega a nuestra *fe* de otra manera. Nuestra fe declara que todas las cosas fueron hechas por Dios y le pertenecen, así que no puede haber neutralidad en el mundo. Considera las siguientes verdades bíblicas:

Dios hizo todas las cosas. La doctrina de la creación es una doctrina bíblica fundamental que muestra a Dios como el Creador y al universo como Su creación. La Biblia inicia acertadamente con la doctrina de la creación y el Nuevo Testamento la confirma. "En

---

3. La palabra "hostil es una traducción de la palabra en griego *echthros*, que muchas veces se traduce como "enemigo", ver Lucas 1:74; 10:19; 1 Corintios 15:25–26.

el principio Dios creó los cielos y la tierra" (Génesis 1:1). "Todas las cosas fueron hechas por medio de Él, y sin Él nada de lo que ha sido hecho, fue hecho" (Juan 1:3).[4]

Pablo utiliza la doctrina de la creación para condenar al hombre por fallar en adorarle como su *Creador* (Romanos 1:16–25). Dios creó *todo* en el universo desde la partícula atómica más pequeña hasta la vasta galaxia más lejana. Como creaturas de Dios viviendo en Su mundo, no podemos ser legítimamente neutrales en lo que respecta a la existencia de su Creador. Esto es particularmente cierto debido a que el hombre ha sido creado a la imagen de Dios (Génesis 1:26; 9:6; 1 Corintios 11:7; Santiago 3:9).

Dios hizo todas las cosas para él. El Dios de la Escritura no es el Dios del **deísmo**.[5] Esto quiere decir, que Dios no simplemente creó al mundo y se retiró. El lo creó para Sí mismo y realmente para Su propia gloria. "Porque *de Él, por Él y para Él* son todas las cosas. *A Él sea la gloria para siempre*. Amén" (Romanos 11:36) "Todo ha sido creado por medio de Él y para Él" (Colosenses 1:16d).[6] Dios no le da la bienvenida a la neutralidad en Su creación, porque la neutralidad niega el propósito glorioso de Dios. Caleb Colton (1780–1832) comentó una vez que "La neutralidad no es la favorita de la Providencia, porque estamos formados de tal manera que nos es imposible ser neutrales en

---

4. Ver también Éxodo 20:11; Nehemías 9:6; Salmos 104:24; 148:1–5; Isaías 40:22–28; 44:24; 45:12, 18; Efesios 3:9; Colosenses 1:16 y Hebreos 11:3

5. Deísmo es la visión de una religión natural acerca de Dios que prevalecía en los siglos 17 y 18. Esta creencia acerca de Dios se deriva únicamente de una revelación y razonamiento natural y no de una revelación especial. El dios del deísmo creó el mundo pero no interfiere con él ya sea mediante providencia, milagros, encarnación o cualquier otra afirmación cristiana.

6. Ver Salmos 82:8; Proverbios 16:4; 1 Corintios 8:6; Hebreos 2:10; Apocalipsis 4:11.

nuestros corazones."

Dios posee todas las cosas. Un tema recurrente en la Escritura se encuentra en las palabras: "Del Señor es la tierra y todo lo que hay en ella, El mundo y los que en él habita" (Salmos 24:1).[7] Ninguna persona puede traspasar la propiedad de alguien más y declarar que es neutral a la propiedad del otro. Tampoco podría alguien declarar eso de la tierra, que es "del Señor". Los derechos humanos de la propiedad son protegidos en la Ley de Dios (por ejemplo: Éxodo 20:15; Levítico 19:11; Hechos 5:4). Conoces bien la propiedad especial redentora sobre los creyentes que le pertenece a Dios (1 Corintios 6:20; 7:23; Hechos 20:28; 1 Pedro 1:18). Dios tiene derechos de propiedad sobre todo lo que Él ha creado y Él ha creado todas las cosas.

Dios gobierna todas las cosas. El mundo y el universo no operan al azar o bajo su propio poder inherente. Dios activamente controla todas las cosas y constantemente las dirige a Su fin sabio. Todo existe y tiene su significado y su lugar por causa de Dios. Él *"Que declaro el fin desde el principio,* Y desde la antigüedad lo que no ha sido hecho. Yo digo: '*Mi propósito* será establecido, Y todo *lo que quiero* realizaré" (Isaías 46:10). Cristo "es antes de todas las cosas, y en Él todas las cosas permanecen" (Colosenses 1:17). Cristo "es el resplandor de Su gloria y la expresión exacta de Su naturaleza, y sostiene todas las cosas por la palabra de Su poder" (Hebreos 1:3a). Nosotros "habiendo sido predestinados según el propósito de Aquel que obra todas las cosas conforme al consejo de Su voluntad" (Efesios 1:11).[8] Por lo tanto, todo es controlado

---

7. Ver Génesis 14:19; Éxodo 9:29; Levítico 25:23; Deuteronomio 10:14; 1 Corintios 29:11, 14; Job 41:11;Salmos 24:1; 50:12; 89:11; 104:24; 1 Corintios 10:26, 28.
8. La Confesión de Westminster llama a la doctrina de la predestinación un "alto misterio" (wcf 3:8). Esta es una doctrina difícil de entender, pero es una doctrina bíblica. Ver: de Loraine Boettner, *La Reformada*

por la voluntad de Dios para *Su propósito*, no por el bien de la neutralidad.

Dios juzgará a todo hombre. Como creaturas de Dios existiendo a Su imagen, somos responsables ante Él y con Su voluntad. "Dios traerá *toda* obra a juicio, junto con *todo* lo oculto, sea bueno o sea malo" (Eclesiastés 12:14). "Él ha establecido un día en el cual juzgará al *mundo* en justicia, por medio de un Hombre a quien Él ha designado" (Hechos 17:31a).[9] De hecho, aún daremos cuentas de *toda* "palabra vana" que hablemos (Mateo 12:36). Ninguna de tus palabras son neutrales, cada una está sujeta al juicio de evaluación de Dios. Tú metodología apologética, entonces, también estará sujeta a una evaluación exhaustiva de Dios. El juicio de Dios es ineludible en todo lo referente a la vida, como lo descubrió David cuando trató de huir de la presencia de Dios (Salmos 139:1–17). Bahnsen lo explica de esta forma:

> En esto reside el problema: la neutralidad es imposible. Los secularistas no afirman la neutralidad porque todos tienen un grupo de presuposiciones que guían su moral y su análisis ético. Enfrentarse a cualquier posición depende del marco en el que esté la presuposición de alguien y de la forma en que los hechos sean interpretados y relacionados. Nadie vive ni opera en un vacío donde la mente sea una "pizarra en blanco" y los hechos no sean interpretados. Si así fuera el caso, "hechos brutos" existirían independientemente de Dios y no tendrían una relación lógica entre ellos. Por consiguiente, el hombre no podría conocerlos.[10]

El primer punto de Bahnsen es confirmado en la Escritura: Nosotros no debemos trabajar partiendo de la suposición de neu-

---

Doctrina de la Predestinación (Phillpsburg, NJ):Presbyterian and Reformed, 1932).

9. Ver también Eclesiastés 3:17; Mateo 10:28; Hechos 17:31; Romanos 14:11; Filipenses 2:10; Hebreos 12:23 y Apocalipsis 20:12.
10. Bahnsen, *La Apologética de Van Til,* 38.

tralidad en el pensamiento del hombre. El incrédulo no es neutral, ¿por qué tendrías que serlo tú?

LOS CRISTIANOS NO DEBERÍAN SER NEUTRALES

Como cristiano estás obligado a *negar* la neutralidad en tu metodología apologética. Esto debería fluir de ti en forma natural de tu entendimiento del pecado. El hombre no es neutral, es un pecador. Es bastante obvio decir que no deberías adoptar una posición que contradiga la doctrina bíblica del pecado. Sin embargo, nosotros debemos ir más allá de esto al hablar en contra del principio de la neutralidad. Nota este punto tomado de *Siempre Preparados* de Bahnsen:

> Tal compromiso no es ni siquiera posible. "*Nadie* puede servir a dos señores" (Mateo 6:24). No debería sorprendernos eso en un mundo donde todas las cosas han sido creadas por Cristo (Colosenses 1:16). Son sostenidas con la palabra de Su poder (Hebreos 1:3), donde todo el conocimiento está depositado en Él, quien es La Verdad (Colosenses 2:3; Juan 14:6) y quien debe ser Señor sobre todo pensamiento (2 Corintios 10:5), *la neutralidad es nada menos que la inmoralidad.* "El que quiere ser amigo del mundo, se constituye enemigo de Dios" (Santiago 4:4).[11]

Note que el llamado a la neutralidad "pega en el corazón mismo de nuestra fe y de nuestra fidelidad al Señor."[12] Esto es, que debes balancear tu *fe* objetiva (aquella que revela la Escritura, así como la doctrina del pecado y cualquier otra doctrina revelada) con tu *fidelidad* subjetiva (aquella que la Escritura nos manda, tal como tu obediencia a Cristo en toda tu vida); debes balancear la verdad y la obediencia. Como aquel himno del evangelio declara que tú debes "confiar y obedecer, porque no hay más que hacer".

---

11. Bahnsen, *Siempre Preparados*, 9.
12. Bahnsen, *Siempre Preparados*, 3.

Como se establece anteriormente, tu "fe" te advierte de la realidad del pecado que nos enseña que la mente caída no es neutral. Entonces, ¿cómo puedes quitar este hecho cuando estás desarrollando tu método para defender la fe? Ahora considera tu compromiso positivo: tú llamado a la "fidelidad" te dirige espiritualmente a alcanzar aquello que es correcto y bueno. Este compromiso positivo también te prohíbe adoptar la posición de neutralidad.

¿Cómo lo hace?

Se te ha ordenado que temas al Señor para poder adquirir positivamente sabiduría. Intentar la neutralidad hacia Dios socava tu búsqueda de la sabiduría. Las Escrituras enseñan que "el temor de Dios"—*no* la neutralidad—"es el principio de la sabiduría" (Proverbios 1:7; 9:10; 15:33; Job 28:28, Salmos 111:10). Por lo tanto, Su "lámpara es a mis pies Tu palabra, y luz para mi camino" (Salmos 119:105). ¿Cómo podemos poner una lámpara debajo una vasija (Mateo 5:15) y esperar que la apologética tenga éxito? A pesar de los supuestos de los incrédulos, Dios no es irrelevante para el mundo y la vida.

Como cristiano tienes que "evita las palabrerías vacías y profanas, y las objeciones de lo que falsamente se llama ciencia" (1 Timoteo 6:20). Por lo tanto, en tu método apologético debes "Retener la palabra fiel que es conforme a la enseñanza, para que sea capaz también de exhortar con sana doctrina y refutar a los que contradicen" (Tito 1:9).

Las personas que no tienen corazones para Dios no saben nada *verdaderamente*. "La fe es... un prerrequisito para un entendimiento auténticamente racional de cualquier cosa" porque la "fe es el fundamento necesario o el marco para la razón y el entendimiento."[13] No estamos diciendo que los incrédulos "no

---

13. Bahnsen, *La Apologética de Van Til*, 272, 273.

saben nada". Nosotros estamos diciendo que ellos no saben nada *"verdaderamente"*, porque no reconocen la realidad fundamental: Todos los hechos son hechos creados por Dios, no hechos brutos. Las cosas no existen simplemente como el resultado de fuerzas evolutivas al azar. Estas tienen significado e importancia porque existen en el plan de Dios, por Su propósito y para darle a Él gloria. En realidad, los incrédulos no reconocen el hecho más grande de toda realidad—Dios.

Pablo enseña que en Cristo "están escondidos *todos* los tesoros de la sabiduría y del conocimiento... Miren que nadie los haga cautivos por medio de su filosofía y vanas sutilezas, según la tradición de los hombres, conforme a los principios elementales del mundo y no según Cristo" (Colosenses 2:3, 8). Él nos advierte acerca de ser tomados cautivos por "huecas sutilezas", "tradiciones de hombres" y "principios elementales del mundo." La Escritura aquí te llama a la no neutralidad cuando busques promover el conocimiento de la verdad.

Se nos ha ordenado a someternos al Señor en todas las cosas. La neutralidad pega en nuestra *fidelidad* porque estamos llamados a someternos a Dios y a Cristo en *todas las cosas*, no sólo en algunas cosas o en asuntos personales, llamados como "cosas religiosas".

En muchos lugares que podemos citar, el Nuevo Testamento llama a Dios y a Cristo "Señor".[14] En realidad, ambos Dios el Padre y Dios el Hijo deben ser llamados "Señor de Señores" (1 Timoteo 6:15; Apocalipsis 17:14; 19:16). La palabra "Señor" es una traducción de la palabra en griego *kurios*, que significa "amo, dueño."[15] Así como el esclavo no debe medir de manera neutral

---

14. La palabra "Señor" viene 497 veces en el Nuevo Testamento. El título honorífico de "Señor Jesús" viene ochenta y nueve veces.
15. Es interesante que la palabra en inglés "iglesia" se deriva de la palabra en griego *kuriakos*, que significa "del Señor". Los cristianos reunidos en la "iglesia" son "del Señor". (No te confundas con esto: La palabra

las órdenes de su amo, tampoco nosotros los que somos "siervos" de Dios (Romanos 1:1; 6:22; 1 Corintios 7:22; 1 Pedro 2:16). Por ejemplo, Pablo les ordena a los esclavos de su tiempo a obedecer completamente y de todo corazón:

- Siervos, obedezcan a sus amos en la tierra, con temor y temblor, con la sinceridad de su corazón, como a Cristo; no para ser vistos, como los que quieren agradar a los hombres, sino como siervos de Cristo, haciendo de corazón la voluntad de Dios (Efesios 6:5–6; Colosenses 3:22).
- Todos los que están bajo yugo como esclavos, consideren a sus propios amos como dignos de todo honor, para que el nombre de Dios y nuestra doctrina no sean blasfemados (1 Timoteo 6:1).

En esta relación amo/siervo, Pablo también quita cualquier compromiso con el mundo a través del principio de neutralidad cuando escribe: "¿Busco ahora el favor de los hombres o el de Dios? ¿O me esfuerzo por agradar a los hombres? Si yo todavía estuviera tratando de agradar a los hombres, no sería siervo de Cristo" (Gálatas 1:10). Tú debes ser un "Siervos de Cristo, haciendo *de corazón* la voluntad de Dios" (Efesios 6:6). Aún, eres advertido positivamente de *no* adoptar los caminos del mundo tales como el principio de neutralidad: "No amen al mundo ni las cosas que están en el mundo. Si alguien ama al mundo, el amor del Padre no está en él" (1 Juan 2:15). "Y no se adapten a este mundo, sino transfórmense mediante la renovación de su mente, para que verifiquen cuál es la voluntad de Dios: lo que es bueno y aceptable y perfecto" (Romanos 12:2).

Como se estableció antes, tu Salvador te llama a "amar al

---

griega que se traduce como "iglesia" en las Biblias en Inglés es *ecclesia*. Sin embargo, aquí estamos hablando de la palabra en inglés de "iglesia" (church), no de la traducción.)

Señor tu Dios con todo tu corazón, y con toda tu alma y con *toda tu mente,* y con todas tus fuerzas" (Marcos 12:30). Tu mente—*y todos sus principios y métodos*—deben demostrarle tú amor a Dios, no mostrarle neutralidad hacia Él.

Debido a que has sido "comprado por precio" no debes "convertirte en esclavo de los hombres" (1 Corintios 7:23; 6:20). Fuiste salvo para "andar en *novedad* de vida" (toda la vida) para que "ya no sean esclavos del pecado" (en ninguna área) (Romanos 6:4, 6). Esto incluye que no seas "adaptado a este mundo, sino transfórmense mediante *la renovación de su mente"* (Romanos 12:2a). Pablo te ordena que "ya no anden así como andan también los gentiles, en la vanidad de *su mente"* (Efesios 4:17) sino que "sean *renovados en el espíritu de su mente,* y se vistan del *nuevo hombre,* el cual, en la semejanza de Dios, ha sido creado en la justicia y santidad de la verdad " (Efesios 4:23–24).

De hecho, "Ya sea que coman, que beban, o que hagan cualquier otra cosa, *háganlo* todo para la gloria de Dios" (1 Corintios 10:31)—aún tus procesos de razonamiento deben ser para la gloria de Dios. Ya sea que hables o hagas algo debes hacerlo de tal forma "que en todo Dios sea glorificado mediante Jesucristo" (1 Pedros 4:11). Tú debes "andar como es digno del Señor, haciendo en todo, lo que le agrada, dando fruto en toda buena obra y creciendo en el conocimiento de Dios" (Colosenses 1:10; 1 Tesalonicenses 2:12).

Esto te lleva a escuchar el llamado clásico a la obediencia *en tus pensamientos*: "Destruyendo especulaciones y todo razonamiento altivo que se levanta contra el conocimiento de Dios, y poniendo todo pensamiento en cautiverio a la obediencia de Cristo" (2 Corintios 10:5). Tú debes desafiar "toda altivez" que se levante "en contra del conocimiento de Dios" para que puedas llevar "todo pensamiento cautivo" a la "obediencia en Cristo."

Esto te llama de una manera fuerte y clara a obedecer a Cristo en la totalidad de tus procesos de pensamiento, incluyendo tu método de defender la fe de Cristo.

Adoptar la neutralidad en la apologética es infidelidad. Tú no debes olvidar la naturaleza del desafío del incrédulo:

> Vivimos en una cultura que por mucho tiempo ha estado saturada con las declaraciones de autonomía intelectual y con la demanda de neutralidad en la educación, a tal punto que esta perspectiva impía {de neutralidad} se ha arraigado en nosotros: como la "música de las esferas", es tan constante y estamos tan acostumbrados a ella que fallamos en discernirla. Es algo del dominio público y simplemente lo aceptamos.[16]

Por todas partes a tu alrededor acecha el supuesto escondido de que la vida puede y debe ser estar dividida en compartimientos religiosos y no religiosos. Y que los temas religiosos están definidos estrechamente dentro del contexto de la adoración cristiana formal y de varios ejercicios obviamente religiosos. El mundo cree que estos ejercicios religiosos están bien—si los mantienes para ti mismo o dentro de la vida de la iglesia. Pero en el mundo de día a día de las actividades culturales cotidianas, la vida debe ser neutral hacia los asuntos religiosos. En esto reside el atractivo del secularismo. "Más y más personas se preocupan de la tolerancia religiosa mientras que menos y menos personas se preocupan de la religión" (Alexander Chase, 1966)

Nunca olvides esto. Debes recordar frecuentemente que estás en una guerra espiritual que busca socavar el Señorío absoluto y universal del Dios Trino. La Biblia ve esta situación de la siguiente manera:

- Romanos 1:18–32 detalla la continua represión del incrédulo al conocimiento de Dios y a los resultados

---
16. Bahnsen, *Siempre Preparados*, 31.

morales de esa represión.

- Efesios 2:1–10 muestra la realidad del pecado, la naturaleza de la redención y el llamado supremo del cristiano a caminar en buenas obras de acuerdo al patrón de *Dios*.
- Efesios 4:17–32 resalta la naturaleza del pensamiento y la práctica del incrédulo y establece estas en contra de la forma que "aprendimos" a Cristo.
- Efesios 6:10–20 habla de tu equipo para la guerra espiritual, recordándote que en el fondo la pelea es contra Satanás mismo.
- 1 Pedro 2:11–25 te dirige en como reaccionar cuando estés bajo persecución, para que puedas seguir el ejemplo de Cristo y dejar un testimonio firme de él.
- 1 Pedro 3:15 te obliga a santificar a Cristo en tu corazón estando preparado para contestarle a aquellos que niegan y desafían nuestra fe.

LOS CRISTIANOS DEBEN SER HUMILDES EN SU DENUEDO

En todo esto debes inculcar no sólo el conocimiento, la convicción y la valentía, sino también la humildad y la sabiduría en ti y en los seguidores cristianos. Desafortunadamente, algunas veces cuando el cristiano reconoce el poder de la fe cristiana, puede desarrollar una actitud jactanciosa o arrogante. Pablo condena esta jactancia: "No nos hagamos vanagloriosos, provocándonos unos a otros, envidiándonos unos a otros" (Gálatas 5:26; Romanos 3:27; 1 Corintios 1:29; Gálatas 5:26).

Se deben evitar a toda costa el espíritu jactancioso y el orgullo. "Porque ¿quién te distingue? ¿Qué tienes que no recibiste? Y si lo recibiste, ¿por qué te jactas como si no lo hubieras recibido?" (1 Corintios 4:7). El llamado a la apologética requiere de humildad: "Cristo como Señor en sus corazones, estando siempre preparados para presentar defensa ante todo el que les demande razón de la esperanza que hay en ustedes. Pero háganlo con *mansedumbre y reverencia*" (1 Pedro 3:15).

El peligro del orgullo y la arrogancia es particularmente un peligro entre estudiantes de la universidad. Como alguna vez comentó el humorista Will Rogers (1879–1935): "La Universidad es maravillosa porque aleja a los niños de sus hogares justo en el momento que alcanzan la etapa de discutir." La derivación del término utilizado con los estudiantes de segundo año (que en ingles es "sophomore") viene del compuesto de dos palabras griegas: *sophia,* que significa "sabiduría", y *moron,* que significa "necio" (para ambas palabras ver Romanos 1:22; 1 Corintios 1:20, 25, 27; 3:18). El estudiante universitario de segundo año ahora tiene el entrenamiento académico de todo un año de universidad, esto se le puede subir a la cabeza.

James Barnes (1806–1936) hizo una observación divertida al respecto, "Siempre puedes decir quien es una persona de Harvard, pero no le podrás decir mucho." Max Beerbohn (1872–1956) alguna vez confesó, "Yo era un niño modesto y de buen humor. Fue Oxford la que me hizo insoportable." Estas observaciones no deberían describir a los cristianos.

2.0 OBSERVACIONES EXEGÉTICAS

Enfoquémonos un poco en el pasaje clave que nos ayudará a profundizar más en el conflicto que los cristianos enfrentan. En la poderosa declaración de Pablo en 2 Corintios 10:3–5, él habla en términos de una batalla. Está es una batalla con un enemigo que está organizado en contra de los cristianos en una profunda enemistad y una hostilidad violenta: "Pues aunque andamos en la carne, no luchamos según la carne. Porque las *armas* de nuestra *contienda* no son carnales, sino poderosas en Dios *para la destrucción de fortalezas; destruyendo* especulaciones y todo razonamiento altivo que se levanta contra el conocimiento de Dios, y poniendo todo pensamiento en *cautiverio* a la obediencia de Cristo." El énfasis repetitivo subraya la profundidad de la enemistad que existe entre los hijos de Dios y los hijos del diablo desde el tiempo de la caída (Génesis 3:15; Juan 8:44; Efesios 2:1–2; 1 Juan 3:10).

Aquí Pablo hace un llamado de manera específica a utilizar armas "poderosas en Dios", no armas que se derivan de nuestra carne caída así como lo postula la neutralidad. Estas armas intelectuales surgen de tu mente renovada en Cristo. Pablo tampoco recomienda la *neutralidad* en la batalla, sino que enérgicamente, recomienda una batalla acérrima. En realidad, el busca la *destrucción* total de los patrones de pensamiento que se oponen. La palabra "destruyendo" (*kathaireo*) se utiliza en Hechos 13:19 para la destrucción de Dios de siete naciones de Canaán. Esto nos habla de una conquista total, no un daño ligero—y con toda certeza sin comprometerse a través de la neutralidad. En esta guerra entonces, debemos buscar la rendición incondicional del pecador incrédulo.

La batalla que Pablo menciona, para estar seguros, no es una batalla física. Es una batalla en las mentes. Él hace un llamado a los cristianos a hacer la guerra contra "especulaciones" (o "razonamientos"[17]): *toda* especulación que resiste a Dios son elegidas como blancos para su destrucción, *cualquier* "altivez" que se levanta contra el "conocimiento de Dios. Él tampoco nos insta sólo a una batalla destructiva, sino también a una re-constructiva: El antiguo mundo caído debe ser derrocado *para que* un nuevo amo sea establecido: Nosotros debemos llevar "todo *pensamiento*

---

17. La palabra griega traducida como "especulaciones" es logismous. En Romanos 2:15 aparece como "razonamientos". Esto habla de un pensamiento esmerado y de una cuidadosa reflexión, como en Hebreos 11:19 que es traducido como "pensando" y en Juan 11:50, o "tener en cuenta" en 2 Corintios 10:11.

cautivo a la *obediencia en Cristo.*"[18]

Nada de esto sugiere su aceptación a la neutralidad en el área del pensamiento; todo sugiere otra cosa. Bahnsen cita la declaración poderosa de Van Til a este respecto:

> Es Cristo como Dios quien habla en la Biblia. Por lo tanto, la Biblia no apela al razonamiento humano como definitivo para poder justificar lo que dice. La Biblia llega al ser humano como la autoridad absoluta. Esta afirma que el razonamiento humano debe ser tomado en el sentido en que la Escritura lo toma, esto es, como creada por Dios y por lo tanto sometida correctamente a la autoridad de Dios... Los dos sistemas, el del no-cristiano y el del cristiano, difieren debido a que sus suposiciones básicas o a que sus presuposiciones difieren. Sobre la base del no-cristiano se asume que el hombre es el punto de referencia final en la **predicción**[19]
>
> ...El método reformado... francamente empieza "desde arriba" y "presupondría" a Dios, pero al presuponer a Dios no se pondría a sí mismo en ningún momento en una base neutral con el no-cristiano."[20]

---

18. Herbert Schlossberg escribió una crítica excelente y una refutación del humanismo secular titulada *Ídolos para la Destrucción: El Conflicto de la Fe Cristiana y la Cultura Americana* (Wheaton, IL: Crossway,{1983} 1993).

19. **Predicción** es un concepto lógico que se toma prestado de la gramática. En la lógica, la predicción puede ser afirmar o negar algo, es el atribuir o negarle algo al objeto de la propuesta. Por ejemplo, considere las siguientes dos declaraciones de predicción: "El sol está caliente"; "El lado obscuro de la luna no está caliente". La primera oración afirma (predice) calor en el sol, la segunda niega el calor en el lado obscuro de la luna.

20. Bahnsen, *Siempre Preparados,* 18 citando a Cornelius Van Til, *Una Teoría Cristiana del Conocimiento* (Phillpsburg, NJ: Presbyterian and Reformed, 1969), 15ff.

3.0 PREGUNTAS PLANTEADAS

Intente contestar las siguientes preguntas por sí mismo antes de ver el texto o consultar la **Clave de Respuestas**.

¿Por qué es la mente del incrédulo "hostil a la cosmovisión cristiana?

1. ¿Qué evidencia existe que respalde esta afirmación?

2. En lo que se refiere a la neutralidad, ¿Cuáles son las dos verdades importantes de la afirmación del incrédulo acerca de la neutralidad en el razonamiento?

3. ¿Qué declaraciones de Cristo descartan la posibilidad de la neutralidad?

4. ¿Por qué decimos que el hombre no puede ser neutral hacia Dios? Proporciona al menos 3 líneas bíblicas que respalden el argumento de tu respuesta.

5. ¿Qué queremos decir con el término "efecto Noético" del pecado?

6. ¿Enseña la Escritura que aún la mente del hombre y sus procesos de razonamiento están afectados por el pecado? Comprueba tu respuesta citando la Escritura.

7. En el hecho de que los incrédulos han contribuido mucho al pensamiento humano, la ciencia y la cultura, ¿Qué es lo que el Dr. Bahnsen quiere decir cuando declara que la fe en Dios es un prerrequisito para entender verdaderamente?

8. Lee 2 Corintios 10:4–5. Discute con amigos cristianos, el significado y la importancia para la apologética del pasaje.

4.0 APLICACIÓN PRÁCTICA

Ahora bien, ¿cuáles son algunas cosas prácticas que puedes hacer para reforzar lo que has leído? ¿Cómo puedes promover el método apologético entre tus amigos cristianos?

1. Organiza un grupo de apologética con el propósito de animar a compañeros cristianos a entender el significado de la apologética y juntar sus recursos intelectuales.

2. Discute con amigos cristianos la doctrina del pecado y sus implicaciones en la defensa de la fe. En este estudio, muestra la utilidad práctica de comprender la doctrina bíblica.

3. Busca artículos de sitios en internet seculares que hablen de la neutralidad y de la mente imparcial. Formula algunas respuestas a esas afirmaciones, utilizando el material de los primeros dos capítulos.

4. Insta a los miembros del grupo de apologética a anotar las declaraciones de sus profesores o de los trabajos en clase, ya sea que aseguren o adopten la neutralidad. Entrénate a ti mismo a estar alerta a la suposición de la necesidad de la neutralidad.

5. Empieza a coleccionar libros de apologética. Construye una pequeña biblioteca de préstamos.

6. En tu grupo de apologética escoge un libro del mes para discusión. Asigna a una persona para tomar el liderazgo cada mes, anima a los miembros a repasar y llegar listos para discutir los libros en las reuniones.

5.0 LECTURAS RECOMENDADAS

Para mejorar tu entendimiento del antagonismo de la mente de los incrédulos y de los peligros de la neutralidad, te recomendamos la siguiente lectura adicional.

Flashing, Sarah J., "El Mito de la Neutralidad Secular: ¿Bioética imparcial?" (El Centro para la Bioética y la Dignidad Humana). Este artículo de internet trata con la supuesta neutralidad en el caso de Terry Shiavo en Florida en 2005: http://cbhd.org/content/myth-secular-neutrality-unbiased-bioethics, consultado el 5-31-13

Kruger, Michael J., "La Suficiencia de la Escritura en la Apologética" en *La Revista de Teología del Maestro,* 12:1 (Primavera, 2001), 69–87: http:// www.tms.edu/tmsj/tmsj12m.pdf, consultado el 5-31-13

Oliphant, K. Scott. "Review of *The Noetic Effects of Sin: An Historical and Contemporary Exploration of How Sin Effects our Thinking, by Stephen

K. Moroney.* Lanham, MD: Lexington Books, 1999." *Westminster Theological Journal,* 63:1 (Spring 2001): 199-203.

Woodward, Thomas E., "Mirando hacia Abajo al Darwinismo: Una Revisión del Libro": http://www.baptistbanner.org/Subarchive_7/793%20Staring%20Down%20Darwinism.htm, consultado el 5-31-13

CAPÍTULO 3

DEFINIENDO LAS COSMOVISIONES

"Porque de Él, por Él y para Él son todas las cosas. A Él sea la gloria para siempre. Amén" (Romanos 11:36).

NADIE PUEDE SER—o podrá ser—neutral al abordar temas tales como la existencia de Dios y la creación del universo. La neutralidad es imposible de acuerdo al cuidadoso método filosófico *y* al estudio bíblico sólido (exégesis). Esto se debe a que ambos, la razón y la Escritura subrayan que la neutralidad es un mito.

Además, como Cristiano incluso *no deberías* intentar la neutralidad. Muchos Cristianos intentan lo que creen es un enfoque "imparcial" a una discusión de hechos y a la evaluación de cosmovisiones con la esperanza de establecer un terreno neutral desde el cual poder razonar con el incrédulo. Cuando hacen eso, no sólo están contradiciendo la realidad (ya que nadie puede ser neutral), sino que también están negando al Creador de toda la realidad (al no postrarse delante de Su Señorío absoluto). Tal intento es tanto vano como inmoral, tanto ilógico como infiel.

Ahora nos enfocaremos en la *naturaleza* y la *función* de las cosmovisiones y de cómo debe una defensa sólida de la fe debe proceder para el análisis de la cosmovisión, estableciendo la cosmovisión Cristiana en contraste con la cosmovisión no-Cristiana en cualquiera de sus diferentes y multitudinarias formas. Al *incrédulo* se le debe mostrar que la neutralidad es imposible.

1.0 PREOCUPACIONES CENTRALES

Seguramente has escuchado acerca de las cosmovisiones, pero alguna vez ¿has estudiado realmente que son? ¿Estás consciente de la importancia de las cosmovisiones en tu proceso de razonamiento—aún de tus acciones del diario vivir? ¿Has considerado las implicaciones del pensamiento fundado en la cosmovisión para defender tú fe Cristiana? Si quieres ser un apologista efectivo para la fe Cristiana, deberías.

En nuestro ajetreado mundo de mensajes instantáneos, grabaciones de tres minutos de rock and roll, artículos de periódico de 5 párrafos y aviones de 600 mph, no estamos inclinados a dedicar el tiempo o esfuerzo necesario para analizar esas complejidades intelectuales como lo son las cosmovisiones. Para el evangélico americano contemporáneo promedio, si tu teología no cabe en una calcomanía en la defensa del coche, simplemente es muy complicada. De hecho, muchos cristianos están esperando ansiosamente el "arrebatar" del Señor sacándolos de este mundo en un Rapto en "cualquier momento," que no le ven sentido a las implicaciones a largo plazo de analizar la cosmovisión. Lo que es peor, ellos no simplemente esperan que Jesús regrese *pronto* (bloqueando cualquier perspectiva del futuro a largo plazo) sino también que Él personalmente va a establecer un reino hecho y derecho además de completamente funcional—sin que ellos tengan que levantar un solo dedo. Esto bloquea la necesidad de una reflexión exhaustiva sobre las implicaciones culturales y políticas de la fe Cristiana.[1]

Sacudamos la tendencia de pereza intelectual de nuestra cultura examinando esta cuestión de las cosmovisiones. Consideremos la definición de **cosmovisión** y después veamos como esto tiene implicaciones importantes para cuando defendemos nuestra fe:

> Una cosmovisión es una red de presuposiciones, las cuales no son probadas por la ciencia natural y en términos de la cual, toda experiencia es relacionada e interpretada.

Una definición un poco mejorada:

> Una cosmovisión es una red de presuposiciones (que no están verificadas por los procedimientos de la ciencia natural) acerca de la realidad (metafísica), del saber (epistemología) y de la conducta (ética) en términos de la cuál, cada elemento de la experiencia humana es relacionada e interpretada.

LA RED DE LA COSMOVISIÓN

Primero que nada, una cosmovisión forma una red de presuposiciones, un sistema completo de supuestos. Esta red es una *telaraña compleja de muchas creencias* organizadas en un sistema independiente de creencias entrelazadas e interdependientes. Desafortunadamente, muchos Cristianos evangélicos generalmente piensan en algo de poco a poco, enfocándose en doctrinas individuales errantes y en hechos en lugar de en un sistema de creencias bien coordinado a gran escala. Ellos tienden a ver la fe Cristiana como una *mezcla* aleatoria de doctrinas independientes en lugar de un *sistema* coherente *de declaraciones* autónomas

---

1. Gary DeMar, *La Locura de los Últimos Días: La Obsesión de la Iglesia Moderna*, 4ta. edición (Powder Springs, GA: American Vision, 1999).

y verdaderas.[2] De hecho, vemos esta tendencia problemática en el método más popular de la apologética, el "evidencialismo", el cuál defiende la fe enfocándose en esta o aquella doctrina—por ejemplo, en el "argumento de resurrección" o en el "argumento de la creación." Debemos reconocer que la fe Cristiana es un sistema complejo de creencias entrelazadas que se apoyan mutuamente rellenando una cosmovisión mayor e interdependiente.

Tú debes defender la fe Cristiana como un contrato global. Cada experiencia humana en particular, pensamiento o sensación deben ser vistos y entendidos dentro del contexto de un sistema mayor de interpretación de aquellas cosas. Cada parte de la cosmovisión se debe relacionar con todas las demás partes. Como el Dr. Van Til insistió, no existen los **hechos brutos**, es decir, hechos no interpretados, y que quedan solos sin referencia a otros hechos, principios de interpretación y especialmente de Dios.

Nosotros existimos en lo que lo llamamos el "Universo". Este término nos habla de todas las cosas creadas como un todo reunido e integrado. Nos indica que vivimos en un sistema unido y ordenado que se compone de muchas y diversas partes. Estas partes funcionan de manera coordinada como un sistema completo y racional. Nosotros no vivimos en el "multiverso". Un estado de multiverso sería des-unido, totalmente fragmentado y una mezcla aleatoria de hechos desconectados e imposibles de unir. Estos hechos que no se pueden conectar serían esparcidos sin sentido en una confusión caótica y finalmente en el desorden, siendo más como una explosión de una fábrica de colchones que un Universo coherente.

---

2. Para utilizar otra imagen, Van Til habla de la doctrina Cristiana como de una "prenda sin costuras". Esta imagen nos advierte en contra de jalar hilos individuales, porque eso arruinaría la "prenda" de la fe.

LAS PRESUPOSICIONES DE LA COSMOVISIÓN

En segundo lugar, una cosmovisión—*cualquier* cosmovisión, ya sea Cristiana *o* secular—se fundamenta sobre *cierto tipo* de creencias conocidas como "presuposiciones". Esto no significa que se establece en cualquier selección de los supuestos favoritos de alguien, sino más bien en premisas de un tipo especial, conocidas como "presuposiciones."

Pero en sí, ¿qué se quiere decir con una **presuposición**? El definir las presuposiciones será sumamente importante para poder comprender el enfoque bíblico a la apologética. En realidad, este método apologético es conocido popularmente como "Apologética Presuposicional" o de manera más sencilla "Presuposicionalismo." En el libro de *La Apologética de Van Til*, la presuposición es definida de esta manera:

> Una "presuposición" es un supuesto elemental en el razonamiento de alguien o en el proceso por medio del cual las opiniones son formadas
>
> ... {Esta} no es simplemente cualquier supuesto en un argumento, sino un compromiso personal que se sostiene en el nivel más básico de la red de creencias de alguien. Las presuposiciones forman una *perspectiva* (o punto de partida) fundamental y amplia, en términos de la cual, todo lo demás es interpretado y evaluado. Como tales, las presuposiciones tienen la autoridad más alta en el pensamiento de alguien, siendo tratadas como las creencias menos negociables de la persona y siéndoles otorgadas la inmunidad más alta al ser revisadas.[3]

Una presuposición es, por lo tanto, un supuesto "elemen-

---

3. Greg L. Bahnsen, *La Apologética de Van Til: Lecturas y Análisis* (Phillipsburg, NJ.: Presbyterian and Reformed, 1998), 2, nota 4. Ver Gary DeMar, *Pensando Derecho en un Mundo Torcido: Manual de Defensa Cristiana* (Powder Springs, GA: American Vision, 2001).

tal" (es decir, básico, fundamental, el punto de partida) acerca de la realidad de un todo. Una presuposición elemental sirve como la condición esencial necesaria para la perspectiva que alguien tiene del mundo y de la vida. Es una precondición necesaria para el pensamiento humano y la experiencia, sin la cual el razonamiento lógico sería imposible y la experiencia humana sería ininteligible. Profundicemos un poco más para que puedas ver la importancia de tus presuposiciones.

Las presuposiciones son normalmente, supuestos escondidos en los que de manera reflexiva dependes para temas fundamentales de la experiencia humana tales como la naturaleza y la estructura de la realidad, la posibilidad y el método de conocimiento, los estándares y los universales de la moral. Estas presuposiciones básicas acerca del mundo y la vida te guían para descubrir y resolver problemas, planear para el futuro y demás; estas te proveen de todos los estándares para interpretar toda la vida. Ellas gobiernan tu manera de pensar y de actuar, hasta la forma en la que seleccionas y empleas hechos específicos en los innumerables hechos que fluyen sin cesar a través de tus sentidos y en tu mente en todos y cada uno de los momentos del día. Estas forman el fundamento de tu visión del mundo y la vida.

LA UNIVERSALIDAD DE LA COSMOVISIÓN

En tercer lugar, "una cosmovisión es una red de presuposiciones . . . en términos de la cual *todas* las experiencias se relacionan." Esta definición asume, y el argumento correlacionado afirma, que los cristianos no son los únicos que tienen una cosmovisión, como si esto fuera algún tipo de enfoque religioso estrecho a la vida. *Toda* persona debe tener—*es más* ¡tiene!—un marco de referencia a través del cual comprende el mundo como un sistema y comprende su relación con este. Todos por necesidad tienen una forma particular de ver el mundo que les permite organizar ideas acerca del mundo en su mente. Cualquier acto racional *por definición* opera en términos de esta perspectiva particular en el mundo. (Por cierto, todo esto sirve como una evidencia adicional acerca del mito de la neutralidad).

El carecer de una cosmovisión interpretativa sería como leer un versículo de la Biblia por primera vez sin ningún contexto. Como ejemplo, considera 1 Crónicas 26:18: "En el Parbar, al occidente, había cuatro en el camino y dos en el Parbar" (nblh). Este versículo es virtualmente ininteligible separado de su contexto. Considera este ejemplo en una conferencia impartida acerca de la importancia de los "conceptos" para todos los humanos que operan en el mundo. Para establecer su discurso el orador hace dos preguntas: "Si yo pongo delante de ustedes un metal negro y una caja de plástico, de aproximadamente medio metro cuadrado, con una pantalla de vidrio en el frente, botones debajo de la pantalla y una cable de extensión largo que sale de la parte de atrás, ¿qué reconocerían inmediatamente que es?" Obviamente la respuesta es: "Una televisión."

Después hizo su segunda pregunta: "Si yo tomo el televisor y se lo llevo a una tribu aborigen en lo más recóndito de Australia y les pregunto que es, ¿qué me responderían?" Un estudiante muy inteligente del fondo del salón respondió: "¿Un horno de microondas?" El punto era, claro está, que nuestros conceptos de la tecnología moderna nos ayudan a reconocer cosas como las televisiones sin tener que analizarlas.

LA INTERPRETACIÓN DE LA COSMOVISIÓN

En cuarto lugar, "una cosmovisión es una red de presuposiciones... en términos de la cual todas las experiencias se relacionan *y se interpretan.*" Las presuposiciones tienen el nivel más alto de autoridad en la cosmovisión de alguien y son las bases por medio de las cuales interpretamos y entendemos la realidad. Como consecuencia, estas son las convicciones que estás menos propenso a rendir. Observa la siguiente explicación:

> Todo pensador le otorga un estatus preferencial a *algunas* de sus creencias y afirmaciones lingüísticas que las expresan. Estas convicciones privilegiadas son "centrales" en su "red de creencias," siendo tratadas como inmunes a una revisión—hasta que la red de convicciones sea alterada . . . la realidad de la naturaleza humana y su comportamiento debería ser reconocida: nuestros pensamientos, razonamiento y conducta son gobernados por convicciones presuposicionales que son asuntos de preocupaciones personales más profundas, las cuales están lejos de ser vacías o triviales y a las que procuramos adherirnos intelectualmente y defenderlas "hasta el final."[4]

Por la naturaleza del caso, tu cosmovisión—la cosmovisión de todos—debe estar fundada en ideas básicas presupuestas sostenidas como verdad e inmunes a la revisión. Nosotros partimos de ciertas presuposiciones y construimos de ahí nuestro aprendizaje, comunicación, comportamiento, planeación, etc. Las presuposiciones nos proveen de estándares autoritativos por medio de los cuales evaluamos los asuntos de la vida.

En tu red de creencias, esas convicciones más distantes de tus creencias fundamentales (tus presuposiciones) son las más susceptibles al cambio, más abiertas al fracaso y más sujetas a ser descartadas. Mientras más cerca estás de tus presuposiciones fundamentales que gobiernan tu pensamiento, es menos probable que las vayas a rechazar. Estas le dan sentido, a todos tus demás pensamientos y experiencias, por lo tanto, son más básicas e indispensables.

---

4. Bahnsen, *Siempre Preparados*, 218.

La necesidad de las presuposiciones para operar en el mundo real es ilustrada al considerar aún cómo te levantas e inicias el día en la mañana. Cuando te despiertas en la mañana tú no pasas por un cierto tipo de esquema de arranque como una computadora donde mediante un proceso corren varias configuraciones del sistema y se abren programas específicos que gobernarán tus actividades durante el día. ¡No! Tú te levantas con todas tus presuposiciones intactas y operando, así no tienes que pensar en esos problemas, permitiéndote funcionar fácilmente en la vida. Algunas presuposiciones importantes acerca del mundo y de la vida a considerar cuando utilizamos esta ilustración son:

- La realidad de un mundo exterior objetivo: ¿Estoy seguro de que no soy tan sólo una mente imaginando que la materia existe?[5]
- La confiabilidad de la memoria: ¿Puedo confiar en mi memoria como una función personal básica necesaria para vivir?
- La relación entre la mente inmaterial y el cuerpo material: ¿Cómo *es* que la mente intangible interactúa y gobierna los procesos químicos de un cuerpo tangible?
- Tu identidad continúa en el tiempo: ¿Estás seguro de que no fuiste creado hace cinco minutos y te implantaron un programa de memoria completo?
- La realidad de la relación entre causa-efecto: ¿Puedo esperar que mis acciones físicas impacten el mundo material que me rodea?

Todos estos temas—*y más*—son absolutamente *esenciales*

---

5. El filósofo chino Chuang-Tzu (del cuarto siglo a.c.) declaró "Yo no sé si yo era antes un hombre soñando que era una mariposa, o si ahora soy una mariposa soñando que soy un hombre."

para comprender y operar en el mundo que nos rodea. Tus presuposiciones controlan el flujo constante de tu información sensorial para que puedas interpretar el mundo real que te rodea sin tener que luchar conscientemente con estos temas uno por uno cuando se vuelven necesarios. ¡Gracias a Dios por las presuposiciones, porque sin ellas estaríamos exhaustos constantemente y nunca seríamos capaces de funcionar en el mundo!

LA INMUNIDAD DE LA COSMOVISIÓN

En quinto lugar, "una cosmovisión es una red de presuposiciones, *las cuales no son probadas por la ciencia natural*." Las presuposiciones no pueden ser contadas, pesadas o medidas, no son vistas, escuchadas o sentidas. En realidad, ellas son los cimientos sobre los que se encuentra la ciencia y donde las experiencias sensoriales son comprendidas. Así como el científico se para en el piso de un laboratorio para realizar sus experimentos, así la ciencia misma se para en el piso de las presuposiciones para poder analizar el mundo.

Cuando salgas para ir a la universidad o cuando te dirijas a tu trabajo, te encontrarás personas que sostengan puntos de vista antagónicos a tus propias convicciones y perspectivas Cristianas. Para poder desafiarlos a creer en Dios, será necesario que entiendas las presuposiciones de *su* cosmovisión tanto como las tuyas. No los desafiaras basándote en características aisladas de su cosmovisión que sean sustituibles. Tú socavarás los cimientos mismos de su cosmovisión y les proveerás, en lugar de eso, un cimiento más firme en Cristo y en la cosmovisión Cristiana.

CONCLUSIÓN

Es importante que te des cuenta que debido a que el Cristianismo es una cosmovisión, las implicaciones van más allá de como llevas a cabo la apologética. Las consideraciones de la cosmovisión Cristiana requieren que si tú estás comprometido con Cristo en un área en particular de tu vida, debes estar comprometido con Él en cada momento de tu vida. El Cristianismo no está preocupado simplemente con un rango estrecho de la experiencia humana, involucrando sólo tu vida de oración, tu lectura devocional o tu adoración. En nuestro último estudio notamos que el clamor bíblico de "Cristo es Señor" requiere que te sometas a Él en todas las áreas de tu vida. Muchos creyentes son Cristianos "sólo los Domingos", ponen en cuarentena la fe, separándola de la "realidad" de los asuntos del diario vivir.

Debido a que el Cristianismo es una visión del mundo y la vida, tiene un enfoque distintivo del razonamiento, la naturaleza humana, las relaciones sociales, la educación, el entretenimiento, la política, la economía, el arte, la industria, la medicina y cada uno de los otros aspectos de las experiencias humanas. Estar verdaderamente comprometidos con Cristo para salvación es estar comprometidos con Cristo en toda la vida. En nuestra próxima lección nos enfocaremos en los *temas claves* de cualquier cosmovisión, temas que sólo la cosmovisión cristiana los hace inteligibles.

2.0 OBSERVACIONES EXEGÉTICAS

Nuestro análisis de la cosmovisión de la apologética se enfoca en el mundo real y en la experiencia humana. Este involucra una visión de la naturaleza de la realidad, la cual requiere de una visión diferente de los orígenes. Reflexionemos brevemente en el capítulo de inicio de la Biblia como el componente clave de nuestra cosmovisión Cristiana.

GÉNESIS 1:1

La Biblia inicia con esta declaración sencilla pero majestuosa:

"En el principio Dios creó los cielos y la tierra." Estas sublimes palabras no sólo forman el cimiento de toda la Biblia y la historia de redención, sino que establecen la piedra angular para una cosmovisión que abraca todo.

Nosotros podemos desempacar muchas verdades maravillosas de esta declaración. Consideraremos sólo tres: Dios existe, Él es el creador de todas las cosas y el mundo no es eterno. Cada una de estas es importante para nuestra cosmovisión y nuestro desafío apologético para los incrédulos.

Primero, Génesis 1:1 afirma que Dios existe. Cuando Génesis inicia con esta sencilla declaración "En el principio Dios", no está *discutiendo* la existencia de Dios, la *asume* y la *afirma*. Es la grandiosa presuposición de la narración de la creación. En la cosmovisión del creyente, el Dios infinito, eterno y personal existe absolutamente y es la razón de todo ser.

De manera interesante, la forma en la que este versículo aparece en el texto sirve para una refutación sutil a la extendida idolatría y al **politeísmo**[6] en los días de Moisés: solo hay un Dios verdadero, eso es todo lo que el texto menciona. Por todas partes las Escrituras reflexionan sobre el mensaje de Génesis 1 al confrontar a los dioses míticos de las naciones: "Así les dirán: Los dioses que no hicieron los cielos ni la tierra, perecerán de la tierra y de debajo de los cielos" (Jeremías 10:11). "Porque todos los dioses de los pueblos son ídolos, Pero el SEÑOR hizo los cielos" (Salmos 96:5; 1 Crónicas 16:26).

En segundo lugar, Génesis 1:1 declara que Dios es el creador de *todas* las cosas. El idioma hebreo no tiene una sola palabra para

---

6. El **politeísmo** se deriva del francés, *polythiesme,* que se basa en la combinación de dos palabras griegas: *polu* ("muchos") y *theos* ("dios"). El politeísmo es la creencia en muchos dioses, donde dioses particulares son enseñados para gobernar aspectos específicos del mundo y de la vida.

"universo." Denota el universo con la frase "los cielos y la tierra." Este versículo hace la introducción y los siguientes declaran directamente que el Dios de la Escritura creó la totalidad de la tierra y el universo completo. Aquí descubrimos una implicación esencial de nuestra cosmovisión—una doble realidad. Esto es que, nosotros tenemos un Dios personal, eterno e infinito, que no fue creado y después tenemos todo lo demás: una realidad creada incluyendo a los ángeles, el hombre, los animales y la materia.

En el hebreo original de Génesis 1:1, Dios es llamado *elohim*. Este es un nombre recurrente para Dios en el Antiguo Testamento, aunque muchas veces aparece en su forma abreviada de *el* (y casi siempre se traduce en inglés como "Dios"). Este nombre da énfasis a la idea de poderío, fuerza y poder. Elohim es el plural de *el* y debido a que se refiere al único Dios verdadero, es llamado "una majestad plural," de este modo intensificando la fuerza multiplicada implícita en el nombre. En el Nuevo Testamento, Pablo habla del "eterno poder" de Dios (Romanos 1:20).

Este nombre para Dios aparece a través de Génesis 1 donde Moisés presenta el relato impresionante de la creación de todo el universo. Este nombre de poder es especialmente apropiado para identificar al Creador de todas las cosas.[7] Todo el poderío, enormidad y gloria del Universo fue creado por *Elohim*. El universo es lo que es, debido al ilimitado poder de Dios. Su poder es exhibido a través del texto, no sólo resumiendo los *resultados* de Sus actos creativos (mostrando, por ejemplo, que Él creó la tierra, el océano, el sol, la luna, las estrellas, los animales y al hombre), sino la *facilidad* de Su actividad creativa a Su sencillo hablar la

---

7. Génesis 2 se enfoca de manera más específica y completa en la creación del hombre y su entorno inmediato. En este punto vemos a Dios ser referido con otro nombre—"Señor" (ejem. Génesis 2:4, 5, 7, 8, 9). Esta palabra traduce el *yahweh* hebreo, que es el nombre especial de pacto de Dios que habla de su preocupación íntima y amorosa (Éxodo 6:2–3).

palabra. Por todas partes el salmista declara: "Porque Él habló, y fue hecho; Él mandó, y todo se confirmó." (Salmos 33:9). Dios sencilla-mente habla, y es hecho.

La declaración de "Dios creó los cielos y la tierra" es ampliada en los siguientes versículos donde aprendemos que estas cosas aparecieron porque "Dios dijo" y declaró "haya" y fue hecho en el lapso de seis días.[8] El salmista más tarde reflexiona en la gloriosa facilidad de la creación: "Por la palabra del Señor fueron hechos los cielos, y todo su ejército por el aliento de Su boca" (Salmos 33:6). De manera similar, el Nuevo Testamento declara: "Por la fe entendemos que el universo fue preparado por la palabra de Dios, de modo que lo que se ve no fue hecho de cosas visibles" (Hebreos 11:3).

En tercer lugar, Génesis 1:1 declara que el universo no es eterno. Claro está, que esto ya está implícito en los comentarios anteriores. Pero aquí vamos a analizar que el texto menciona específicamente "en el principio." Esto sitúa un punto de partida para la creación. El universo no siempre ha existido, Dios es el único que existe eternamente (Deuteronomio 33:27; Romanos 16:26; 1 Timoteo 1:17). El universo no existe en sí mismo ni se explica por sí mismo. Este tuvo un principio en la actividad poderosa de Dios. Esto presenta un tremendo problema para la cosmología evolucionaria moderna: ¿De dónde proviene la materia?

Por lo tanto, Génesis 1:1 enseña desde el mismo comienzo

---

8. Para estudios científicos de la Creación en Seis-Días, ver de Wayne Frair, *La Biología y la Creación: Una Introducción Acerca de la Vida y los Orígenes* (Sociedad de Investigación de la Creación, 2002) y de Don B. DeYoung, *La Ciencia Física y la Creación: Una Introducción* (Sociedad de Investigación de la Creación, 1998). Para un argumento bíblico de la Creación literal en Seis-Días como en contra del Marco de Hipótesis que niega que los días sean literales, ver de Kenneth L. Gentry, Jr. Yd e Michael R. Butler, *Así, ¿Ha Dicho Dios?: El Debate del Marco de la Hipótesis/la Creación en Seis-Días* (Eugene, OR: Wipf & Stock, 2002).

de la revelación bíblica, que el universo entero es "pre-interpretado." Dios crea cada aspecto del universo, lo establece en el lugar correcto y define su función apropiada. Por ejemplo, Él crea nuestro sol para que nos provea de luz y mida nuestro tiempo (Génesis 1:17–18). Aunque todos los elementos de la creación no tienen asignado específicamente su rol en el registro bíblico, sabemos que Dios los controla a todos y los pone donde Él quiere y para Su propósito. Ellos no tienen significado separado de Él y de Su Plan. En Job 38–41 encontramos una descripción poética maravillosa, de la obra creativa pre-interpretada de Dios. Ningún elemento de la creación es inteligible separado de la gran presuposición de Dios.

3.0 PREGUNTAS PLANTEADAS

Intenta contestar las siguientes preguntas por ti mismo antes de ver el texto o consultar la **Clave de Respuestas**.

1. Define "cosmovisión."
2. ¿Por qué es importante entender la idea de una cosmovisión?
3. ¿Tienen todos una cosmovisión? o ¿Es esto sólo un concepto Cristiano? Explica tu respuesta.
4. ¿Por qué es importante para un enfoque bíblico de la apologética, entender nuestra cosmovisión como una "red de creencias"?
5. ¿Qué es una "presuposición"?
6. ¿Cómo encajan tus presuposiciones dentro de tu "red de creencias"? Es decir, ¿Qué rol juega en tu red de cosmovisión?

7. ¿Son las presuposiciones fáciles de cambiar o desechar? ¿Por qué dices eso?

8. ¿Cuáles son algunos de los temas presuposicionales que tenemos latentes en nuestro pensamiento y que generalmente los hacemos sin pensar, pero que son absolutamente esenciales para la vida racional?

4.0 APLICACIÓN PRÁCTICA

1. Participa en un estudio a fondo de Génesis 1 y 2, mientras mantienes en mente el material que hemos estado estudiando en esta lección. Familiarízate con el capítulo base de la Escritura. Dale seguimiento a algunas de las referencias al margen de tu Biblia para profundizar en el significado de Génesis 1. Anota las implicaciones de la cosmovisión de la narración bíblica de la creación.

2. Lee detenidamente Job 38–41 para adquirir un sentido de la magnificencia del poder creativo de Dios y de la condición insignificante del hombre.

3. Discute la idea de una cosmovisión con tus amigos Cristianos. Muéstrales que ellos tienen una cosmovisión aún cuando ellos no piensen en ella como tal.

4. Discute con tus amigos Cristianos la importancia de entender su cosmovisión. Muéstrales la importancia del pensamiento de la cosmovisión para vivir fielmente delante del Señor como un Cristiano.

5. Platica con un amigo incrédulo. Pregúntale si alguna vez ha pensado acerca de la idea de tener una cosmovisión. Llévalo a discutir como entiende y aborda el mundo y la

vida como una persona racional.

6. Una vez que hayas logrado que tu amigo incrédulo considere la idea de una cosmovisión, desafíalo a reconocer y considerar las implicaciones de sus presuposiciones para su cosmovisión.

5.0 LECTURAS RECOMENDADAS

Bahnsen, Greg L., "Adorando a la Creatura Antes que al Creador": http:// cmfnow.com/articles/pa012.htm, consultado el 5-31-13

Hurd, Wesley, "Yo y Mi Cosmovisión": http://msc.gutenberg.edu/2001/02/ me-and-my-worldview/, consultado el 5-31-13

Moore, T. M., "Más Allá de la Creación contra la Evolución: Tomando la Medida Completa del Desafío Materialista".

http://www.reformed.org/webfiles/antithesis/index.html?mainframe=/webfiles/antithesis/ v1n6/ant_v1n6_creation.html, consultado el 5-31-13

Nickel, James, *Las Matemáticas: ¿Está Dios Callado?* (Vallecito, Calif.: Ross House): http://carm.org/what-are-some-elements-christian-world-view, consultado el 5-31-13

Sarfati, Jonathan, "Génesis: Los Autores de la Biblia Creían que era Historia": http://creation.com/genesis-bible-authors-elieved-it-to-be-history, consultado el 5-31-13Slick, Matthew J. "Elementos de una Cosmovisión Cristiana": www.carm.org/issues/elements.htm

Solomon, Jerry, "Cosmovisiones": http://www.probe.org/site/c.fdKEIMNsEoG/b.4224519/k.362A/Worldviews.htm, consultado el 5-31-13

Sproul, R. C. *Puntos de Vista de la Vida* (Old Tappan, NJ: Revell, 1986). Stump, James, "Ciencia, Metafísica y Cosmovisiones": http://www.leaderu.com/aip/docs/stump.html, consultado el 5-31-13

CAPÍTULO 4

CARACTERÍSTICAS DE LA COSMOVISIÓN

"Los cielos proclaman la gloria de Dios, Y el firmamento anuncia la obra de Sus manos. Un día transmite el mensaje al otro día, Y una noche a la otra noche revela sabiduría" (Salmos 19:1–2)

En nuestro primer estudio de las cosmovisiones, analizamos el concepto básico de una cosmovisión. Notamos que todos tienen una cosmovisión que está fundamentada en presuposiciones elementales y que nos sirve principalmente para ayudarnos a funcionar en el mundo. Es importante comprender que este método presuposicional de defender la fe es una apologética a nivel de una cosmovisión, que evita un análisis por partes de hechos aislados y desafía toda la cosmovisión del incrédulo con la cosmovisión Cristiana.

Ahora que todos estamos conscientes del significado y la necesidad de una cosmovisión, consideremos los temas clave con los que toda cosmovisión debe contar.

1.0 PREOCUPACIONES CENTRALES

Nosotros presentamos tres asuntos fundamentales que todas las cosmovisiones deben ser capaces de manejar. Hablando técnicamente, estas son metafísica, epistemología y ética. Aunque esto involucra temas filosóficos complejos, finalmente son asuntos muy prácticos que podemos simplificar y aplicar en nuestras situaciones cotidianas y usarlas en nuestros encuentros apologéticos con incrédulos:

> Cuando nosotros hablamos con incrédulos acerca de su visión—especialmente de sus cosmovisiones—debemos ser especialmente sensibles para escuchar y discernir cuales de sus supuestos que les controlan son acerca de la naturaleza de la realidad (metafísica), cuáles acerca de la naturaleza de su conocimiento (epistemología) y cuáles acerca de lo que está bien o mal en el comportamiento humano (ética).
>
> Aunque no todos piensan de manera clara y específica acerca de tales asuntos en lo abstracto (de acuerdo a principios subyacentes) y aunque no todos serán capaces de establecer abierta y explícitamente cuáles son sus supuestos que operan, no obstante *todos* utilizan alguna perspectiva básica con respecto a la realidad, el conocimiento y la conducta. Como decimos, todos "sí" filosofan, pero no todos lo hacen bien—no todos reflejan conscientemente tales asuntos y buscan una perspectiva convincente y consistente.[1]

Consideremos cada una de estas tres cosmovisiones construyendo bloques.

METAFÍSICA

La palabra **metafísica** se deriva del latín *metaphysica,* que se basa en el compuesto de dos palabras griegas: *meta* ("después,

---

1. Greg L. Bahnsen, *Siempre Preparados: Instrucciones para Defender la Fe,* ed. Robert R. Booth (Atlanta: American Vision, 1996), 141.

más allá") y *physika* ("física, naturaleza"). Literalmente significa "más allá de lo físico", es decir, más allá del mundo físico de la percepción de los sentidos. Aquí hay una definición sucinta de "metafísica": "El estudio de la naturaleza fundamental de la realidad, el origen, la estructura y la naturaleza de lo que es real.

La metafísica nos informa como es el mundo y qué lugar ocupa el hombre en este mundo. Esta observa detrás del mundo exterior de la experiencia sensorial buscando discernir qué *explica* el mundo físico. Entonces obviamente la metafísica es una consideración de suma importancia para cualquier cosmovisión, en la que trata con cualquier pregunta de la naturaleza y de la estructura de la realidad. La metafísica hace preguntas como las siguientes:

- ¿Qué *significa* existir? ¿Qué tipo de cosas existen?
- ¿Cuál es la naturaleza del hombre? ¿Es libre el hombre? ¿Es bueno? ¿Es un animal?
- ¿Cuál es la naturaleza del universo? ¿Es objetivamente real o simplemente apariencias?
- ¿Existe Dios? ¿Cuál es Su naturaleza? ¿Cuál es la relación de Dios con el universo?
- ¿Existe el cambio o el desarrollo? ¿Cómo cambian las cosas? ¿Cómo es el desarrollo posible? ¿Qué es la historia?
- ¿Cuál es el carácter de las leyes o conceptos que gobiernan la realidad?
- ¿Están cambiando? ¿Son universales? ¿Cuáles son los límites de la posibilidad?

Los metafísicos buscan comprender el mundo como un todo. Ellos intentan descubrir y aplicar los principios fundamentales necesarios para sistematizar y explicar la forma en la que nosotros vemos, operamos y nos relacionamos con el mundo que nos rodea. Ya sea que la persona promedio siquiera este consciente de la metafísica o no, definitivamente debe tener una perspectiva metafísica operando en su vida. Esto se debe a que por lo menos tiene un entendimiento general de lo que cree que es el mundo. Si no lo tuviera, no sería capaz de darle sentido a su experiencia y no podría funcionar en el mundo exterior.

Como temas fundamentales relacionados con la realidad, las preguntas de la metafísica enlistadas anteriormente son asuntos tanto para la cosmovisión secular como la Cristiana. También se pueden expresar en términos de las doctrinas Cristianas, tales como la Creación, la Caída y la Consumación. Debido a que la apologética se refiere a la pregunta acerca de Dios, necesariamente trata con Dios y Su relación con el hombre, la obligación del hombre con Dios, cómo regula Dios al mundo, el predicamento de la moral del hombre y la pregunta sobre la libertad del hombre en un mundo creado y controlado por Dios.

Lo que los metafísicos estudian es la teología Cristiana vestida de secular. Esto es así, no porque ambas cosmovisiones, tanto la Cristiana como la de los incrédulos, deban lidiar con los mismos temas fundamentales concernientes a la realidad y porque el hombre es intrínsecamente una creatura religiosa, habiendo sido creado a la imagen de Dios (Génesis 1:26; 9:6), sino también porque Dios ha creado todas las cosas y esas cosas sólo pueden ser comprendidas correctamente en términos de Dios y Sus planes. Por lo tanto, los incrédulos tienen su versión secularizada de las doctrinas de la Creación, la Caída y la Consumación. El vocabulario varía pero los temas son los mismos.[2] Como lo expresa Van Til: "Hay una filosofía de hechos en la Biblia que nosotros utili-

---

2. Para una mayor discusión sobre esto, ver de Greg L. Bahnsen, *La Apologética de Van Til: Lecturas y Análisis* (Phillipsburg, NJ: Presbyterian and Reformed, 1998), 58–62.

zamos para la interpretación de cada hecho de nuestras vidas."[3] Aunque ahora, ya estás consciente de que no estás en un terreno *neutral* con el incrédulo, debes entender que sí tienes un terreno en *común* con él. Más bien, los Cristianos tienen un "punto de contacto" con el incrédulo. Necesitas entender este punto de contacto para poder abordar al incrédulo correctamente. Un buen apologista Cristiano estará alerta a los temas básicos de la metafísica cuando está desafiando la cosmovisión de un incrédulo.

La fe Cristiana involucra una cosmovisión holística. El Cristianismo no difiere con el anticristianismo sólo en unos cuantos temas o aún en muchos temas sino que está en desacuerdo con la cosmovisión del incrédulo en todos los ámbitos—*en su principio*. Este ofrece un sistema de vida completo y como tal tiene una perspectiva metafísica definida, una forma de ver y un entendimiento de nosotros mismos y del mundo. Como defensor de la fe, debes estar consciente de que las Escrituras revelan numerosas verdades para rellenar y enmarcar la metafísica Cristiana.

Como notamos en nuestro estudio previo, la Biblia inicia de manera majestuosa con la declaración fundamental del origen mismo del Universo. Esta nos revela que este fue creado en su totalidad a gran escala por la palabra creativa todopoderosa de Dios (Génesis 1; Juan 1:3; Hebreos 11:13). Toda la Escritura descansa en el supuesto de que el mundo tangible en realidad existe y en que es lo que es, debido a la actividad creativa original de Dios y Su gobierno providencial continuo (Colosenses 1:17; Hebreos 1:3). Esta nos enseña que todas las cosas fueron creadas por y para Dios (Romanos 11:36; Apocalipsis 4:11) y nos dirige a un entendimiento correcto y a una interpretación del mundo como

---

3. Cornelius Van Til, *Una Introducción a la Teología Sistemática* (Phillipsburg, NJ: Presbyterian and Reformed, 1974), 15.

un sistema creado y gobernado por Dios.

Tú vives en el mundo de Dios como Su más alta creación (Salmos 8:4–9). Proverbios subraya tu obligación, como Van Til lo pone, "pensar los pensamientos de Dios después de Él;" esto es, que tú no tienes que pensar de manera neutral o descartar a Dios de tus consideraciones cuando te estés evaluando a ti o al mundo:

> Inclina tu oído y oye las palabras de los sabios,
> y aplica tu corazón a mi conocimiento;
> Porque te será agradable si las guardas dentro de ti,
> para que estén listas en tus labios.
> Para que tu confianza esté en el Señor, te he instruido hoy a ti también.
> ¿No te he escrito cosas excelentes de consejo y conocimiento,
> para hacerte saber la certeza de las palabras de verdad
> a fin de que respondas correctamente al que te ha enviado?
> (Proverbios 22:17–21)

Como cristiano debes reconocer la autoridad incuestionable de la Palabra de Dios y entender la alabanza a Dios del salmista a este respecto: "En tu luz vemos luz" (Salmos 36:9). Sólo desde la perspectiva de Dios tienes la luz correcta para entender el mundo rectamente. Como Salomón lo expresó: Debes evitar ver el mundo y la vida desde la limitada perspectiva "bajo el sol" (ejem. Eclesiastés 1:3, 9; 3:16; 4:1) o "debajo del cielo" (ejem. Eclesiastés 1:13; 2:3; 3:1) para que puedas entender el mundo con precisión y la vida correctamente.[4]

---

4. Eclesiastés está comparando y contrastando dos enfoques de la vida: Una vida sin referencia a Dios, totalmente desde una perspectiva "bajo el sol", como en contra de una vida por fe en Dios que existe por encima del sol. Esto explica la inclinación negativa de Eclesiastés. Salomón no está expresando una desesperación del creyente por el mundo, sino una desesperación que surge de un enfoque de la vida del incrédulo. Para una exposición de la cosmovisión de Eclesiastés, ver de Kenneth Gentry, "Eclesiastés" (www.kennethgentry.com).

CARACTERÍSTICAS DE LA COSMOVISIÓN

Como un cristiano, estás comprometido con una metafísica revelada, esbozada en la Escritura y fundada sobre el Creador infinito y personal, en lugar de sobre el azar impersonal e irracional (como en la cosmovisión de los incrédulos prevaleciente en nuestra cultura hoy):

> La Escritura nos enseña que "hay un solo Dios, el Padre, de quien proceden todas las cosas... y un solo Señor, Jesucristo, por quien son todas las cosas" (1 Corintios 8:6). "Todas las cosas fueron hechas por medio de Él" (Juan 1:3; Colosenses 1:16). Pero Él es antes de todas las cosas y todas las cosas en Él se mantienen unidas y adheridas (Juan 1:1; Colosenses 1:17). Él lleva o conserva todas las cosas por la palabra de Su poder (Hebreos 1:3). Por lo tanto, para existir es ser divino o creado. En Dios nosotros vivimos y nos movemos y somos (Hechos 17:28). Sin embargo, Él tiene vida en sí mismo (Juan 5:25; Éxodo 3:13). El Dios viviente y verdadero da la unidad distinguible o la naturaleza común de cosas (Génesis 2:19), categorizándolas al ponerles Su interpretación (ejem. Génesis 1:5, 8, 10, 17; 2:9). También es Él quien hace que las cosas difieran unas de otras (1 Corintios 4:7; Éxodo 11:7; Romanos 9:21; 1 Corintios 12:4-6; 15:38-41). Similitud y diferenciación, entonces, son el resultado de Su trabajo creativo y providencial. Tanto la existencia como la naturaleza de las cosas encuentran su explicación en Él—ya sea de manera casual (Efesios 1:11) o **teológica** (Efesios 1:11). Dios es la fuente de toda posibilidad (Isaías 43:10; 44:5; 65:11) y así establece los límites de la realidad posible por medio de Su propia voluntad y decreto.[5]

A este respecto, la revelación metafísica importante acerca del ser de Dios incluye lo siguiente:

---

5. Bahnsen, *Siempre Preparados,* 179. La palabra "teología" se deriva de la palabra griega telos, que significa "final" o "propósito" y logos ("palabra" o "estudio de") Un argumento teológico sostiene la existencia de Dios basado en la evidencia, orden, propósito, diseño y/o dirección en el orden creado.

- Dios es sin causa y existe en sí mismo eternamente. No hay nada antes de Dios que rinda cuentas de Su origen y existencia (Génesis 1:1; Deuteronomio 33:37; Isaías 45:5–6, 18; Efesios 3:19; 1 Timoteo 1:17).

- Dios es autónomo, no necesita nada fuera del Él mismo para prolongar Su existencia. Él es absolutamente autosuficiente; Él sólo se auto define.[6] (Éxodo 3:14; Juan 5:26; Hecho 17:25).

- Dios es absolutamente independiente y autosuficiente en pensamiento (Job 11:7; 40:1–8; Isaías 55:8–11; Romanos 11:33–34), consejo (Salmos 33:11; Isaías 40:12–14), voluntad (Daniel 4:35; Romanos 9:19; Efesios 1:5) y poder (Salmos 115:3; 135:6; 40:21–26).

- Dios es el terreno fundamental de toda realidad. Todo fuera de Dios al final se deriva de Su poder creativo (Génesis 1:1; Éxodo 20:11; Nehemías 9:6; Apocalipsis 4:11).

Por lo tanto, Dios, y sólo Dios define al mundo y a la realidad. Él es el piso de toda la realidad y debe ser el fundamento de

---

6. En la Escritura, el acto de poner nombre a algo involucra ejercitar la autoridad sobre la persona o cosa que es nombrada, como cuando los padres le ponen nombre a sus hijos. En la semana de la creación vemos al Creador ponerle nombre a varios aspectos de la creación (ejem. Génesis 1:5, 8, 10). Continuando con esto, la Escritura enseña que Dios le pone nombre a las estrellas (Isaías 40:26). En que Adán fuera creado a la imagen de Dios para reflejarlo (Génesis 1:26), le permitió dar "nombres" a las otras creaturas, ejerciendo autoridad sobre ellos (Génesis 2:19–20, aún al ponerle nombre a su esposa con eso era su cabeza Génesis 2:23; 1 Corintios 11:3, 8, 9). En eventos dramáticos en las vidas de ciertos santos, Dios directamente les pone un nuevo nombre. Por ejemplo, Abram se convierte en Abraham (Génesis 17:5; Nehemías 9:7). Jacob se convierte en Israel (Génesis 32:28; 35:10), Simón se convierte en Pedro (Mateo 16:17–18). Por lo tanto, nadie le pone nombre a Dios; Él se pone nombre a sí mismo. Él sólo se auto define: ninguna autoridad existe por encima de Él.

nuestra perspectiva y programa de metafísica. Cuando se le pide que de las bases y su punto de partida para el universo ordenado y toda la realidad externa, el Cristiano señala al Dios de la Escritura como autónomo, omnipresente, todopoderoso, omnisciente y personal.

Como veremos más adelante, cuando al no Cristiano se le pide que provea su fundamento para el universo ordenado y la realidad externa, este no señala literalmente nada. Ha sido expresado de manera graciosa que "un ateo es un hombre que no tiene medios invisibles de apoyo" (John Buchan, 1857–1940). En la visión del no cristiano, todo ha surgido de nada por medio del mecanismo irracional de la posibilidad. Cuando se le pregunta si algo puede surgir milagrosamente en un instante y existir de la nada, el no cristiano responde rotundamente con una negativa. ¡Los milagros instantáneos están fuera de cuestión! Pero cuando se les pregunta si algo puede salir de la nada si se le dan muchos billones de años, el no cristiano confiadamente responde con una afirmación. Pero como Van Til ha señalado, el no cristiano pasa por alto el hecho de que si un cero es igual a cero, entonces un billón de ceros puede ser igual a un cero. El no Cristiano intenta basar lo racional en lo irracional, el Universo racional en la posibilidad irracional.

EPISTEMOLOGÍA

Otro tema clave en cualquier cosmovisión es la epistemología. El término **epistemología** se basa en dos palabras griegas: *episteme* ("conocimiento") y *logos* ("palabra, discurso"). El Dr. Bahnsen define epistemología como "el estudio de la naturaleza y los límites del conocimiento humano; esta hace preguntas acerca de la verdad, la creencia, la justificación, etc."[7] También investiga el

---

7. Greg L. Bahnsen, *La Apologética de Van Til: Lecturas y Análisis* (Phillips-

origen, la naturaleza, los métodos y los límites del conocimiento, descubriendo lo que sabemos y cómo llegamos a saberlo. La investigación epistemológica se enfoca particularmente en 4 tipos de preguntas

- ¿Cuál es la naturaleza de la verdad y de la objetividad?
- ¿Cuál es la naturaleza de la creencia y del conocimiento? ¿Cuál es la relación entre ellos? ¿Podemos *saber* y aún no creer?
- ¿Cuáles son los estándares que justifican las creencias? ¿Cómo sabemos lo que sabemos? ¿Cuál es la prueba o la evidencia que es aceptable?
- ¿Cuáles son los procedimientos apropiados para la ciencia y el descubrimiento? ¿Cómo son evaluados? ¿Qué estándares ofrecen ellos?

En la teología Cristiana la epistemología corresponde con la revelación divina. La revelación es el acto personal y sobrenatural de la comunicación de Dios por medio de la cuál, Él activamente se hace a sí mismo y a Su voluntad conocida para el hombre. Nosotros tenemos conocimiento de Dios y del mundo revelado a nosotros por medio de tres medios básicos:

Revelación General: La doctrina de la **revelación general** enseña que Dios se revela a sí mismo en el orden creado (la naturaleza). Esta es revelación creacional que se dirige al hombre como hombre (la imagen creada de Dios, Génesis 1:26; 9:6). Revela la existencia de Dios (Romanos 1:20), la gloria (Salmos 19:1), el poder (Romanos 1:20), la santidad (2:14–16) y la ira (1:18). Esta revelación es sin lugar a dudas conocida por el hombre, por lo tanto, lo deja moralmente responsable ante Dios. (1:20; 2:1).

---

burg, NJ: Presbyterian and Reformed, 1998), 4, nota 8.

CARACTERÍSTICAS DE LA COSMOVISIÓN

Esta forma de revelación está dirigida a todo hombre (por lo tanto, se le llama revelación "general"). Aunque la revelación de Dios en la naturaleza no le muestra al hombre el camino de salvación, la naturaleza trinitaria de Dios y muchas otras verdades divinas como esta, sí muestran que Dios existe y que Él es poderoso y que el hombre es responsable ante Él.

David habla de la revelación general en Salmos 19:1-2, señalando que la revelación en la naturaleza es clara y universal:

Los cielos proclaman la gloria de Dios,
y el firmamento anuncia la obra de Sus manos.
Un día transmite el mensaje al otro día, y una noche a la otra noche revela sabiduría.

Pablo refleja esta misma idea cuando está enfatizando como la culpa moral del hombre se deriva de su conocimiento:

Porque la ira de Dios se revela desde el cielo contra toda impiedad e injusticia de los hombres, que *con injusticia restringen la verdad*. Pero lo que se conoce acerca de Dios es evidente dentro de ellos, pues Dios se lo hizo evidente. Porque desde la creación del mundo, *Sus atributos invisibles, Su eterno poder y divinidad, se han visto con toda claridad, siendo entendidos* por medio de lo creado, de manera que ellos no tienen excusa (Romanos 1:18-20).

La idea de una revelación general en la naturaleza será muy importante para nuestro método apologético. Esto se debe a que la Escritura enseña que todos los hombres en realidad conocen a Dios—aún los ateos—aunque ellos intenten "restringir la verdad" (Romanos 1:18). Debido a la revelación general, nosotros tenemos un punto de contacto con el incrédulo: él es la imagen de Dios y ve la gloria de Dios en la naturaleza así que en lo profundo de su ser sabe que Dios existe.

La importancia de la apologética de la revelación general es encontrada en tres implicaciones significativas:

Todo el universo revela *necesariamente* a Dios. Van Til argumenta, "Ni un solo hecho en este universo puede ser conocido verdaderamente por el hombre sin la existencia de Dios."[8] Él añade que "Cada hecho prueba la existencia de Dios porque sin la presuposición de Dios y Su consejo, ningún hecho tiene para nada un carácter distinguible."[9] El mundo de Dios revela a Dios; la creación manifiesta al Creador. Esto asegura nuestro punto de contacto con el incrédulo: Ambos vivimos en el mundo de Dios—y el incrédulo lo sabe dentro de sí.

Todos los hechos y las leyes del universo son comprendidos correctamente en términos de su relación con Dios como hechos y leyes creados divinamente. Todos los hechos son pre interpretados por Dios, lo cual significa que todo en el Universo tiene significado dentro del plan de Dios que es general, divinamente ordenado y que engloba todo, en el cuál ellos existen (Colosenses 1:17; Hebreos 1:3). El incrédulo no será capaz de explicar el universo ordenado que el experimenta, ya que está comprometido a la ultimidad del azar. (Discutiremos más adelante como aterrizar este tema. Por ahora, él simplemente está poniendo los cimientos para tales afirmaciones apologéticas.)

El universo es un medio ambiente extremadamente personal, el cuál está permeado con la presencia de Dios (Jeremías 23:23–24; Hechos 17:27–28) y controlado por Su sabio propósito (Isaías 46:19; Efesios 1:11). Como el puritano Thomas Watson comentó acerca de la **omnipresencia** de Dios,[10] "El centro de

---

8. Cornelius Van Til, *Una Introducción a la Teología Sistemática* (Phillipsburg, NJ: Presbyterian and Reformed, 1974), 14.
9. Van Til, *Teología Sistemática*, 17.
10. **Omnipresencia** se deriva de las palabras del latín *omni* ("todo") y *praesens* ("presente"). Nos habla de la presencia de Dios personal y simultánea en todos lados y por todo el universo.

Dios está en todos lados, Su circunferencia está por doquier." El universo no es un medio ambiente impersonal esperando la interpretación del hombre y vacío de propósito y significado separado de la actividad humana. El universo es el medio ambiente del hombre creado por Dios, permeado por Dios y controlado por Dios. En la cosmovisión del incrédulo, él está parado bastante solo en un universo impersonal y sin significado:

- "El universo es indiferente. ¿Quién lo creó? ¿Por qué estamos aquí en este insignificante montón de barro, dando de vueltas en el espacio infinito? No tengo ni la menor idea y estoy bastante convencido de que nadie tiene la menor idea" (André Maurois, 1885–1967).
- ¿Por qué deben ser las cosas bastante absurdas, vacías y transitorias? Ellas son así y nosotros somos así, ellas y nosotros vamos muy bien juntos" (George Santayana, 1863–1952).
- "Todas las cosas que existen nacen sin razón alguna, continúan a través de la debilidad y mueren por accidente. No tiene sentido que hayamos nacido; no tiene sentido que muramos" (Jean-Paul Sartre, 1905–1980).
- "La vida es una mala broma" (Voltaire, 1694–1778).
- "Todo es relativo" (Auguste Comte, 1709–1857).
- "¿Cómo puedo yo, un ser a temporal encarcelado entre el tiempo y el espacio, escapar de mi prisión, cuando sé que fuera del especio y el tiempo no hay nada y que yo, en las profundidades últimas de mi realidad, tampoco soy nada?" (Samuel Beckett, 1906–1989).

Revelación Especial: Dios también se revela a sí mismo de manera directa y proposicional a la mente del hombre en la Escritura. **La revelación especial** es aquella revelación que es dada al pueblo de Dios (por consiguiente, es "especial"). Esta viene de Dios por medio de una comunicación directa, personal, verbal (o visual), ya sea a través de mensajeros especiales dotados proféticamente o a través de registros escritos de esos mensajeros.

Como aprendemos de la Escritura: "Pues ninguna profecía fue dada jamás por un acto de voluntad humana, sino que hombres inspirados por el Espíritu Santo hablaron de parte de Dios" (2 Pedro 1:21). "Toda Escritura es inspirada por Dios y útil para enseñar, para reprender, para corregir, para instruir en justicia, a fin de que el hombre de Dios sea perfecto, equipado para toda buena obra" (2 Timoteo 3:16–17).

La importancia de la revelación especial para la apologética se hace sentir en que la presuposición de la verdad de la Escritura es una pre-condición absolutamente indispensable para la verdad, el correcto conocimiento y la ciencia.

Revelación Encarnada: La revelación a través de la **encarnación** es una forma única de la revelación especial.[11] Cuando Cristo estuvo en la tierra durante el primer siglo Él trajo la revelación más alta de Dios en sí mismo. Él era literalmente Dios caminando en la tierra, aunque protegiendo Su gloria en una forma humana (Filipenses 2:6–8). Él sólo mostró Su majestad completamente una ocasión: en la transfiguración (Mateo 17:1–2). Pedro recuerda este evento glorioso:

> Porque cuando les dimos a conocer el poder y la venida de nuestro Señor Jesucristo, no seguimos fábulas ingeniosamente inventadas, sino que fuimos testigos oculares de Su majestad. Pues cuando Él recibió honor y gloria de Dios Padre, la Majestuosa Gloria le hizo esta declaración: Este es Mi Hijo amado en quien me he

---

11. La palabra **encarnación** viene del latín *incarnare*, "convertirse en carne". Esta se basa en dos palabras latinas: *in* ("dentro") más *carn* ("carne"). Nos habla de la venida del Dios invisible y espiritual en forma corporal en Jesucristo.

complacido" (2 Pedro 1:16–17)

El evangelio de Juan nos informa que "Nadie ha visto jamás a Dios; el unigénito Dios, que está en el seno del Padre, Él lo ha dado a conocer" (Juan 1:18). "Jesús le dijo: ¿Tanto tiempo he estado con ustedes, y todavía no me conoces, Felipe? El que me ha visto a Mí, ha visto al Padre. ¿Cómo dices tú: Muéstranos al Padre?" (Juan 14:9). Hoy en día nosotros no testificamos personalmente la presencia encarnada de Cristo entre nosotros. Sin embargo, el registro de esta forma especial de revelación está resumido para nosotros hoy en la Escritura.

El cristiano establece su teoría de conocimiento en el Dios omnisciente y que todo lo ordena de la Escritura. El conocimiento de Dios es instantáneo (Él no aprende por partes al pasar del tiempo), es verdad (Él no está confundido acerca de algún aspecto de la realidad) y es exhaustivo (Él conoce todas las cosas perfecta y completamente). Él es el "conocimiento perfecto" (Job 37:16; Romanos 11:33–36). De hecho, "Dice el Señor, que hace saber todo esto desde tiempos antiguos" (Hechos 15:18). Y Él le ha revelado en la Biblia al hombre los principios completos necesarios para un fundamento seguro de la realidad, el conocimiento y la experiencia (2 Timoteo 3:16–17). Tal fundamento asegura que lo que el hombre sabe (aunque no puede conocer todas las cosas) lo puede saber en verdad. El conocimiento trabaja porque la mente del hombre, conforme a lo que fue creada por Dios, es receptiva a la realidad externa y es validada por Dios mismo.

Así que, tenemos tres modos de revelación de Dios: indirectamente a través de la naturaleza, directamente a través de la Escritura y personalmente en Cristo. Esto enmarca nuestra teoría Cristiana del conocimiento, con la revelación especial en la Escritura siendo particularmente importante para nosotros hoy, como la interpretación directa de Dios del mundo y la vida.

Como veremos señalado más adelante, el no Cristiano debe establecer su teoría del conocimiento en el mismo fundamento en el que establece la realidad: en el azar nebuloso, caótico e irracional. Si se sigue *consistentemente* la teoría no Cristiana del conocimiento, esta destruiría completamente la posibilidad misma del conocimiento, provocando que se ahogue en el turbulento océano del irracionalismo. *No hay forma de defender la razón en el sistema no Cristiano.* Los conceptos de la probabilidad, posibilidad, orden, racionalidad y demás, son imposibles en un sistema al azar y casual. Por lo tanto, el cristiano tiene un fundamento seguro para el conocimiento, mientras que el no Cristiano no tiene ninguno.

ÉTICA

La ética es la rama de la filosofía conocida como la filosofía moral. Esta estudia las actitudes correctas e incorrectas, los juicios y las acciones, así como también la responsabilidad moral y la obligación. Aquí hay cuatro preguntas de interés especial para la ética:

- ¿Cuál es la naturaleza del bien y del mal?
- ¿Cuáles son los estándares para la evaluación ética?
- ¿Qué hay acerca de la culpa y la paz personal?
- ¿Cómo consigues o produces el carácter moral?

Para el cristiano, la moralidad se fundamenta en el Dios de la Escritura quien es justo y bueno, omnisciente, omnipresente, omnipotente, personal y eterno creador. Su voluntad, la cuál tiene sus raíces en Su ser y naturaleza, es el estándar del hombre para lo correcto. Debido a que Dios es justo y bueno (Salmos 119:137; Marco 10:18b) y omnisciente (Salmos 139:2; Proverbios 15:3), los principios morales revelados en la Escritura siempre son justos y siempre son relevantes para nuestra situación. Debido a que Dios es eterno (Salmos 90:2; 102:12), Sus mandamientos morales siempre son obligatorios para el hombre. "La conclusión, cuando todo se ha oído, es esta: Teme a Dios y guarda Sus mandamientos, porque esto concierne a toda persona. Porque Dios traerá toda obra a juicio, junto con todo lo oculto, sea bueno o sea malo" (Eclesiastés 12:13–14).

Para el no Cristiano no hay una base segura para la ética, debido a que la realidad está fundada sobre "nada" y el conocimiento tiene sus raíces en el irracionalismo, la moralidad no puede ser más que una preferencia personal puramente arbitraria y relativista. El relativista sostiene que "la Regla de Oro es que no existen reglas de oro" (George Bernard Shaw, 1856-1950). Claro está que, esto es contradictorio en sí mismo: porque si no hay reglas, entonces esto tampoco puede ser una regla.

Contraria a la perspectiva del incrédulo, D. M. Baillie (1857–1954) comentó: "Nuestros valores morales nos dicen algo acerca de la naturaleza y el propósito de la realidad o son subjetivos y por lo tanto, carecen de significado." Richard Purtill hizo la observación de que "si nuestra racionalidad y moralidad no vienen de Dios, vienen de permutaciones aleatorias de algunas cosas básicas o vienen del funcionamiento de las fuerzas inconscientes. En cualquier caso, estas no tienen validez."

En el sistema incrédulo presupuesto por los no Cristianos, no hay—y en realidad no puede haber—principios morales definitivos y permanentes. Todo se atrapa en el flujo impersonal de un universo azaroso. El cambio aleatorio es algo fundamental en un sistema así, como consecuencia la ética se reduce a un relativismo puro. El pensamiento no Cristiano no puede ofrecer justificación para ningún tipo de comportamiento moral. Esto es peligroso, porque como comentó Fyodor Dostoevsky (1821-1881), "Si

Dios no existe, entonces todo es permitido." El erudito Cristiano Steve Kumar demostró que no hay neutralidad y sugirió una formulación de credo apropiado para los ateos:

> No existe Dios.
>
> No existe la Verdad objetiva.
>
> No existe terreno para la Razón.
>
> No existen Morales absolutas.
>
> No existe Valor final.
>
> No existe Significado final.
>
> No existe Esperanza eterna.

2.0 OBSERVACIONES EXEGÉTICAS

Dos temas teológicos en particular que tienen consecuencia para nosotros son el ser absoluto de Dios y Su revelación autoritativa contenida en la Escritura. Analicemos algunos textos claves que tratan con estas doctrinas.

ÉXODO 3:14

Algo fundamental para la cosmovisión Cristiana y la apologética es lo absoluto de Dios. Todas nuestras presuposiciones de la vida están ancladas en Él. Desafortunadamente, todo tipo de visiones nebulosas y blandas acerca de Dios oscurecen las mentes de los evangélicos hoy en día. Para ayudar a aclarar la gloria del ser de Dios, debemos analizar brevemente un versículo particularmente poderoso. Este versículo es encontrado en la declaración de Dios a Moisés en la Zarza Ardiente. Éxodo 3:13-14 dice:

> Entonces Moisés dijo a Dios: Si voy a los israelitas, y les digo: "El Dios de sus padres me ha enviado a ustedes", tal vez me digan: ¿Cuál es Su nombre?, ¿qué les responderé? Y dijo Dios a Moisés: YO SOY EL QUE SOY, y añadió: Así dirás a los israelitas: "YO

CARACTERÍSTICAS DE LA COSMOVISIÓN

SOY me ha enviado a ustedes'"

La declaración de interés en particular es: "Yo soy El que soy". Este pasaje es la fuente histórica para el nombre de Dios, de pacto y especial, Yahweh (o Jehová), el cual aparece 6,823 veces en el Antiguo Testamento. El nombre se deletrea con cuatro consonantes hebreas (y sin vocales) y algunas veces es llamado el "Tetragramatón" ("cuatro letras": yhwh). Normalmente se deletrea como "Señor" todo en mayúsculas en las versiones en inglés, para distinguirlo de "Señor" (*Adonai*). Un mundo teológico está encerrado en este nombre divino y auto revelador.

"Yo soy El que soy" es el verbo "ser" encontrado en el tiempo imperfecto en hebreo. El tiempo imperfecto indica una acción incompleta, por consiguiente involucra una realidad continúa. Cuando los nombres son formados en este tiempo están distinguiendo una cualidad constante manifestada. El nombre habla de la existencia de Dios en sí mismo: Dios *es*, Él no vino a ser. Él no dice "Yo era." Él es. Él existe en sí mismo sin una causa anterior o dependencia actual: Él siempre es. Nosotros podríamos entender esto como: "Yo soy simplemente porque Yo soy" o "Yo estoy siendo quien Yo estoy siendo."

El nombre habla de la duración sin límite de Dios: Él es eterno "Yo Soy." La repetición del verbo ("Yo soy/Yo soy" en Yo soy el que soy") enfatiza la continuidad ininterrumpida y la duración sin límite. Cuando personajes bíblicos dan sus nombres, estos generalmente se relacionan con sus padres quienes les dieron el ser (ejem. Hageo 1:1; Zacarías 1:7; Mateo 4:21). La Biblia está llena de genealogías (ejem. Génesis 5; 10; 1 Crónicas; Mateo 1). Pero Dios siempre es y en sí mismo. Él no tiene principio. Como lo señalamos anteriormente, existen dos niveles de realidad: el Dios eterno y la creación temporal.

El nombre habla de su auto determinación soberana. Dios

determina desde su interior su propio ser. "Yo soy El que soy". Como el Absoluto, Él opera con libertad sin restricciones. Él no es movido por circunstancias externas ni es resistido por fuerzas compensatorias. Como consecuencia, este nombre habla de la constancia de Dios absoluta y que no cambia. Él no está sujeto a cambio ni en su carácter ni en su determinación, porque Él no está sujeto a cambio en Sí mismo como el Absoluto. En otra parte leemos lo siguiente: "Yo soy el Señor, no cambio" (Malaquías 3:6; Santiago 1:17).

La cosmovisión Cristiana está establecida en un fundamento seguro y que no cambia. Esta establecida en el Dios eterno de la Escritura.

2 TIMOTEO 3:16-17 Y 2 PEDRO 1:20-21

Dos pasajes bíblicos importantes hablan del *hecho* y del *método* de la inspiración. Debido a que conocemos a Dios de manera más clara y precisa a través de la Escritura y debido a que la apologética bíblica postula a la Escritura misma como uno de sus fundamentos, tú debes estar familiarizado con estos pasajes.

Segunda de Timoteo 3:16-17 dice: "Toda Escritura es inspirada por Dios y útil para enseñar, para reprender, para corregir, para instruir en justicia, a fin de que el hombre de Dios sea perfecto, equipado para toda buena obra." Este es universalmente reconocido como el pasaje clave para establecer el *hecho* de la inspiración divina de la Escritura. Este manifiesta claramente que: "Toda la Escritura es inspirada por Dios." La palabra en inglés "inspirada" es técnicamente desafortunada al tratar con el origen de la Escritura. Esta palabra en inglés tiene una importación activa que significa "inhalar." Esto implica que las Escrituras fueron escritas por el hombre y después fueron "sopladas" por Dios y se les dio su autoridad divina como si fuera por añadidura. Aun-

CARACTERÍSTICAS DE LA COSMOVISIÓN

que la implicación es errónea, debido a la aceptación popular y ampliamente generalizada del término, nosotros continuaremos usándola en

nuestro estudio.

La palabra en griego subyacente a "inspirada por Dios" es *theopneustos*. Es una palabra pasiva que significa "soplo de Dios." La palabra no habla de *in*spirar sino de *espirar*. No de Dios inhalando sino de Dios exhalando. La Escritura aquí es hablada como un producto final exhalado por el soplo creativo de Dios—sin referirse a como el hombre la recibe (ya sea escrita personalmente por Dios como en Éxodo 31:18 o dada a través de la mediación de un profeta).

Este versículo nos informa que *toda* la Escritura es el producto de "exhalación" divina. La Biblia no sugiere diferentes niveles de integridad en la Palabra de Dios: "Toda la Escritura es inspirada por Dios." Y por causa de esto, toda la Escritura "es útil para . . .a fin de que el hombre de Dios sea perfecto, equipado para toda buena obra." Las Escrituras de forma adecuada nos equipan para todo esfuerzo en el que nos involucramos. De hecho, esta establece el piso de nuestras cosmovisiones sobre el que nuestras vidas son construidas. Ahora consideremos el *método* de inspiración. Segunda de Pedro 1:20–21 dice: "Pero ante todo sepan esto, que ninguna profecía de la Escritura es asunto de interpretación personal, pues ninguna profecía fue dada jamás por un acto de voluntad humana, sino que hombres inspirados por el Espíritu Santo hablaron de parte de Dios."

Antes de comenzar, debemos reconocer que la palabra "profecía" se refiere al mensaje completo de la Escritura, no sólo a profecías formales que predicen el futuro, como las encontradas en Isaías o Daniel. La palabra "profecía" significa "hablar adelante," "contar adelante," no sólo "pronosticar, predecir." En este pasaje

Pedro habla tanto negativa como positivamente. Veamos que es lo que niega y que afirma.

Cuando lees la frase "interpretación privada" puedes pensar que Pedro está hablando de nuestros esfuerzos por *interpretar* la Escritura hoy, pero realmente está hablando del *recibimiento* original de la Escritura por el profeta. Porque continúa declarando "porque nunca la profecía fue traída por voluntad humana" y "los santos hombres de Dios, hablaron siendo inspirados por el Espíritu Santo." Estas declaraciones muestran que Pedro está hablando de la recepción original del profeta de la Escritura más que de nuestra comprensión presente de ella.

Así que, Pedro señala de manera negativa el hecho de que las Escrituras no se originaron como resultado de la contemplación de asuntos de manera individual y declarando sus propios pensamientos. Él extiende esto al asentar que "nunca la profecía fue traída por voluntad humana." Esto quiere decir que ninguna revelación divina tiene su origen en la voluntad humana o en el esfuerzo humano. Pedro es enfático: Ni siquiera una revelación en la Escritura es originada por la actividad humana. Esto "nunca" ocurre.

Entonces se enfoca en la realidad positiva. La frase "los santos hombres de Dios, hablaron siendo inspirados por el Espíritu Santo" afirma el origen y la manera en la que la Escritura llegó al hombre. La importancia de "inspirados" no es que hayan sido "dirigidos, guiados o conducidos," como si Dios ayudara al profeta a encontrar la verdad, sino más bien, habla de ser "tomado y llevado consigo" por el poder de Dios a través del proceso de hablar (o escribir) la Escritura. La Escritura fue escrita por hombres "llevados" (controlados, dominados) por Dios. Ellos "hablaron de parte de Dios."

Este pasaje enfatiza la actividad de control de Dios al impartir la revelación. El Antiguo Testamento muchas veces condena a los falsos profetas por crear sus propias (presuntas) revelaciones: "Les cuentan las visiones de su propia fantasía, no de la boca del Señor" (Jeremías 23:16; 27:14-17; Deuteronomio 18:20; Mateo 7:15).

Cuando leemos las Escrituras encontramos evidencias claras de un involucramiento particular y sobrenatural de Dios al revelar Su voluntad a sus escogidos, providencialmente preparados y gobernados soberanamente. Considera los siguientes ejemplos.

En 372 casos en el Antiguo Testamento, encontramos la frase, "Así dice el Señor" (ejem. Éxodo 4:22; Josué 24:2; Jueces 6:8; Isaías 7:7; Jeremías 2:2). En 92 casos encontramos: "la palabra del Señor vino" (ejem. Génesis 15:1; 1 Samuel 15:10; Isaías 38:4; Jeremías 14; Ezequiel 1:3).

En muchos lugares en el Nuevo Testamento, los escritores citan el Antiguo Testamento como las palabras de Dios o del Espíritu Santo. Por ejemplo: Mateo 15:4 "Porque Dios dijo: 'Honra a tu padre y a tu madre'; y: 'Quien hable mal de su padre o de su madre, que muera.'" Hebreos 1:5 "Porque a ¿cuál de los ángeles dijo Dios jamás: Mi Hijo eres tú, Yo te he engendrado hoy? Y otra vez: ¿Yo seré a él Padre y el me será a mí Hijo?"

Pablo declara que sus palabras vienen del Espíritu Santo: "De lo cual también hablamos, no con palabras enseñadas por sabiduría humana, sino con las enseñadas por el Espíritu, combinando pensamientos espirituales con palabras espirituales" (1 Corintios 2:13); "Puesto que ustedes buscan una prueba del Cristo que habla en mí. El cual no es débil para con ustedes, sino poderoso en ustedes" (2 Corintios 13:3); "Por esto también nosotros sin cesar damos gracias a Dios de que cuando recibieron la palabra de Dios que oyeron de nosotros, la aceptaron no como la palabra de hombres, sino como lo que realmente es, la palabra de

Dios, la cual también hace su obra en ustedes los que creen" (1 Tesalonicenses 2:13).

Pedro pone las palabras del Nuevo Testamento a la par con las palabras del Antiguo Testamento: "Consideren la paciencia de nuestro Señor como salvación, tal como les escribió también nuestro amado hermano Pablo, según la sabiduría que le fue dada. Asimismo en todas sus cartas habla en ellas de esto; en las cuales hay algunas cosas difíciles de entender, que los ignorantes e inestables tuercen, como también tuercen el resto de las Escrituras, para su propia perdición" (2 Pedro 3:15–16).

Tu entendimiento correcto del carácter divino de la Escritura es absolutamente esencial para que tengas confianza en tu fe y para establecer una cosmovisión Cristiana correcta—y fara desafiar los vanos esfuerzos de los incrédulos. Cualquier duda que tengas acerca de la confiabilidad de la Escritura mina tu perspectiva Cristiana completa.

3.0 PREGUNTAS PLANTEADAS

Intenta contestar las siguientes preguntas por ti mismo antes de ver el texto o consultar la **Clave de Respuestas**.

1. ¿Cuáles son los tres temas principales a los que cualquier cosmovisión debe responder?
2. ¿De dónde se deriva la palabra "metafísica"? ¿Qué es la metafísica?
3. ¿Cuáles son algunas preguntas clave de la metafísica?
4. ¿Tienen todas las personas un programa de metafísica? Explica tu respuesta.
5. ¿Cuál es la diferencia entre "terreno neutral" y "terreno en común"?

6. En el punto de vista Cristiano, ¿cuáles son los dos niveles de la realidad?
7. ¿Qué quieren decir los hombres cuando dicen que Dios es "autónomo"? ¿Por qué es esto importante para nuestra apologética?
8. ¿De dónde derivamos la palabra "epistemología"? ¿Qué es la epistemología?
9. ¿Cuáles son algunas preguntas clave de la epistemología?
10. ¿Por qué decimos que todo el Universo revela a Dios?
11. ¿Cuáles son las tres formas de revelación en la epistemología Cristiana? Explica brevemente cada una.
12. ¿Cuáles son algunas preguntas clave de la ética?
13. Discute Éxodo 3:14, en cuanto a su percepción del ser de Dios.
14. ¿Cuáles son los dos pasajes Bíblicos principales que afirman claramente que la Biblia es una revelación "inspirada" de Dios?

4.0 APLICACIONES PRÁCTICAS

1. La apologética presuposicional es una cosmovisión holística apologética. Con algunos amigos Cristianos discute las formas en las que la perspectiva Cristiana en cualquier tema es fundamentalmente diferente *al nivel de los principios básicos* de la perspectiva no Cristiana.

2. Lee detenidamente Génesis 1 y Salmos 8 y discute que significa existir a la imagen de Dios y como el hombre difiere de otros animales a este respecto.

3. Escribe algo breve acerca de la importancia de la metafísica desde la perspectiva Cristiana.

4. Escribe algo breve acerca de la importancia de la epistemología desde la perspectiva Cristiana. Quizás quieras consultar un artículo como los encontrados en el *Diccionario Evangélico de Teología.*

5. Lee y después bosqueja detalladamente el primer capítulo de la Confesión de Fe de Westminster "En las Escrituras."

6. Lee el "Manifiesto Humanista II" y enlista las diferencias metafísicas, epistemológicas y éticas con tu cosmovisión Cristiana.

5.0 LECTURAS RECOMENDADAS

Butler, Michael R. "A Truly Reformed Epistemology," *Penpoint*, (Placentia, CA: Southern California Center For Christian Studies, Vol. 8, No. 5, May 1997)

"La Declaración de Chicago sobre la Infalibilidad": http://reformed.org/ documents/icbi.html, consultado el 5-31-13

"El Manifiesto Humanista II": http://www.americanhumanist.org/ Humanism/Humanist_Manifesto_II, consultado el 5-31-13

Thompson, Bert, "En Defensa de la Inspiración de la Biblia": http://www. apologeticspress.org/articles/2466, consultado el 5-31-13

CAPÍTULO 5

COSMOVISIONES ALTERNATIVAS

"Mira, solo esto he hallado: Que Dios hizo rectos a los hombres, pero ellos se buscaron muchas artimañas" (Eclesiastés 7:29)

UNA VEZ MÁS debemos entender que una apologética correcta requiere de abordar la incredulidad como una cosmovisión completa y buscar exponerla en sus fundamentos mismos. Hemos señalado ya que las cosmovisiones necesariamente involucran tres temas principales: Una teoría de la realidad (metafísica), una teoría del conocimiento (epistemología) y una teoría de la ética (moralidad). Como consecuencia, las cosmovisiones deben responder a tres preguntas principales: ¿Qué es real? ¿Cómo lo conozco? ¿Cómo debo vivir?

1.0 PREOCUPACIONES CENTRALES

Nos enfocaremos en dos temas centrales: (1) Ejemplos de diferentes opciones de cosmovisión y después, (2) Núcleos presuposicionales que sostienen esas cosmovisiones.

Como lo hemos señalado antes, una de las bondades de la Apologética Presuposicional es que no requiere que tú seas un experto en todo el conocimiento humano para que puedas estar listo para responder a la incredulidad. Más bien, esta escarba para llegar a las presuposiciones básicas que los hombres sostienen, mostrando que sus supuestos más básicos no pueden sostener su cosmovisión sin importar cuáles pudieran ser sus detalles extraños.

COSMOVISIONES PARTICULARES

Veamos cuatro opciones de cosmovisión que compiten contra el Cristianismo en el mundo hoy. Como Cristianos deberíamos anhelar comprender la cultura a nuestro alrededor, ya que somos testigos para el mundo (Hechos 1:8) esforzándonos por "hacer discípulos de todas las naciones" (Mateo 28:19). Como apologista, has visto que estás obligado a estar "siempre preparados para presentar defensa ante todo el que les demande razón de la esperanza que hay en ustedes" (1 Pedro 3:15). Introduzcamos de manera breve los ejemplos de opciones de cosmovisiones que presentamos.

Hinduismo. El Hinduismo surge en la India aproximadamente entre el año 2500 a.c. y el 2000 a.c. Para obtener nuestro punto exacto histórico, Abraham vivió alrededor del año 2000 a.c. y Moisés guió el éxodo de Egipto por el 1450 a.c. Aunque el Hinduismo es una religión indígena del Este y pueda ser bastante ajena a ti, tiene 900 millones de devotos, lo que la coloca en tercer lugar entre las religiones del mundo, con el Cristianismo siendo la más grande (2.1 billones) y el Islam en segundo (1.3 billones).[1] Esto hace del hinduismo una cosmovisión importante—por esta,

---

1. "La Principales Religiones del Mundo": http://en.wikipedia.org/wiki/Religions, consultado el 5-31-13

como también por otras razones que mencionaremos abajo.

El Hinduismo es en realidad una familia de religiones fusionadas que surgieron de un trasfondo completamente pagano. Este es muy opuesto al Cristianismo que es exclusivista (declarando ser la única verdad y ofreciendo el único camino a la salvación). Históricamente, el Hinduismo desarrolló su cosmovisión de las fuerzas de la naturaleza (vistas en las tormentas o en los fuegos) y en héroes antiguos que servían como dioses, mientras que el Cristianismo proclama un solo Dios quien controla las fuerzas de la naturaleza. El adepto hindú adora a su propio dios que escoge de entre millones disponibles, mientras que los Cristianos creen en un sólo Dios vivo y verdadero.

Un Hinduismo más desarrollado sostiene que Brahman es la realidad espiritual única y definitiva, la divinidad impersonal, desconocida, indescriptible y amorfa. Debido a que Brahman es la suma total de la realidad, todo lo demás es una ilusión (*maya*). La creación no tiene ni principio ni fin y la historia que "experimentan" es un ciclo sin fin de la creación y la destrucción. El hombre no es sino una chispa del Brahman divino, este hombre está aprisionado dentro del cuerpo físico y se somete a una serie de reencarnaciones (la transmigración del alma a través de la *sansara*) hasta que sea absorbido en Brahman. Finalmente no son individuos separados, porque todos son uno.

En muchos aspectos importantes, el Hinduismo concuerda con muchas perspectivas principales occidentales y específicamente con el movimiento de la Nueva Era. No tiene problema con la evolución ya que la religión hindú en sí misma involucra una adaptación sin fin de otras religiones y de una evolución espiritual ascendente. Mucho de la psicología moderna afirma la inherente bondad del hombre, mientras que el Hinduismo habla de la divinidad básica de este. La relatividad de todas las declaraciones de verdad, tan difundida en nuestra cultura, encaja cómodamente con la visión hindú de la ilusión, de dios siendo una parte de todo (tanto de lo bueno como de lo malo), así como su práctica de absorber diferentes creencias (todas las demás religiones son *yoga,* "caminos"). Su híper espiritualidad (elevando lo espiritual hasta la exclusión de lo material) es atractiva para muchos que están desencantados con el materialismo de la cultura occidental.

Conductismo. El Conductismo es una escuela psicológica particularmente asociada con el nombre del profesor en psicología de Harvard, B. F. Skinner (1904–1990). Este ha ejercido una gran influencia en el pensamiento moderno, extendiéndose sobre la sociología, la política, la criminología y muchos otros campos.

Skinner argumentó que la gente se comporta como lo hace a través de un proceso conocido como "condicionamiento operante." El comportamiento individual es una respuesta a ciertos factores ambientales, especialmente consecuencias que se experimentan en el pasado. Puesto de manera sencilla, la experiencia refuerza el comportamiento. De una forma puramente naturalista, si una acción específica produce experiencia placentera, esta se convertirá en un comportamiento condicionado. El mundo material es la realidad última en la que el hombre es moldeado pasivamente. Algunos conductistas de la visión mundial hablan del "processlessness mental" el cual enseña que el hombre puede ser entendido totalmente por medio de eventos externos sin una referencia a cualquier proceso racional en la mente. Como consecuencia, el libre albedrío es un mito y una ilusión.

El comportamiento del hombre está tan completamente sujeto al condicionamiento externo, que el conductismo puro enseña, que los pensamientos y sentimientos del hombre no determinan sus acciones sino que son máquinas biológicas que simplemente reaccionan a los estímulos, así que están condicionados por su entorno.[2] Esto quita del individuo toda responsabilidad sobre sus acciones.

Esta visión del hombre lleva a esfuerzos por controlar el entrono del hombre para poder manipular comportamientos deseados. Esta tiene influencias importantes en la teoría y la práctica política, así como en la jurisprudencia y la criminología.

Marxismo. El **Marxismo** se basa en la filosofía desarrollada por Karl Marx (1818–1883), un filósofo judío y crítico social que vivía en Alemania. Este es un esquema inherentemente ateo y sociopolítico que sostiene que el mundo material es la realidad última y que la religión es una ilusión.

Esta cosmovisión afirma un proceso conocido como **materialismo dialéctico**, en donde los conflictos sociales entre las fuerzas opositoras y las ideas se funden gradualmente en una nueva síntesis.[3] La historia es controlada por ideas, por lucha de tesis contra la antítesis hasta que una nueva y mejor síntesis surge. El *Diccionario de American Heritage* define el materialismo dialéctico de esta forma: "La interpretación marxista de la realidad que ve la materia como lo único sujeto al cambio y a todo cambio, como producto de un conflicto constante entre opuestos que surgen de las contradicciones internas inherentes en todos los eventos, ideas y movimientos."

El Marxismo es fundamentalmente utópico[4] en su perspec-

---

2. David Cohen, "Conductismo," en *El Compañero de Oxford de la Mente*, ed. Richard L. Gregory (New York: Oxford University Press, 1987), 71.
3. **Dialéctica** (del griego *dialogo*, "discurso") el proceso filosófico (el "diálogo") por el cual se llega a la verdad por medio del intercambio de ideas entre puntos de vista opuestos.
4. La palabra "utopía" se basa en el griego *ou* ("no, sin") y *topos* ("lugar").

tiva histórica, buscando desarraigar la fe religiosa que considera como el "opio de las masas." En la cosmovisión materialista de Marx, el amor humano y la fe son triviales, mientras que la explotación competitiva controla la conducta del hombre y las sociedades. Los marxistas, por lo tanto, creen que la historia es el relato de la lucha entre el hombre, las clases, las sociedades y las naciones moviéndose a través de la revolución de un acuerdo socio-económico a otro. Esto progresará a través de la "dictadura del **proletariado**"[5] (el levantamiento de las clases oprimidas para derrocar a la clase dirigente privilegiada), finalmente llegando a la etapa del socialismo científico. En esta etapa final, el Estado ya no sería necesario y se marchitaría mientras se mueven a una sociedad de armonía y paz sin clases sociales.

Los Marxistas no entienden al hombre en términos de cualquier dignidad individual como la imagen de Dios. El hombre es tan sólo una creatura social ligada y definida por sus diferentes relaciones externas con otros. "Adam Schaff se refiere a la visión Marxista del hombre así: "El hombre es el producto de la sociedad... es la sociedad la que lo hace lo que es."[6]

Existencialismo. Aunque el pensamiento existencial existió antes que estos hombres, se levantó a una posición de influencia tremenda como una filosofía secular, formal y atea con los escritos de Martin Heidegger (1889–1976) y de Jean Paul Sartre (1905–1980). Al **Existencialismo** le preocupa sobre todo la libertad y la libre expresión. Este exalta la experiencia de vivir por encima del conocimiento, la voluntad por encima del pensamiento, la ac-

---

    Literalmente significa "sin lugar" reflejando sólo un lugar ideal en lugar de la realidad.

5. **Proletariado** se deriva del latín *proles* ("descendencia"). En la Roma antigua se refería a la clase baja y pobre en la sociedad.
6. Adam Schaff, *Marxismo y el Individuo Humano*, trans. Olgierd Wojtasiewicz (New York: McGraw-Hill, 1970), 64.

ción por encima de la contemplación, el amor por encima de la ley, la personalidad por encima del principio, la individualidad por encima de la sociedad. El existencialismo religioso busca el "encuentro personal" con Dios por encima del "entendimiento proposicional" de Dios. El existencialismo secular elimina a Dios por completo:

- "Matar a Dios es convertirse uno mismo en dios: es realizar en esta tierra la vida eterna de la que habla el Evangelio" (Albert Camus).
- "Si Dios existe el hombre no puede ser libre. Pero si el hombre es libre, por lo tanto Dios no puede existir. Debido a que Dios no existe todas las cosas son moralmente permisibles" (Jean Paul-Sartre).

El Existencialismo en sus diferentes formas prefiere ver al hombre en términos de su voluntad y sentimientos en lugar de su mente. Puede ser, por lo tanto, tan subjetivo como para rayar en lo místico. El impacto sutil del existencialismo en nuestra perspectiva común hoy en día, es tal que donde solíamos preguntarle a otros "¿Qué *piensas* acerca de eso?" Ahora tendemos a preguntar "¿Cómo te *sientes* con eso?" Esto también nos ha llevado a la actual concepción relativista de la verdad como es expresada en la respuesta popular de: "Eso es verdad para ti, pero no para mi."

Estos son cuatro de los esquemas populares que están impactando nuestra sociedad tanto directa como indirectamente. Consideremos ahora, cinco principios básicos que apoyan las cosmovisiones más completas en sus diversas formas.

NÚCLEOS DE LA COSMOVISIÓN

Sin lugar a dudas has escuchado de las cosmovisiones específicas que se han resaltado: el Hinduismo, el Conductismo, el Marxismo y el Existencialismo. Pero ahora nosotros vamos más a fondo, a los núcleos más básicos de su cosmovisión: Monismo, Dualismo, Atomismo, Pragmatismo y Escepticismo. Las primeras tres son menos familiares para aquellos que no han estudiado filosofía. Debido a que nos estamos dedicando al sistema de análisis (todas las cosmovisiones) enfocándonos en sus fundamentos filosóficos (presuposiciones clave), debemos considerar estas también.

Cuando escuchas por primera vez acerca de alguno de estos temas, quizás te rasques la cabeza y te preguntes ¿por qué razón los filósofos reflexionan en esas cosas?[7] Para responder a esto, debes reconocer dos verdades importantes:

Dios creó al hombre a Su imagen, lo cual incluye el pensamiento racional, así que el hombre tiene un deseo innato desde su creación de saber; (2) Dios específicamente llama al hombre a buscar y a aprender, así que el hombre tiene una obligación moral con su Creador de descubrir.

En primer lugar, Dios creó al hombre para reflejarle a Él. Nosotros vemos esto desde la creación misma del hombre: "Y dijo Dios: Hagamos al hombre a Nuestra imagen, conforme a Nuestra semejanza; y ejerza dominio sobre los peces del mar, sobre las aves del cielo, sobre los ganados, sobre toda la tierra, y sobre todo reptil que se arrastra sobre la tierra" (Génesis 1:26).

Así como Dios ejerce dominio absoluto sobre todas las cosas, así el hombre fue creado para ejercer el dominio derivado a un nivel de criatura: "Los cielos son los cielos del Señor, pero la tierra la ha dado a los hijos de los hombres" (Salmos 115:16). "Cuando veo Tus cielos, obra de Tus dedos, la luna y las estrellas que Tú has establecido, Digo: ¿Qué es el hombre para que te acuerdes

---

7. Conforme al asombroso *Diccionario del Mal* de Ambrose Bierce, "la filosofía" se define como: "Una ruta de muchas rutas que te llevan desde ninguna parte a la nada."

de él, y el hijo del hombre para que lo cuides? ¡Sin embargo, lo has hecho un poco menor que los ángeles, y lo coronas de gloria y majestad! Tú le haces señorear sobre las obras de Tus manos; todo lo has puesto bajo sus pies: Todas las ovejas y los bueyes, y también las bestias del campo" (Salmo 8:3–7).

En segundo lugar, el hombre está obligado a buscar la verdad. Nosotros podríamos mencionar un gran número de Escrituras, pero dos serán suficientes para ilustrar esto:

- Entonces consultarás, buscarás y preguntarás con diligencia. Y si es verdad y se comprueba que se ha hecho tal abominación en medio de ti (Deuteronomio 13:14).

- Y si te lo dicen y has oído hablar de ello, harás una investigación minuciosa. Y si es verdad y es cierto el hecho que esta abominación ha sido cometida en Israel (Deuteronomio 17:4).

En materia de una indagación judicial mencionada en estos textos, el hombre debe investigar la verdad: él debe hacer una investigación para establecer su entendimiento de una situación. El hombre no sabe instintivamente todas las cosas. Lo mismo es verdad en cualquier área de nuestra vida: nosotros aprendemos a través de inquirir diligentemente. El entendimiento filosófico y científico del hombre viene **discursivamente**[8] involucrándose en el mundo de Dios y bajo Su gobierno.

En otra parte leemos que "es gloria de Dios encubrir una cosa, pero la gloria de los reyes es investigar un asunto" (Proverbios 25:2). Aún nuestro Señor nos insta "Pidan, y se les dará; busquen, y hallarán; llamen, y se les abrirá" (Mateo 7:7b).

---

8. El **razonamiento discursivo** es un razonamiento analítico que procede por medio de moverse de un hecho a otro, punto por punto, de una manera lógica en lugar de por intuición.

Buscar entendimiento es una virtud. Salomón regresa a este tema bastante seguido en su literatura sobre la sabiduría:

- El insolente busca sabiduría y no la halla, pero para el hombre entendido el conocimiento es fácil. Apártate de la presencia del necio, porque en él no discernirás palabras de conocimiento (Proverbios 14:6–7).
- Todo lo que tu mano halle para hacer, hazlo según tus fuerzas; porque no hay actividad ni propósito ni conocimiento ni sabiduría en el Seol adónde vas (Eclesiastés 9:10).

Una investigación legítima y cuidadosa junto con la contemplación busca descubrir el conocimiento y promover el entendimiento. El inquirir filosófico abre nuevas vistas de comprensión y de servicio a Dios, quien es la fuente de toda la sabiduría.

Ahora bien, ¿qué de los cinco núcleos de cosmovisión? Los primeros tres temas están directamente relacionados con el perenne problema metafísico enfrentando a filósofos desde mucho antes en la antigüedad: la relación entre único y muchos o universales y particulares. El problema es resuelto en el sistema Cristiano. Pero, ¿cuál es el problema? Y ¿cómo lo resuelve la doctrina Cristiana?

Los filósofos ven en el mundo ciertos particulares además de una unidad básica subyacente. Por ejemplo, existen muchas razas de perros en particular: Dachshunds, Dobermans, Terrier, Pit bulls, etc. No obstante, todos estos tienen una unidad básica, que podríamos llamar "perruna." Todos ellos son miembros de una familia biológica conocida como Cánidos. Los *muchos,* perros se relacionan por su único, perruno.

En el mundo, vemos gatos, cochinos, caballos y humanos. Cada una de estas creaturas, diversas y particulares, es también un organismo vivo que se relaciona de alguna forma con los perros. En realidad, ellos son vertebrados de sangre caliente de la clase unificada de mamíferos. Por todas partes vemos en el Universo, una colección de particulares, sin embargo, vemos unidades subyacentes uniéndolos y finalmente siendo relacionados dentro de un sistema de realidad unificado y global. Necesitas tener una unidad básica para poder organizar y entender a los diferentes particulares de la experiencia. ¿El único[9] o los muchos?

Sin embargo, el problema del único y los muchos es resuelto en la doctrina bíblica de Dios. Dios es tanto Único (el Trino) y el Muchos (Padre, Hijo y Espíritu Santo). El Cristianismo sostiene la igualdad última de la Unicidad y la Multiplicidad en el que la Trinidad es tan importante como lo es cada uno de sus miembros individuales y viceversa. Van Til habla acerca del único y los muchos, resolviendo el asunto en la Trinidad:

> Si queremos conocer los hechos de este mundo, debemos relacionar estos hechos con las leyes. Esto es que, en toda transacción de conocimiento debemos relacionar los particulares de nuestra experiencia con los universales... Como Cristianos, sostenemos que en este universo lidiamos con un derivado único y un derivado de muchos, que llegan a una relación fructífera entre ellos porque, detrás de ambos, tenemos en Dios el original del Único y los Muchos. Si hemos de ser coherentes en nuestra experiencia, nuestra experiencia debe corresponder con la experiencia eterna y coherente de Dios. El conocimiento humano en última instancia, descansa sobre la coherencia interna dentro de la Deidad; nuestro conocimiento descansa sobre la **Trinidad ontológica**[10] como su presuposición...

---

9. El "único" debe ser expresado como universales, ideas, conceptos generales, leyes, esencias, categorías, clases y demás.

10. La ontología es el estudio de la naturaleza del ser. La **Trinidad ontológica** es el ser trino de Dios en sí mismo, el único ser de Dios de Padre, Hijo y Espíritu Santo. La **Trinidad económica** observa a la Trinidad en términos de un esquema de salvación, el plan de redención:

> En el paraíso Adán tenía una concepción verdadera de la relación entre los particulares y los universales del conocimiento con respecto al universo creado. El nombró a los animales "conforme a su naturaleza," esto es, conforme al lugar que Dios les había dado en Su universo. Después, también Adán pudo conversar verdaderamente acerca del significado del universo en general y acerca de su propia vida en particular con Eva... En el paraíso el conocimiento del hombre era conscientemente (pensar los pensamientos de Dios después de Él); el hombre quería conocer los hechos del universo para poder cumplir sus tareas como un guardián de pacto.[11]

Ahora estudiemos los cinco núcleos de la cosmovisión que están puestos delante de nosotros. Notarás como los tres primeros se relacionan directamente con el problema del único y los muchos.

Monismo. La palabra **monismo** tiene su raíz en la palabra griega *mono*, "sólo". El Monismo es un sistema metafísico que impone una sola substancia o principio en el Universo. Esta visión se deriva de la antigüedad: Tales[12] (*c.* 635–543 a.c.) sostenía que esa única sustancia era el agua, Anaxímenes (*c.* 585–525 a.c.) que era el aire, Heráclito (*c.* 535–475 a.c.) que era el fuego.

El Monismo niega la multiplicidad de las cosas, sosteniendo que aquellas muchas cosas que estimamos como reales son simplemente fases de una y de alguna manera son ilusiones. A través

---

El Padre nos escoge y envía al Hijo, el Hijo es encarnado y muere por nosotros, el Espíritu nos llama y nos santifica. La noción de la Trinidad económica se enfoca en los *roles* de cada miembro de la Trinidad. Ni el Padre ni el Espíritu murieron en la cruz, sólo el Hijo.

11. Cornelius Van Til, *Una Introducción a la Teología Sistemática,* 22, 23, 25. Citado en Greg L. Bahnsen, *La Apologética de Van Til: Lecturas y Análisis* (Phillipsburg, NJ: Presbyterian and Reformed, 1998), 239.

12. Aristóteles consideró que Tales de Mileto era el primer filósofo. Él es considerado el padre de la ciencia, en la que intentó explicaciones naturalistas del mundo que evitaban referencias a los dioses.

del Hinduismo y la fascinación moderna occidental por el misticismo oriental, el monismo esta marcando nuestra sociedad de diferentes maneras, como con el movimiento de la Nueva Era, la Ciencia Cristiana y el Hare Krishna.

Dualismo. Contrario al Monismo, el **Dualismo** sostiene que hay dos realidades finales, normalmente designadas como la mente y la materia. El filósofo griego Platón (428–348 a.c.) fue un Dualista dividiendo la realidad en el mundo eterno ideal de las "Formas" y en el mundo perceptual de la experiencia temporal de los sentidos. En el mundo eterno más allá del mundo espacio-temporal existen Formas ideales perfectas como realidades inmutables. El mundo de la experiencia esta poblado de copias particulares imperfectas y oscuras de aquellas formas ideales (que se conocen sólo a través de la intuición).

Muchos Dualistas sostienen una epistemología por intuición. Sólo se puede conocer la verdad a través de la intuición de las formas racionales que están innatas en nosotros. En un sistema así, la ética también es intuida en lugar de argumentada y justificada racionalmente.

Atomismo. Los Atomistas son materialistas que sostienen que el universo material está compuesto de partículas indestructibles. En realidad, la palabra "átomo" viene del griego *a* ("no") y *temnein* ("cortar"), que habla de la partícula material más pequeña que ya no puede ser cortada más. En la antigücdad los filósofos griegos Demócrito (460–370 a.c.) y Epicúreo (341–270 a.c.) sostenían que la realidad estaba compuesta de un número infinito de átomos. El **Atomismo** niega el Monismo necesariamente en que este afirma una diferenciación atómica infinita en la realidad.

Hablando de manera general, el Atomismo es materialista. El orden material compuesto por átomos es todo lo que existe. Los

Atomistas no aceptan ideales, formas o dioses.

Sin embargo, existen dos tipos básicos de Atomismo: determinista y no determinista. El Atomismo determinista niega el libre albedrío, como en el Conductismo y el Marxismo. Nosotros ya reflexionamos sobre la negación del libre albedrío en el Conductismo. En última instancia el Marxismo aplasta el libre albedrío a través de su concepto de determinismo histórico que termina en resultados previsibles (es decir, inevitables).

El Atomismo no determinista endosa el libre albedrío del hombre. Aún algunos materialistas creen en el libre albedrío. Por ejemplo, Epicúreo creía que porque el hombre era controlado por un número infinito de átomos, debería vivir para el placer.

También existen tres formas de libre albedrío de los cuáles necesitamos estar conscientes. El **Egoísmo** (no "egotismo" que es presunción) sostiene que el interés propio es el motivo correcto para la conducta humana. La filosofía es fuertemente individualista. El Liberalismo es egoísta en que esta comprometido con la libertad en la acción humana. El **Utilitarismo** sostiene que el hombre debe buscar la felicidad más grande para el mayor número. Esto implica vivir para el grupo, lo cual nos lleva al socialismo. El Existencialismo sostiene que el hombre define lo que será. La libertad le da significado a la vida proveyendo de esencia propia y de carácter.

Pragmatismo y Escepticismo. El **Pragmatismo** sostiene que el significado de una idea o una proposición, reside en sus consecuencias prácticas observables. El Pragmatismo argumenta que nosotros vivimos para resolver nuestros problemas, aunque no necesitamos dar teóricamente explicaciones. Debemos ser capaces de adaptarnos al medio ambiente, solucionar problemas y continuar en la vida. El Pragmatismo le rehúye a los problemas tradicionales de la filosofía: No necesitamos certeza, sino utilidad. Al Pragmatismo se le puede escuchar decir, "¡Lo que funcione para ti!"

El **Escepticismo** dice que nosotros no sabemos nada con certeza. Todo el conocimiento humano es tan deficiente que por mucho solo puede ser probablemente verdad. Debido a esto, se considera que el conocimiento simplemente es una opinión. Los núcleos de estas dos últimas cosmovisiones son generalmente bastante familiar para nosotros hoy en día, aunque no siempre como escuelas oficiales de pensamiento filosófico.

CONCLUSIÓN

Como un Cristiano que busca defender la fe, debes recordar que la apologética presuposicional es un enfoque de la *cosmovisión*. Las cosmovisiones básicas resumidas anteriormente y las principales características generales, deben ser dominadas para poder llegar al corazón del tema y evitar saltar de aquí para allá. Las presuposiciones de nuestra cosmovisión deben ser capaces de responder por la estructura de la realidad (ya que es la creación de Dios). También deben estar conscientes y ser capaces de desafiar las presuposiciones principales que yacen debajo de las otras cosmovisiones.

2.0 OBSERVACIONES EXEGÉTICAS

Una ilustración clásica del método presuposicional de argumentación lo encontramos en Hechos 17:16–34 donde Pablo se dirige a los filósofos atenienses en el famoso Areópago. Lucas registra a Pablo enfrentándose a una multitud con diferentes posiciones filosóficas. Muchas de estas diferentes perspectivas en Atenas corresponden con los núcleos de las cosmovisiones resaltadas arriba: Lucas menciona a los filósofos epicúreos y a los estoicos.

Recuerda que *siempre* debes juntar *todas las cosmovisiones* en la apologética. "La tendencia actual más popular de separar a los testigos de la defensa, o a la teología de la apologética, ha de haber sido absurda para los apóstoles. Estas dos se necesitan mutuamente y tienen un principio y una fuente en común: la autoridad de Cristo."[13] Es decir, la apologética no es una reunión filosófica de mentes, separada a una zona neutral y libre de teología. Es una presión racional de la *perspectiva teológica de la Escritura,* la cosmovisión bíblica, en oposición a visiones antagónicas.

En Hechos 17:16 Pablo se siente cargado por la indulgencia de la ciudad a la idolatría, la cual representa una cosmovisión completamente en conflicto con la fe Cristiana. Esto le llevó a abordar filosóficamente a los idólatras: "Así que él estaba *razonando*... en la plaza cada día con los que concurrían." La palabra "razonando" es la misma que encontramos en los "diálogos" de Platón en donde Platón presenta las discusiones filosóficas de Sócrates. Pablo declara abiertamente cuál es su punto de vista y provee una defensa filosófica razonada para este. Esto es apologética en acción, y una vez más, él *incluye* la teología en su argumentación filosófica porque lo suyo es una cosmovisión crítica y desafiante.

Es importante notar que Pablo no abordó a los atenienses desde una posición neutral. Esto es evidente de varias maneras, incluyendo la respuesta de la audiencia hacia él. En lugar de "coincidir hasta un punto" con un intento de neutralidad, ellos lo condenan absolutamente como un "charlatán," quejándose aún más de que estaba proclamando "divinidades extrañas" (17:18c), una "nueva enseñanza" (17:19) y "cosas extrañas," demandando "queremos saber que significan estas cosas" (17:20). Ellos no veían puntos de acuerdo con él. Ellos respondieron de manera

---

13. Greg L. Bahnsen, *Siempre Preparados: Instrucciones para Defender la Fe* (Powder Springs, GA: American Vision, 1996), 237.

amenazante: "Lo llevaron al Areópago" (17:19). Este lenguaje de tomarle, no sólo muchas veces habla de arrestar a Pablo (16:9; 18:17; 21:30), sino de literalmente arrastrarlo delante del Concilio judicial (que se reunía en el Areópago) y todo esto era debido a que les "Predicaba a Jesús y la resurrección" (17:18d)—la declaración más definitiva del sistema Cristiano y de la verdad que afirma.

Vemos que él aquí, no estaba presentando un *argumento para* la resurrección, como lo hacen los apologistas neutrales.[14] Él no presenta explicaciones alternativas de la resurrección de Cristo contrarrestándoles con varias evidencias. Él no les está dando un *argumento para* la resurrección, sino está declarando *el hecho* de la resurrección como un elemento de su amplia cosmovisión Cristiana (que se alimenta en su "razonamiento"), como lo hacen los presuposicionales. El confronta su *cosmovisión*, la cual descartaba la resurrección por completo. La mente griega era inalterablemente opuesta a cualquier idea de una resurrección física. Tanto los griegos antiguos como los romanos tenían una concepción del más allá, pero estos eran platónicos, negaban la resurrección y exigían la inmortalidad sólo del alma: "¿Por qué se considera increíble entre ustedes que Dios resucite a los muertos?" (Hechos 26:8).[15] Esta perspectiva es bien exhibida por el dramaturgo griego, Esquilo (525–456 a.c.) "Cuando el polvo bebe la sangre de un hombre una vez que ha muerto, ya no hay

---

14. El método evidencialista de la apologética presenta argumentos "neutrales" para la historia de la resurrección intentando probar por medio del razonamiento humano la probabilidad del sistema Cristiano. Si Cristo resucitó de los muertos, ¿cómo lo puedes explicar? Esto muestra la probabilidad real (pero no la certeza) del Cristianismo.

15. Por ejemplo: de Sócrates, *Las Meditaciones de Fedro y Marco Aurelio* 10; de Plinio, *Historia Natural* 1:7; cf. de Tertuliano, *Apologética* 48 y *Contra Marción* 5:9; de Orígenes, *Contra Celson* 5:14; Juliano *Contra los Cristianos* (conocido sólo a través de Cirilo, *Contra Juliano* 1:7).

resurrección." Si Pablo hubiera querido establecer un terreno *neutral*, habría hablado de la inmortalidad del alma, que reconocían muchos filósofos griegos. Pablo está usando la resurrección para establecer su cosmovisión Cristiana completa, que sí reconoce la resurrección.

Así, vemos en el método de Pablo que el está contraponiendo dos cosmovisiones completas. El no creía que los atenienses necesitaban sólo un poco más de evidencia para corregir su pensamiento y empujarlos al borde de la fe Cristiana. En lugar de eso, presenta la declaración Cristiana verdadera y los llama a un arrepentimiento completo sobre esa base (26:30-31). Debes recordar de una lección anterior, que la visión de Pablo del incrédulo es que este, está embargado por pensamientos vanos, ignorancia y dureza de corazón (Efesios 4:17-24), que su sabiduría mundana es necedad (1 Corintios 1:17-25; 3:18-20) y que su ignorancia incrédula es moralmente culpable, no sólo embarazosamente deficiente (Romanos 1:19-20; 2:1). Pablo sostiene que sólo en Cristo encontramos "tesoros de la sabiduría y del conocimiento" (Colosenses 2:3). Claramente Pablo no se para en la "neutralidad" para contrastar las cosmovisiones.

Pablo está presentando al Dios de la Escritura como la respuesta a su ignorancia culpable y a su necesidad de un Salvador (después el los llama a arrepentirse, Hechos 17:30). Aunque se burlaron de él como un charlatán parlanchín, él señala su propio reconocimiento de "ignorancia": pues, ellos aún tenían provisto un altar "Al Dios desconocido" (17:23b). Como alguien con una cosmovisión presuposicional, Pablo se presenta delante de ellos para "proclamar" al Dios mismo (17:23d) y no simplemente una posibilidad filosófica escueta de la existencia de Dios, como en la apologética del evidencialismo. Inclusive él les acusa de que sus propios filósofos simplemente "palpaban" buscando la verdad en medio de la obscuridad (Hechos 17:27). Nota que él "proclama" a Dios; "proclamar" nos habla de una declaración autoritativa. Pablo está argumentando de forma presuposicional en base a la autoridad absoluta de Dios, no en base a una neutralidad compartida acerca de cuestiones de autoridad.

Cuando nos involucramos en la apologética dirigida a las cosmovisiones, una característica de tu desafío será demostrar las contradicciones internas en la cosmovisión del incrédulo. Como consecuencia, la apologética presuposicional siempre se ocupa de una "crítica interna" de la cosmovisión del incrédulo para mostrar su propia e inherente contradicción destructiva. Pablo hace esto aquí: Los atenienses tenían un conocimiento creado por Dios acerca de su Creador en lo más profundo de sus corazones, lo cual se evidenciaba en su altar "Al Dios No Conocido," su propia religiosidad ("Observo que son muy religiosos en todos los aspectos," 17:22) y las reflexiones de sus poetas acerca de Dios ("Porque también nosotros somos linaje Suyo," 17:28).[16]

Por lo tanto, la cosmovisión incrédula es esquizofrénica y necesariamente así: Tiene que presuponer las implicaciones del mundo real de la cosmovisión bíblica para poder de forma racional operar en la vida. Pero niega la realidad de Dios, quien puede explicar las presuposiciones de la cosmovisión.

Ahora Pablo les advierte que su ignorancia y resistencia a la verdad no sería tolerada más tiempo por Dios: "Por tanto, habiendo pasado por alto los tiempos de ignorancia, Dios declara *ahora a todos los hombres, en todas partes*, que se arrepientan" (17:30).

En su anhelo de "proclamar" a Dios, Pablo resalta la ignorancia admitida por el incrédulo (17:23). Partiendo de ahí, con fuer-

---

16. En otra parte, Pablo enfatiza directamente el universal de Dios en el pecador (Romanos 1:19–20).

za declara la autoridad absoluta del Dios verdadero de la Escritura. "Su *ignorancia* se hizo defenderse contra su única *autoridad* y su habilidad para exponer la verdad. Pablo establece el Cristianismo como razonable y verdadero *en sí*, y su último punto de partida era la autoridad de la revelación de Cristo . . . Esta antítesis era fundamental para el pensamiento de Pablo y claramente fue elaborada en Atenas."[17] Como se notó anteriormente, la "proclamación" de Pablo presenta solemnemente la verdad con autoridad. Dios está ahora con autoridad "declarando a todo hombre que en todo lugar se arrepientan" (17:30). La palabra "arrepentir" es la palabra en griego *metanoeo*, que habla de un "cambio de mente" (*nous* siendo la palabra griega para "mente"). Ellos deben cambiar toda su manera de pensar, toda su cosmovisión. Pablo está usando una revelación general al oponerse a la cosmovisión filosóficamente mental de los atenienses y demostrando el mal manejo de la verdad.

Pablo desafía a los atenienses al ponerles delante varios aspectos de la cosmovisión Cristiana. Vemos esto cuando habla de Dios como el Creador de todas las cosas y como el Gobernador providencial de la historia: "De uno solo, Dios hizo todas las naciones del mundo para que habitaran sobre toda la superficie de la tierra, habiendo determinado sus tiempos y las fronteras de los lugares donde viven" (17:26; también 14:17). Sostener que todos los hombres surgieron de un hombre original (Adán) era una afrenta a los atenienses cuyo orgullo era tal que consideraban a todos los demás como "bárbaros."[18]

Regresando a la acusación de que los atenienses iban palpan-

---

17. Bahnsen, *Siempre Preparados*, 256–257.
18. Ve la referencia despectiva y culturalmente relevante de Pablo a los bárbaros en su epístola a la ciudad griega de Corinto (1 Corintios 14:11), así como la forma en la que pone a los "Griegos" en contraste con los "bárbaros" en Romanos 1:14.

do en la obscuridad (17:27), notamos que Pablo señala la naturaleza notable de su palpar ignorante: "Para que buscaran a Dios, y de alguna manera, palpando, lo hallen, aunque Él no está lejos de ninguno de nosotros" (17:27). Dios no está lejos ni es difícil de encontrar. Pablo magnifica su error al citar dos de sus propios poetas, quienes reconocían que Dios estaba cerca de ellos, lo cual subraya la verdad de que todo hombre conoce inherentemente a Dios y no puede escapar de ese conocimiento. Su declaración de "En Él vivimos, nos movemos y existimos" (17:28a) es tomada de Epiménides de Creta (siglo sexto a.c.) dirigido a Zeus. Después Pablo cita (17:28b) a Arato (*c.* 315–245 a.c.) quien escribió: "porque linaje suyo somos" en su poema "Fenómeno Natural," que también se refleja en el "Himno a Zeus" de Cleantes (*c.* 330-232). Aún el abuso de la verdad de los paganos no les protege de la realidad de Dios.

En Hechos 17:24–31, Pablo reflexiona sobre el Antiguo Testamento, el cual emplea como la palabra autoritativa de Dios. En los versículos 24 y 25 leemos: "El Dios que hizo el mundo y todo lo que en él hay, puesto que es Señor del cielo y de la tierra, no mora en templos hechos por manos de hombres, ni es servido por manos humanas, como si necesitara de algo, puesto que Él da a todos vida y aliento y todas las cosas." Esto está basado de forma muy clara en Isaías 42:5 "Así dice Dios el SEÑOR, que crea los cielos y los extiende, que afirma la tierra y lo que de ella brota, que da aliento al pueblo que hay en ella, y espíritu a los que por ella andan." Cuando Pablo habla de hombres palpando como en la obscuridad (17:27) hace alusión el contexto de Isaías el cual habla de hombres que moran en un "prisión" obscuro (Isaías 42:7). Cuando el rechaza a los ídolos (17:29), hace alusión a la referencia de Isaías de las "esculturas" (Isaías 42:8). Podemos ver que la metodología de Pablo presupone la autoridad de Dios:

Aquellos que han sido entrenados para pensar que la apologética debe ajustar su autoridad epistemológica o su método en términos de la forma de pensar de los que escuchan al encontrarse con ellos, encontrara el discurso de Areópago bastante sorprendente a este respecto. Aunque Pablo se está dirigiendo a una audiencia que no está comprometida ni siquiera predispuesta a las Escrituras reveladas, conocidos como Gentiles educados, su discurso es, no obstante, ¡una polémica *judía típica* acerca de Dios, la idolatría y el juicio! Utilizando el lenguaje del Antiguo Testamento y sus conceptos, Pablo declara que Dios es el Creador, un Espíritu que no reside en casas hechas por manos humanas (Hechos 17:24). Dios es autónomo y todos los hombres dependen de Él (v. 25). Él creó a todo hombre partiendo de un ancestro en común y es el Señor de la historia (v. 26). Pablo continuó enseñando la desaprobación de Dios de la idolatría (v. 29), Su demanda de arrepentimiento (v. 30) y su designación de un día final de juicio (v. 31). En relación a esto, Pablo no dijo nada que un profeta del Antiguo Testamento no pudiera haber dirigido a los judíos.

De manera consistente con las enseñanzas de las epístolas, entonces, Pablo permaneció en un terreno Cristiano sólido cuando disputó con los filósofos. Razonó desde la Escritura, refutando así cualquier supuesta dicotomía en su método apologético entre su acercamiento a los judíos y su acercamiento a los Gentiles.[19]

Ahora notemos como desafía los diferentes núcleos de la cosmovisión entre los diferentes puntos de vista de los atenienses. Cuando Pablo proclama "El Dios que hizo el mundo y todo lo que en él hay" (Hechos 17:24a), confronta a los filósofos del monismo, el materialismo de los epicúreos y el panteísmo de los estoicos. Este sobrenaturalismo abierto también confronta el naturalismo inherente en muchas filosofías de hoy.

Al declarar que Dios "hizo todas las naciones del mundo para

---
19. Bahnsen, *Siempre Preparados*, 264, 265.

que habitaran sobre toda la superficie de la tierra, habiendo determinado sus tiempos y las fronteras de los lugares donde viven" (17:26), Pablo descarta de manera muy efectiva el punto de vista pagano del destino, remplazándolo con el Dios personal infinito como el Gobernador providencial. Su aseveración de que Dios no está lejos de nadie (17:27d) derriba la declaración elitista de los estoicos acerca del conocimiento.

Los atenienses deben escuchar la proclamación de Pablo, porque esta viene del Dios absolutamente autónomo: "Ni es servido por manos humanas, como si necesitara de algo, puesto que Él da a todos vida y aliento y todas las cosas" (17:25). Ellos debían escuchar su doctrina de salvación en Cristo, porque la resurrección de Cristo asegura el día futuro del juicio donde Dios juzgará al mundo: "Porque Él ha establecido un día en el cual juzgará al mundo en justicia, por medio de un Hombre a quien Él ha designado, habiendo presentado pruebas a todos los hombres cuando lo resucitó de entre los muertos. Cuando oyeron de la resurrección de los muertos, algunos se burlaban, pero otros dijeron: Le escucharemos otra vez acerca de esto" (17:31–32).

Los griegos (y prácticamente todas las culturas antiguas) sostenían un punto de vista histórico cíclico. Aristóteles escribió: "Pues de hecho el tiempo mismo parece ser un tipo de círculo" (*Física* 4:14). El historiador romano Cornelio Tácito (d.c. 56–117) escribió que "no solo las estaciones sino todo lo demás, incluyendo la historia social, se mueven en ciclos" (*Anales* 3:55). Marco Aurelio Antonio Augusto (d.c. 121–180), filósofo estoico y emperador romano, expresó claramente el punto de vista cíclico "Las generaciones futuras no tendrán nada nuevo que atestiguar, porque aún nuestros ancestros no observaron nada más de lo que nosotros observamos hoy, porque si un hombre llega a sus 40 años y tiene una comprensión total, ha visto prácticamente—gracias a su similitud—todos los acontecimientos posibles, tanto los del pasado como los que vendrán" (*Meditaciones* 11:1). En contraste a esto, Pablo afirma ambos, un inicio creacional (Hechos 17:24, 26) y una consumación final (17:31; 24:15) de la historia.

En todo esto, Pablo está llamando a los hombres al arrepentimiento en su manera de razonar que resiste a Dios (17:30). A lo largo de su defensa, sin pena y con franqueza contrasta la cosmovisión Cristiana con la no cristiana. Él no apelaba a construir sobre acuerdos filosóficos neutrales y autónomos, sino sobre la autoridad fundamental del Hijo de Dios quien juzgará al mundo (17:31). Pablo desafió las presuposiciones más básicas de sus diferentes cosmovisiones.

3.0 PREGUNTAS PLANTEADAS

Intenta contestar las siguientes preguntas por ti mismo antes de ver el texto o consultar la **Clave de Respuestas.**

1. ¿Cuáles son algunos temas claves que debes comprender al estar tratando con hindús? ¿Qué aspectos del Hinduismo se comportan como muchos de los diferentes puntos de vista occidentales contemporáneos?

2. ¿Cuáles son algunos temas claves que debes comprender al estar tratando con aquellos influenciados por el Conductismo?

3. ¿Cuál es el punto de vista del Marxismo sobre el progreso de la historia? ¿Qué es el "materialismo dialéctico"?

4. ¿Cuál es la idea principal involucrada en el Existencialismo?

5. Discute dos razones bíblicas que justifiquen el razonamiento filosófico.

6. Nombra las cinco presuposiciones que estudiamos, que

fungen como núcleo de una cosmovisión.

7. ¿Cuál es el principio central del Monismo?
8. ¿Cuál es el principio central del Dualismo?
9. ¿Cuál es el principio central del Atomismo?
10. ¿Cuál es el principio central del Pragmatismo?
11. ¿Cuál es el principio central del Escepticismo?

4.0 APLICACIÓN PRÁCTICA

1. Lee dos artículos breves en la enciclopedia o en el internet acerca del Hinduismo, donde uno tenga una perspectiva apologética Cristiana y el otro una perspectiva general secular e inclusive una perspectiva Hindú. Resume las áreas de conflicto entre el Hinduismo y el Cristianismo.

2. Visita un sitio web de la Nueva Era y haz un resumen de las áreas en que concuerda con el Hinduismo.

3. Lee dos artículos breves en la enciclopedia o en el internet acerca del Conductismo, donde uno tenga una perspectiva apologética Cristiana y el otro una perspectiva general secular. Resume las áreas de conflicto con el punto de vista Cristiano del hombre.

4. Discute los principios del Conductismo con un amigo que sea simpatizante de este punto de vista. Muéstrale cómo su perspectiva psicológica destruye la libertad humana.

5. Piensa en películas que hayas visto. Nombra dos o tres que operen en los supuestos del Conductismo. Explica como lo hace la película.

6. Visita un sitio web existencialista y resume elementos

distintivos de este punto de vista que entran en conflicto con el Cristianismo.

7. Piensa y anota frases populares que reflejen el Existencialismo.

8. Con un amigo Cristiano ve una de las siguientes películas existencialistas: *Forrest Gump, El Hombre del Tiempo o El Show de Truman*. Manténganse alerta a la perspectiva existencialista. Anoten elementos existencialistas y discútanlos después de ver la película. (Para obtener ayuda en esto, ve de Brian Godawa, *Las Cosmovisiones de Hollywood* (Downers Grove, Ill.: InterVarsity Press, 2002 y checa sus blog en www.godawa.com.)

9. Ve una de estas dos películas que reflejan una cosmovisión del Monismo: *Fenómeno* o *Extrañas Coincidencias*. Mantente alerta a la perspectiva del Monismo. Anota los elementos del Monismo y discútelos después de ver la película.

5.0 LECTURAS RECOMENDADAS

Bahnsen, Greg, "Prolegómenos a la Apologética": http://cmfnow.com/articles/pa002.htm, consultado el 5-31-13

"Hinduismo": http://www.4truth.net/fourtruthpbworld.aspx?pageid=8589952127, consultado el 5-31-13

CAPÍTULO 6

COSMOVISIONES EN COLISIÓN

"¿Qué asociación tienen la justicia y la iniquidad? ¿O qué comunión la luz con las tinieblas? ¿O qué armonía tiene Cristo con Belial? ¿O qué tiene en común un creyente con un incrédulo?"
(2 Corintios 6:14b–15)

EN LOS ÚLTIMOS capítulos hemos estudiado con bastante cuidado las cosmovisiones. Estamos ahora familiarizados con lo que son las cosmovisiones, quienes las tienen, porque son importantes en sí mismas y sus funciones en la apologética:

- Las cosmovisiones pueden ser definidas como una red de creencias y compromisos que nos ayudan a entender intelectualmente y a operar práctica y moralmente en el mundo.
- Las cosmovisiones son sostenidas universalmente por toda la raza humana.
- Cada persona sana tiene una cosmovisión, no sólo son

construcciones estrictamente religiosas.
- Las cosmovisiones se basan en presuposiciones filosóficas fundamentales que son esenciales para mantenerlas.
- Las cosmovisiones buscan resolver temas concernientes a tres grandes preguntas filosóficas: ¿Cuál es la naturaleza de la realidad (metafísica)? ¿Cómo sabemos (epistemología)? ¿Cómo debemos comportarnos (ética)?
- La apologética bíblica debe operar al nivel de la cosmovisión, desafiando al incrédulo con la totalidad del sistema Cristiano. La apologética nunca debe sucumbir a un análisis por partes, permitiendo que el incrédulo mantenga los supuestos de su cosmovisión.

Ahora nos enfocaremos en los conflictos que ocurren entre las cosmovisiones del creyente y del incrédulo. Las cosmovisiones no ofrecen simplemente opciones interesantes como preferencias personales para entender la vida, muchas de las cuales pueden ser sostenidas simultáneamente. Las cosmovisiones son proposiciones de todo o nada.

1.0 PREOCUPACIONES CENTRALES

Los creyentes reconocen el conflicto inevitable, implacable e incalificable entre el Cristianismo y la cosmovisión del incrédulo.[1] La cosmovisión Cristiana no difiere simplemente con la cosmovisión incrédula en algunos puntos, sino que tiene un conflicto absoluto con esta en todos los puntos. Van Til dijo que "'la epistemología de los incrédulos está informada por su hostilidad

---

1. Deberías estar consciente de que en el análisis final, cuando todas las cosas son consideradas, "sólo hay dos perspectivas fundamentales: la Cristiana y la no Cristiana." Greg L. Bahnsen, *La Apologética de Van Til: Lecturas y Análisis* (Phillipsburg, NJ: Presbyterian and Reformed, 1998), 277.

ética a Dios.' Por lo tanto, Van Til sostiene que no hay puntos importantes, principios básicos sistemáticos o verdades centrales en la filosofía donde el desacuerdo entre el creyente y el incrédulo no sea visto... La antítesis entre el pensamiento del creyente y el pensamiento del incrédulo debe ser sistemática y total."[2]

Por lo tanto, la apologética Presuposicional requiere que reconozcas la antítesis entre el Cristianismo y todas las variedades de cosmovisiones no Cristianas, ya sean religiosas o seculares. La perspectiva neutralista minimiza la antítesis y en el proceso termina argumentando solo la probabilidad de la existencia de un dios—un grito lejano del argumento de la Presuposición de la existencia necesaria del Dios de la Escritura.

Como lo discutiremos más plenamente en los capítulos restantes, la antítesis es tal que "la fe es, por lo tanto, un requisito previo para un entendimiento genuinamente racional de cualquier cosa" y "la fe es el fundamento necesario o el marco para el razonamiento y el entendimiento."[3] Esa es una declaración audaz—una declaración que debes comprender si realmente quieres desafiar la cosmovisión del incrédulo. Los conflictos sin resolver existen entre estas dos perspectivas de la realidad, el conocimiento y la ética. Como consecuencia, la "apologética Presuposicional llama a los creyentes a estar firmes en la antítesis si van a defender la unicidad, exclusividad e indispensabilidad de la fe Cristiana."[4] Por eso, nuestro énfasis en el conflicto ente las cosmovisiones del Cristiano y del no Cristiano.

HISTORIA DE LA REDENCIÓN Y LA ANTÍTESIS

Para poder comprender la antítesis filosófica de la apologética

---

2. Bahnsen, *La Apologética de Van Til*, 273, 274.
3. Bahnsen, *La Apologética de Van Til*, 272, 273.
4. Bahnsen, *La Apologética de Van Til*, 276.

bíblica, debes considerar la historia de la Escritura misma. La antítesis es trazada a lo largo del registro bíblico como un tema implacable de la rebelión del hombre en contra de su Creador.

Adán en el Edén. La narrativa histórica de Adán y Eva en el Jardín es algo fundamental, definir la historia de la raza humana y su situación actual. Después de delinear la creación de todas las cosas por Elohim el Creador poderoso en Génesis 1, Moisés hace énfasis en la relación de pacto entre Dios y el hombre en Génesis 2. Él hace esto utilizando el nombre de pacto de Dios (*Jehovah*) dentro del contexto de una formación creativa e íntima del hombre: el cuerpo de Adán es creado amorosamente por la mano de Dios y la vida es soplada íntimamente en el por el Espíritu de Dios (Génesis 2:7), mientras que los animales fueron "producidos en masa" (1:20, 24).

Génesis 2 muestra la preparación con gozo del Señor de un medio ambiente tranquilo (2:8) con una provisión abundante de agua (2:6, 10, 13-14), comida (2:9, 16), animales pacíficos (2:19-20)—y una esposa para Adán (2:21-24). En todo este hermoso medio ambiente no había vergüenza (2:25)—de hecho, todo era "muy bueno" (1:31).

Dentro de este contexto glorioso, pacífico y amoroso descrito en Génesis 2, el hombre se rebela contra su Creador de pacto. En lugar de caminar con Dios como alguna vez lo había hecho (Génesis 3:8), se esconde de Él en temor (Génesis 3:10) de modo que Dios lo tiene que llamar que salga de su escondite (Génesis 3:9). La muerte espiritual le había vencido ahora. Al rebelarse contra Dios, inmediatamente percibe enemistad donde alguna vez existió la amabilidad. Al huir de Dios, Adán expresa su desvío. "Adán quería ser como Dios pero sin Dios, delante de Dios y no de acuerdo con Dios" (Máximo el Confesor, 580–662). Peter Kreeft ha comentado que "el himno nacional del infierno es 'Lo Hice a

Mi Manera.'"

La respuesta santa de Dios a la desobediencia del hombre es maldecir al rebelde y su medio ambiente. Génesis 3:15 establece el tema de la antítesis que continuará a lo largo de la Escritura y de la historia:

Pondré enemistad entre tú y la mujer,
y entre tu simiente y su simiente;
Él te herirá en la cabeza, y tú lo herirás en el talón.

En lugar de paz y armonía, la historia del hombre se caracterizó por el conflicto y la lucha. La "simiente de la mujer" señala el linaje de los salvos, que finalmente brota en Cristo el Redentor; la "simiente de la serpiente" habla del linaje de los perdidos, quienes son controlados por satanás (1 Juan 3:10).

Caín y Abel. Ésta antítesis, se expresa a sí misma inmediatamente en los asuntos de la raza humana; un hermano se levanta contra su hermano cuando Caín mata a Abel (Génesis 4:8). En Génesis 4:25, sin embargo, aprendemos que la línea de redención es emitida por Set, otro hijo de Adán: "Y a Set, también le nació un hijo y llamó su nombre Enós. *Entonces los hombres comenzaron a invocar el nombre del Señor*" (Génesis 4:26).

Los Días de Noé. A pesar de la descendencia justa de Set, la enemistad y la antítesis persisten entre los hombres. La simiente redimida (los creyentes) se casaron con los no redimidos (incrédulos) borrando la antítesis y poniendo en peligro el progreso de la redención en la historia. Los "hijos de Dios" (aquellos quienes "invocan el nombre del Señor," Génesis 4:26) empezaron a casarse con las hijas de los (incrédulos) hombres (Génesis 6:2) llevando a la ruptura de la justicia, incluso dentro de la comunidad de creyentes: "El Señor vio que era mucha la maldad de los hombres en la tierra, y que toda intención de los pensamientos de su corazón era solo hacer siempre el mal" (Génesis 6:5).

Dios interviene para salvar la familia de Noé, la última familia que quedaba de creyentes, mientras que destruye la tierra con el Diluvio: "Y al Señor le pesó haber hecho al hombre en la tierra, y sintió tristeza en Su corazón. Entonces el Señor dijo: Borraré de la superficie de la tierra al hombre que he creado, desde el hombre hasta el ganado, los reptiles y las aves del cielo, porque me pesa haberlos hecho. Pero Noé halló gracia ante los ojos del Señor" (Génesis 6:6–8). Pedro resume este evento que demuestra la antítesis: Dios "tampoco perdonó al mundo antiguo, sino que guardó a Noé, un predicador de justicia, con otros siete, cuando trajo el diluvio sobre el mundo de los impíos" (2 Pedro 2:5; 1 Pedro 3:20; Ezequiel 14:14, 20).

El Éxodo de Israel. Nosotros vemos esta antítesis en el éxodo de Israel de Egipto. Cuando Israel entra en la Tierra Prometida se le ordena que destruya a los que habitan en ella y que no haga pacto con ellos (Deuteronomio 7:1–6). Por medio de esta guerra santa, Dios adelanta el lavado de la antítesis como ocurrió en los días de Noé, asegurando el linaje y la comunidad de Israel de creyentes:

> No contraerás matrimonio con ellos; no darás tus hijas a sus hijos, ni tomarás sus hijas para tus hijos. Porque ellos apartarán a tus hijos de seguirme para servir a otros dioses; entonces la ira del Señor se encenderá contra ti, y Él pronto te destruirá... Porque tú eres pueblo santo para el Señor tu Dios; el Señor tu Dios te ha escogido para ser pueblo Suyo de entre todos los pueblos que están sobre la superficie de la tierra (Deuteronomio 7:3–4, 6).

Satanás contra Cristo y los cristianos. Saltándonos hacia adelante, vemos esta antítesis en la encarnación de Cristo viniendo como la última Simiente de la Mujer (Lucas 3:38; Gálatas 4:4). Los intentos de satanás de destruir a Jesús cuando era un Niño por medio de la mano de Herodes,[5] provocando que Su familia huyera a Egipto (Mateo 2:13-14). Vemos la antítesis en la oposición demoniaca de satanás hacia Cristo a lo largo de todo Su ministerio (Mateo 4:1-11; 12:24-28). La vemos en la oposición de Cristo a los líderes religiosos, quienes son de su padre el diablo (Juan 8:31-44). La vemos en la crucifixión de Cristo que fue inspirada por satanás. (Juan 13:2). La vemos en el asalto a la iglesia Cristiana en el resto del Nuevo Testamento (ejem. Hechos 8:1; 11:19; 2 Corintios 12:10; 1 Tesalonicenses 2:16-17), en como satanás camina buscando a quien devorar (1 Pedro 5:8).

Jesús ve al mundo en dos campamentos. Él designó estos campamentos en antítesis como ovejas o como cabras (Mateo 25:32-33), justos e injustos (Juan 5:28-29), trigo o cizaña (Mateo 13:29-30). Él nos advierte que nuestro compromiso con Cristo nos pone en oposición con el mundo (Mateo 10:22; Juan 15:18; 17:14).

Pablo nos enseña de la antítesis, recordándonos que antes éramos extraños y enemigos de Dios en nuestras mentes: "Y

---

5. Como algo aparte, Cristo probablemente estaba entre la edad de uno o dos años (no era un recién nacido) cuando Herodes intentó destruirlo, como lo sugiere la evidencia siguiente: (1) Les debió tomar un buen tiempo a los Magos viajar desde el este (Mateo 2.1); (2) Herodes preguntó acerca del tiempo exacto de cuando ellos vieron la estrella anunciando su nacimiento (Mateo 2:7), después puso a sus hombres a buscar a un "niño" no a un "infante" (Mateo 2:8); (3) Herodes saca un decreto para matar a los niños menores de dos años (Mateo 2:16); (4) Cuando los Magos encontraron a Cristo, ellos vieron al "niño", no a un "infante" (Mateo 2:11); (5) Los Magos encontraron a Cristo en una "casa" no en un "establo" (Mateo 2:11); (6) José y María dieron en el templo el sacrificio asociado con la pobreza (Lucas 2:24; Levítico 2:8), sin embargo, después de que los Magos vinieron ellos hubieran tenido oro y otras cosas valiosas (Mateo 2:11).

aunque ustedes antes estaban alejados y eran de ánimo hostil, ocupados en malas obras" (Colosenses 1:21). Él enfatiza de manera vívida la antítesis en 2 Corintios 6:14b–15, advirtiéndonos que "No estén unidos en yugo desigual con los incrédulos, pues ¿qué asociación tienen la justicia y la iniquidad? ¿O qué comunión la luz con las tinieblas? ¿O qué armonía tiene Cristo con Belial? ¿O qué tiene en común un creyente con un incrédulo?" Finalmente, él considera al hombre o en Adán o en Cristo (1 Corintios 15:22). Por consiguiente, Santiago nos advierte que la "amistad del mundo es enemistad hacia Dios" (Santiago 4:4). Por esta razón te dirige a "no amen al mundo ni las cosas que están en el mundo. Si alguien ama al mundo, el amor del Padre no está en él" (1 Juan 2:15).

Juan divide a la humanidad en dos grupos opuestos: "En esto se reconocen los hijos de Dios y los hijos del diablo: todo aquel que no practica la justicia, no es de Dios; tampoco aquel que no ama a su hermano" (1 Juan 3:10). Él nos advierte que debido a esto el mundo nos odiará (1 Juan 3:13).

El Infierno como la Antítesis Final. La antítesis es exhibida en su forma más fuerte en la última separación de Dios en el Infierno eterno. En el Día del Juicio, llamado el "Gran Día de la Antítesis," los perdidos entraran en una existencia que se convierte total y absolutamente en una existencia sin sentido en el Infierno.[6] Los impíos entran en el Infierno definitivo en la Segunda Venida de Cristo que se da en el Día del Juicio (Mateo 25:41–46).

---

6. La doctrina del Infierno está bajo ataque hoy, aún entre los evangélicos. Esta es otra evidencia del intento de empañar la antítesis, un intento encontrado aún entre el mismo pueblo de Dios. Para una defensa del Infierno eterno, ve de Robert A. Peterson, *El Infierno en Juicio: El Caso del Infierno Eterno* (Phillipsburg, NJ: Presbyterian and Reformed, 1995).

En la Segunda Venida de Cristo la condición de los incrédulos se caracteriza por la "destrucción," debido a la ruina absoluta que les sucede al ser separados de Dios para siempre: "Cuando el Señor Jesús sea revelado desde el cielo con Sus poderosos ángeles en llama de fuego, dando castigo a los que no conocen a Dios, y a los que no obedecen al evangelio de nuestro Señor Jesús. Estos sufrirán *el castigo de eterna destrucción, excluidos de la presencia del Señor y de la gloria de Su poder*" (2 Tesalonicenses 1:7–9).

LA APOLOGÉTICA BÍBLICA Y LA ANTÍTESIS

Para ser un apologista bueno, fiel y efectivo, debes ser consciente, diligente y perspicaz.

Estar consciente de la antítesis. El registro bíblico exhibe la antítesis como algo fundamental para el funcionamiento de la redención; tu cosmovisión bíblica lo demanda como la aplicación de tu perspectiva de Dios y el pecado. "La mente puesta en la carne es *enemiga* de Dios, porque no se sujeta a la ley de Dios, pues *ni siquiera puede hacerlo*" (Romanos 8:7). Debes comprender la Biblia para poder comprender las cosmovisiones cristiana y no Cristiana.

Debido a que la Apologética Presuposicional está fundamentada bíblicamente y orientada en la cosmovisión, los aspectos bíblicos de tu cosmovisión son esenciales. El ángulo bíblico normalmente es minimizado en los sistemas apologéticos no presuposicionales, pero los escritos de la apologética presuposicional contienen muchas referencias de la Escritura. Y esto no es sólo para bautizar el enfoque con un saludo respetuoso a la Biblia. El método apologético presuposicional tiene sus raíces firmemente en la Escritura y requiere de la Biblia para poder ser encarnado. El estudio de la antítesis en la historia de la redención es crucial, no sólo para entender el mensaje de la Escritura, sino es crucial para el método en la apologética.

Ser diligente insistiendo en la antítesis. No empañes ni pases por alto la antítesis. Esta es tu herramienta apologética principal. Esta confronta al incrédulo con su terrible condición delante de Dios. Insiste en la fe Cristiana de manera particular (no simplemente como teísmo genérico y vago o una moralidad en general) cuando desafíes al incrédulo. El incrédulo debe ser llevado a darse cuenta de la fuerte diferencia entre su cosmovisión y la fe Cristiana para que se le pueda hacer ver la completa falta de significado de su propia perspectiva.

La Biblia presenta al incrédulo como *muerto,* no simplemente herido o enfermo. Hablando con convertidos Cristianos, Pablo les recuerda que: "estaban *muertos* en sus delitos y pecados" (Efesios 2:1; 2:5; Colosenses 2:13). Esta es la razón por la que la salvación muchas veces es vista como pasar de la muerte a la vida: "Aun cuando estábamos muertos en nuestros delitos, nos dio vida juntamente con Cristo (por gracia ustedes han sido salvados)" (Efesios 2:5; Juan 5:24–25; Romanos 6:4; 1 Juan 3:14). Otras imágenes hablan de tu salvación en términos de una nueva vida radical en donde has nacido de nuevo (Juan 3:3; 1 Pedro 1:3, 23) y de tu ser vuelto a crear como una nueva creatura (2 Corintios 5:17; Gálatas 6:15).

Debes darle un empujoncito al incrédulo para que comprenda que no puede explicar en su cosmovisión el ser bueno, ayudar a un extraño, tener significado y demás. Debe comprender que en resumidas cuentas, no tiene una ley que gobierne el razonamiento, ni previsibilidad en su sistema. Carece de significado, propósito y valor en los fundamentos de su cosmovisión.

El incrédulo no reconoce la antítesis fundamental, ni tampoco admite su propio prejuicio. Él profesará neutralidad, razón e inocencia. Alegará que tú simplemente estás dando un salto de fe.

Debes mostrarle su error en este razonamiento.

Se perspicaz para notar inconsistencias. Debes desafiar al incrédulo a reconocer las contradicciones inherentes en el funcionamiento de su vida, en su fundamento mismo de su cosmovisión. Los capítulos anteriores acerca de las cosmovisiones serán cruciales para que seas capaz de hacer esto.

Debes mostrarle que proclama una cosa, como el materialismo, pero que después vive en una forma que contradice el materialismo. Por ejemplo, pregúntale ¿Por qué los científicos incrédulos materialistas besan a sus esposas de despedida en la mañana? ¿Por qué el defensor del "amor libre" o de la multitud de derechos de los homosexuales censura obligaciones buenas y malas que se imponen en relaciones sexuales, pero después se queja con una indignación moral absoluta por la guerra en Iraq o por la injusta desigualdad de la riqueza en Estados Unidos o por el endeudamiento de las naciones del Tercer Mundo al Occidente? ¿Cómo pueden abogar por un punto de vista relativista en la ética sexual pero un punto de vista absolutista en la ética de la guerra?

C. S. Lewis señaló que "en el momento en que dices que un grupo de ideas morales pueden ser mejor que otro, tú estás de hecho, midiendo ambos por un estándar, diciendo que uno de ellos se ajusta más al estándar que el otro." El Dr. Gary North una vez notó una contradicción evidente y finalmente divertida en una protesta pública izquierdista. Él vio a una persona cargando un cartel de dos vistas. En un lado decía: "Abajo la pena capital." En el otro lado decía: "Arriba los derechos del aborto." Así es que, de un lado, el letrero del protestante hacía un llamado a prohibir matar a una persona (al asesino), mientras que en el otro hacía un llamado a permitir que una persona judicialmente inocente (el nonato) muriera. El Dr. North se dio cuenta que ahí había un principio unificador en la cosmovisión del protestante, una unidad que éste no se daba cuenta y que detestaría admitir. Su principio unificador era: "Condenen al inocente y liberen al culpable." Es decir, condenen a la víctima del asesino (al no ejercer justicia verdadera) y al niño nonato (al no protegerlo), pero liberen al asesino y a la madre que aborta.

Querrás mostrarle al incrédulo que hasta cierto punto él realmente quiere ver el mundo a su alrededor como tu lo ves, pero que no quiere aceptar que tus cimientos Cristianos son necesarios para ese fin. Como Van Til argumenta, el incrédulo vive de capital prestado; es decir, él sabe la verdad en lo profundo de su ser y aún secretamente la asume, pero no tiene el derecho de creerla en sus propias presuposiciones—él debe pedirla prestada de la cosmovisión Cristiana.

En un argumento filosófico contra Dios, el incrédulo debe depender de una cosmovisión que sostenga la lógica—la cual sólo la cosmovisión Cristiana puede explicar. Por lo tanto, de acuerdo con Van Til, el incrédulo es como un niño que tiene que gatear hasta el regazo de su padre para abofetearlo.

2.0 OBSERVACIONES EXEGÉTICAS

Romanos 1 contiene una percepción clave para construir y comprender la Apologética Presuposicional. En este pasaje vemos como los incrédulos se *autoengañan* al negar a Dios de tal forma, que sus logros reales contradicen el sistema de creencias que profesan. Reflexionemos brevemente en el significado de Romanos 1:18–20.

Cuando argumentes de manera presuposicional la existencia de Dios, *debes insistir en la antítesis* entre tu propia cosmovisión y la del incrédulo. Debes mostrarle que sólo en las bases de tu cosmovisión Cristiana, alguien puede darle sentido a la realidad, la lógica y la moralidad, y que el incrédulo mismo debe, por lo tanto, operar en los principios del sistema Cristiano, incluso cuando no se da cuenta.

Pablo nos enseña que el incrédulo, en realidad, "con injusticia restringen la verdad" (Romanos 1:18). Es decir, que activamente debe oprimir, restringir y resistir su conciencia interna de Dios. La palabra "suprimir" en el griego original es el participio presente activo *katechonton*. La palabra en sí misma indica un esfuerzo enérgico. El estrés del participio presente activo enfatiza una represión *constante y activa*. De hecho, el contexto declara repetidas veces que el impío está oprimiendo sin éxito esta gloriosa verdad (v. 19, 20, 21), lo que también prueba que el esfuerzo continuo está siendo puesto constantemente en marcha.

Pablo continúa, declarando que el incrédulo sabe que Dios existe en que la evidencia le llega de dos formas básicamente: "Pero lo que se conoce acerca de Dios es evidente *dentro* de ellos, pues Dios se lo hizo evidente. Porque desde la creación del mundo, Sus atributos invisibles, Su eterno poder y divinidad, se han visto con toda claridad, siendo entendidos por medio de lo creado, de manera que ellos no tienen excusa" (v. 19–20). El incrédulo conoce a Dios tanto interna como externamente.

El incrédulo conoce a Dios *internamente*, en lo profundo de su ser, porque Pablo dice que Dios es evidente "*dentro* de él" en que es la imagen de Dios (Génesis 1:26). Pablo continúa en esta línea de evidencia más adelante cuando menciona la conciencia del incrédulo dada por Dios (Romanos 2:14–15). Acerca de Romanos 1:19, Juan Calvino (1509–1564) comenta: "Y el dijo, *dentro de ellos* en lugar de *a ellos*, en aras de un mayor énfasis, porque . . . aquí parece que el tiene la intención de indicar una manifestación, por medio de la cual ellos pudieran ser instados tan estrechamente que no podrían evadir; porque cada uno de nosotros la encuentra sin lugar a dudas grabada en su propio corazón."⁷

Y el incrédulo conoce a Dios externamente por la revelación divina en la naturaleza alrededor de él, porque Pablo dice que Dios es "evidente *a* ellos." Sus "atributos invisibles... han sido vistos claramente, siendo entendidos por medio de las cosas hechas."

En todo esto debemos entender que es *Dios* quien se hace a sí mismo conocido, no el hombre quien busca a Dios (porque "no hay quien busque a Dios," Romanos 3:11): pues *Dios* lo hizo evidente a ellos" (1:19). Y Dios no falla.

Por extraño que parezca y sin importar con cuanta vehemencia los ateos puedan negarlo, Pablo insiste que ellos realmente *conocen* a Dios, pero que se rehúsan a darle honor deteniendo la verdad: "Pues aunque *conocían* a Dios, no lo honraron como a Dios ni le dieron gracias, sino que se hicieron vanos en sus razonamientos y su necio corazón fue entenebrecido" (Romanos 1:21). En verdad, como Jeremías se lamentara: "Más engañoso que todo es el corazón" (Jeremías 17:9).

Esta verdad es de vital importancia en el método presuposicional. El presuposicionalismo involucra las cosmovisiones enteras, incluyendo la metafísica y la epistemología simultáneamente. El Dr. Van Til escribe: "No puede haber una pregunta más fundamental en la epistemología que la pregunta de si los hechos pueden o no pueden ser conocidos sin referencia a Dios ... [y como consecuencia] si existe o no Dios."⁸ Por lo tanto, la existencia de Dios (un asunto metafísico) impacta directamente la habilidad del hombre de conocer (un asunto epistemológico). Esto es significativo ya que explica como el incrédulo puede

---

7. Juan Calvino, *Comentario Acerca de los Hechos de los Apóstoles* (Grand Rapids: Baker, [2003]), 69–70.
8. Cornelius Van Til, *Un Estudio de la Epistemología Cristiana* (La Fundación Cristiana Dulk 1969), 4.

lograr tanto mientras que niega a Dios: muy dentro de él, sin estar siquiera conscientemente dándose cuenta, en realidad está dependiendo del mundo como Dios lo creó y lo sostiene.

Es tu obligación como apologista Cristiano mostrarle al incrédulo que aún en su negación de Dios está en realidad presuponiéndolo. Como Van Til sucintamente lo expresa: "El anti-teísmo presupone el teísmo."[9] Los incrédulos no pueden ser veraces en su falta de fe en Dios que profesan, porque si así lo fueran y actuaran consistentemente con esa profesión, no podrían darle sentido al mundo; no tendrían ninguna razón para la razón. Por consiguiente Pablo encuentra su punto de contacto con el incrédulo, no en la neutralidad sino en la realidad. Aunque este lo niegue, el incrédulo sabe que Dios existe.

3.0 PREGUNTAS PLANTEADAS

Intenta contestar las siguientes preguntas por ti mismo antes de ver el texto o consultar la **Clave de Respuestas**.

1. ¿Cuál es el concepto de "antítesis" en la apologética?
2. ¿Dónde vemos que empieza el problema de la Antítesis en la Escritura? ¿Cuál es el versículo clave que establece el patrón para la antítesis a lo largo de la Escritura?
3. ¿Cómo establece Génesis 2 el carácter de la Caída de Adán en Génesis 3?
4. ¿Dónde vemos la antítesis final?
5. ¿Por qué es importante entender la Biblia para poder tener un desafío *filosófico* contra el incrédulo?
6. Da algunos ejemplos de evidencia de contradicción en

---

9. Van Til, *Un Estudio de la Epistemología Cristiana*, xii.

la aplicación de la cosmovisión del incrédulo en su vida cotidiana.

7. ¿Cuál es la imagen principal de pecado que la Biblia emplea de la catastrófica naturaleza del pecado?

8. ¿Qué pasaje bíblico muestra que los incrédulos conocen a Dios pero que activamente detienen ese conocimiento?

4.0 APLICACIÓN PRÁCTICA

1. Con tu Biblia, anota algunas historias adicionales que señalan la antítesis operando en la historia.

2. Usando tus notas de la primera aplicación práctica, redacta una lección para un estudio Bíblico acerca de la antítesis bíblica y enséñasela a amigos Cristianos. Invítalos a la discusión y a interactuar. Desafíalos a darse cuenta de la importancia de este concepto bíblico de estructuración.

3. Escoge un ejemplo bíblico de antítesis y búscalo en la Escritura. Lee toda la historia dentro de su contexto y explica la antítesis de una forma más completa en tus propias palabras.

4. Considera los ejemplos de contradicciones operando entre los incrédulos. Por ejemplo, el del hombre que señala que aunque un científico sea un materialista, trata a su esposa afectuosamente besándola de despedida en la mañana. Piensa en otras contradicciones comunes en las cosmovisiones incrédulas.

5. Lee Romanos 1:28–2:12 y haz un bosquejo de la argumentación de Pablo. Estudia el flujo del argumento y observa como el suprimir el conocimiento de Dios nos guía

de manera natural a la inmoralidad— cuando se sigue de manera constante.

6. Discute con algunos amigos Cristianos si creen que el ateísmo existe realmente. Es decir, pregúntales su perspectiva acerca de la realidad de una incredulidad absoluta en Dios. Ten preparado un estudio breve de Romanos 1 para que les puedas mostrar la perspectiva bíblica.

7. Ve al sitio web de Ateísmo Americano y lee de Robin Murray O'Hair "Boda al Estilo Ateo" (http://www.atheists.org/comingout/weddings/ atheistweddings.html). Saca de este artículo varias contradicciones internas.

8. Busca en la web ex ateos que se hayan convertido en Cristianos evangélicos. Lee sus testimonios, después cópialos en un archivo como referencia para el futuro.

9. Lee el artículo "Ateo se Convierte en Teísta" del famoso ateo Antony Flew que se convirtió en teísta (http://www.biola.edu/antonyflew/). Observa las deficiencias en su nueva cosmovisión.

5.0 LECTURAS RECOMENDADAS

Bahnsen, Greg, "La Apologética de Van Til: Lecturas y Análisis" (Phillipsburg, N.J.: Presbyterian and Reformed, 1998), 272–287.

Bahnsen, Greg L., "La Apologética En la Práctica": http://www.cmfnow. com/articles/PA103.htm, consultado el 5-31-13

Bumbulis, Michael, "El Cristianismo y el Nacimiento de la Ciencia": http:// www.ldolphin.org/bumbulis/, consultado el 5-31-13

Gerstner, John H., "¿Ama Dios al Pecador y Sólo Odia Su Pecado?": http://www.the-highway.com/lovesinner_Gerstner.html, consultado el 5-31-13

Grigg, Russell, "¿Qué hay En un Nombre?": http://creation.com/whats-in-a-name, consultado el 5-31-13

Jordan, G. Zeineldé, "El Nacimiento y la Muerte de un Ateo": http://www.theism.net/authors/zjordan/docs_files/birth_files/02birth.htm, consultado el 5-31-13

Rhodes, Ron, "Estrategias para Dialogar con Ateos": http://home.earthlink.net/~ronrhodes/Atheism.html, consultado el 5-31-13

Schwertley, Brian, "La Doctrina Bíblica del Infierno Examinado": http://www.graceonlinelibrary.org/eschatology/eternal-punishment/the-biblical-doctrine-of-hell-examined-by-brian-schwertley/, consultado el 5-31-13

CAPÍTULO 7

VENCIENDO EL PREJUICIO ANTI-METAFÍSICA

"Porque la ira de Dios se revela desde el cielo contra toda impiedad e injusticia de los hombres, que con injusticia restringen la verdad"
(Romanos 1:18).

HEMOS DISCUTIDO ya el argumento acerca de la antítesis separando las cosmovisiones del creyente y del no creyente, y mostrando su importancia al resaltarlo como la marcha contracorriente e implacable a lo largo de la Escritura. La Palabra de Dios traza la antítesis desde la Caída de Adán en el Jardín en el principio de la historia hasta el juicio de los reprobados en el Infierno al final de la historia. La antítesis es tan importante que Dios tuvo que enviar a Su Hijo a morir en la cruz para poder rectificarla en nuestra redención (Juan 3:16; Romanos 4:24–5:1, 10–11; 2 Corintios 5:15–21), la cual tiene efecto en nuestro nuevo nacimiento (1 Pedro 1:3), nuestra resurrección de nuestra muerte espiritual a vida espiritual (Romanos 6:3–9) y el que lleguemos a ser una nueva creación (2 Corintios 5:14–21).

Se ha establecido de manera filosófica *y* bíblica que nosotros *no* debemos asumir ninguna neutralidad en el pensamiento. El negar la neutralidad frustra al incrédulo, quien no podrá reconocer la naturaleza radical de la antítesis. Este se rehúsa a admitirla debido a su conciencia interna de Dios que lo lleva a su propia culpabilidad moral delante de su Creador. Este es el mensaje de Pablo en sus primeros dos capítulos de Romanos: Porque aunque "lo que de Dios se conoce es evidente" (Romanos 1:19), siendo "claramente visibles" (Romanos 1:20b), el incrédulo "suprime la verdad en injusticia" (Romanos 1:18). Por consiguiente, el incrédulo está expuesto delante de Dios "sin excusa" en el mundo de Dios (Romanos 1:20d; 2:1).

El incrédulo profesa la neutralidad y se declara inocente delante de Dios. Alega que el cristiano está ocupado en dar un salto de fe en su compromiso con Dios porque no hay evidencia del Dios en quien cree. Pero el pensamiento del incrédulo es *en principio* vano y fútil. Debes desafiarlo al nivel de la cosmovisión exponiendo su falta de supuestos fundamentales capaces de sostener su perspectiva de la vida. Debes entender que el pensamiento del incrédulo es vano—*en principio*. Él tiene muchos éxitos *en la práctica*, pero estos son debido a sus inconsistencias: él no podría sostener su cosmovisión en supuestos que niegan a Dios quien es el único que le puede proveer orden, propósito y significado al pensamiento y la experiencia humana. Como el Dr. Van Til lo expresó: "La ciencia no-Cristiana ha trabajado con el capital prestado del teísmo Cristiano y por esta sola razón ha sido capaz de sacar a la luz mucha verdad."[1] Es decir, el incrédulo está viviendo en la fuerza de las presuposiciones que sólo pueden ser

---

1. Cornelius Van Til, *Evidencias Cristianas Teísticas* (Phillipsburg, NJ: Presbyterian and Reformed, 1975), 64. Citado de Greg L. Bahnsen en, *La Apologética De Van Til: Lecturas y Análisis* (Phillipsburg, NJ: Presbyterian and Reformed, 1998), 377.

justificadas basándose en la cosmovisión Cristiana.

El enfoque adecuado de la apologética es por medio del análisis de la *cosmovisión*. Por consiguiente, *debes* conocer las *Escrituras*. Tus argumentos filosóficos no tienen significado ni justificación separados de la cosmovisión establecida en la Biblia. Y esta cosmovisión incluye la Biblia misma como la revelación de Dios. Richard Pratt enfatiza muy bien esta necesidad de la apologética, señalando que tu respuesta al incrédulo siempre debe ser de acuerdo a la revelación bíblica,

> Es imperativo que el defensor de la fe esté preparado y familiarizado con la Biblia. Alguien difícilmente puede abogar por la verdad si es un ignorante de la verdad. Cada aspecto de la revelación bíblica puede ser usado en la apologética y la efectividad del apologista dependerá en gran medida de su habilidad de manejar correctamente "la Palabra de verdad" (2 Timoteo 2:15). En la Palabra de Dios reside la verdad del Espíritu que convencerá al incrédulo de su necesidad del Salvador y de la suficiencia de la muerte y resurrección de Cristo para salvación.[2]

Veamos ahora a la apologética en acción y la tendencia anti-metafísica en el pensamiento contemporáneo, para que puedas saber cómo responder a este.

1.0 PREOCUPACIONES CENTRALES

Como se discutió anteriormente, las cosmovisiones involucran tres temas fundamentales: (1) metafísica (que trata con la naturaleza de la realidad), (2) epistemología (que trata con la naturaleza del conocimiento) y ética (que trata con la naturaleza de la moralidad). Pero ¿cómo puedes *establecer* inteligiblemente

---

2. Richard L. Pratt, *Todo Pensamiento Cautivo: Un Manual de Estudio para la Defensa de la Verdad Cristiana* (Phillipsburg, NJ: Presbyterian and Reformed, 1979), 87.

tu visión de la realidad, el conocimiento y la ética? Esta es una pregunta importante que debes responder para poder abordar apologéticamente al incrédulo. La apologética Bíblica aborda el *análisis de la cosmovisión*.

LA METAFÍSICA HOY

A pesar de que la metafísica es un componente medular en cualquier cosmovisión, mientras observas a tu alrededor descubrirás que mucho del mundo moderno le resta valor a la metafísica y resiste la investigación metafísica. Desde el tiempo de la Ilustración en los siglos diecisiete y dieciocho—especialmente desde el trabajo del famoso filósofo y escéptico David Hume (1711–1776)—la mente científica moderna ha desarrollado una hostilidad general hacia la metafísica. Y el apologista Cristiano debe entender esto.

El artículo sobre "metafísica" en *El Compañero de Oxford de la Filosofía*, comenta que "su naturaleza exacta (de la metafísica) ha sido cuestionada constantemente, *así como su validez y utilidad*."[3] De hecho, el siguiente artículo en este diccionario autoritativo se titula: "metafísica, oposición a," que señala que "la teoría contra la metafísica de los Positivistas Lógicos . . . argumenta que las declaraciones metafísicas eran absurdas [y] *ponían a la metafísica fuera de moda, en donde en muchos puntos de vista populares permanece.*"[4] El artículo continúa señalando que:

> La oposición a la metafísica ha venido tanto desde dentro de la filosofía como desde afuera . . . El respeto a la ciencia empírica manifestado por los Positivistas Lógicos, todavía es una característica de una gran parte de la filosofía analítica anglo-americana, creando un clima intelectual hostil a la búsqueda de la

---

3. Ted Honderich, ed., *El Compañero de Oxford de la Filosofía* (Oxford: Oxford University Press, 1995) 556. Énfasis añadido.
4. Honderich, ed., *El Compañero de Oxford de la Filosofía,* 558. Énfasis añadido.

metafísica especulativa...

Una hostilidad a la metafísica más reciente viene del postmodernismo y de los deconstruccionistas, quienes desearían proclamar que la filosofía—y por supuesto la metafísica—está muerta. Estos escritores representan la metafísica como una aberración contemporánea del intelecto occidental.[5]

En el artículo titulado "Más Allá de la Experiencia: El Pragmatismo y la Naturaleza de Dios," el Profesor Robert S. Corrington de la Universidad de Drew habla de la "tendencia común y moderna antimetafísica."[6]

El astrónomo popular y de gran influencia, Carl Sagan (1934–1996) mantuvo una tendencia fuerte antimetafísica. En una reseña de *El Mundo Encantado por Demonios: La Ciencia como una Vela en la Obscuridad* (1996), Gary McGath señaló: "El estigma de escepticismo de Sagan lo lleva a la conclusión de que no puede haber principios básicos de la realidad conocidos, más allá de los resultados de experimentos científicos—es decir, que no puede haber metafísica válida que no sea más que una conjetura."[7] Sagan lo dijo mejor en la introducción de sus series de Cosmos: "El universo es todo lo que es o que alguna vez fue o será."[8]

Esta denigración de la metafísica es importante en que "esta actitud contra la metafísica ha sido uno de los ingredientes cruciales que han moldeado la cultura y la historia por los últimos

---

5. Honderich, ed., *El Compañero de Oxford de la Filosofía*, 559.
6. Robert S. Corrington, "Más Allá de la Experiencia: El Pragmatismo y la Naturaleza de Dios," de *La Revista Americana de Teología y Filosofía* 14:2 (Mayo 1993), 147.
7. Gary McGath: http://mcgath.com/demon.html, consultado el 5-31-13
8. Carl Sagan, *Cosmos* (New York: Random House, 1980), 4. Observa su supuesto metafísico de que el futuro será como el pasado para poder declarar que el Universo es todo lo que llegará a ser.

doscientos años,"⁹ influenciando fuertemente nuestro mundo occidental. Pero tú debes estar consciente de una oposición más sutil a la metafísica que se deriva de la relación entre la metafísica y la epistemología.

Al discutir sobre los derechos de los animales, la autoridad legal, Kyle Ash considera necesario desestabilizar la metafísica (ontología) para poder deshacernos de nuestro orgullo en las especies humanas: El renunciar al especismo es esencial para la modernización de una ley internacional, que descarta el enfoque ontológico por un enfoque más científico, objetivo y consensual."[10]

METAFÍSICA Y EPISTEMOLOGÍA

En los círculos intelectuales de los incrédulos que permiten un rol limitado para la metafísica, la tendencia continúa pero de una manera diferente. Hoy, donde la metafísica es tolerada, se le asigna una posición subordinada a la epistemología. Algunos filósofos argumentan que para escoger entre las opciones disponibles de la cosmovisión debes establecer primero tu epistemología, después aplicarla a los hechos para aprender de que se trata la realidad. Es decir, que debes establecer tu teoría del conocimiento sin sobrecargarla con las consideraciones metafísicas. En este enfoque tan amplio, las cosmovisiones son adoptadas por medio de un procedimiento de dos pasos conocido como el "metodismo filosófico": (1) Estableces tú método de investigación y de comp-

---

9. Greg L. Bahnsen, *Siempre Preparados: Instrucciones para Defender la Fe*, ed. Robert R. Booth (Powder Springs, GA: American Vision, 1996), 178.

10. Kyle Ash, "Derechos Internacionales de los Animales: Especies, Especismo y Dignidad Humana Excluyente," *Revista de la Ley Animal*, Universidad Estatal de Leyes de Michigan (11) 198: http://www.animallaw.info/journals/jo_pdf/vol11_p195.pdf, consultado el 5-31-13

rensión (epistemología); (2) después utilizando la epistemología determinas tus conclusiones metafísicas. Esto parece razonable y ciertamente es un método extendido.

Esta tendencia que favorece la epistemología sobre la metafísica está influenciada fuertemente por el enamoramiento moderno con la ciencia. Las impresionantes ideas elaboradas por los descubrimientos de la ciencia moderna y los logros tecnológicos prácticos han elevado el "método científico" (una consideración epistemológica) por encima de la metafísica. Esto ha creado una tipo de mentalidad de la "Ciencia lo dijo, Yo lo creo, por lo tanto es verdad." *Los Compañeros de Oxford de la Filosofía* hacen resaltar esta tendencia entre los científicos: "Esta hostilidad (contra la metafísica) es paralela en los escritos populares de muchos científicos, quienes al parecer piensan que cualquier tema legítimo, una vez que ha sido aceptado por la metafísica, ahora pertenece exclusivamente a la provincia de la ciencia empírica."[11] La *Enciclopedia Infoplease* capta muy bien nuestra fascinación con la ciencia hoy:

> Los avances tecnológicos de la ciencia moderna, que en la mente pública normalmente son identificados como ciencia en sí, han afectado virtualmente cada aspecto de la vida... Quizás el aspecto más abrumador de la ciencia moderna no son sus logros sino la magnitud en términos de dinero, equipo, número de trabajadores, alcance de la actividad e impacto en la sociedad como un todo. Nunca antes en la historia la ciencia ha jugado tan dominante rol en tantas áreas.[12]

Encarta resume el método científico que ha elevado a la cien-

---

11. *Los Compañeros de Oxford de la Filosofía*, 559.
12. "Revoluciones en la Ciencia Moderna," *Enciclopedia Infoplease*: http://www.infoplease.com/encyclopedia/science/science-revolutions-modern-science.html, consultado el 5-31-13

cia a esta posición exaltada: "En el siglo 20, los científicos lograron avances espectaculares en los campos de la genética, la medicina, la ciencia social, la tecnología y la física . . . Cualquiera que fuera el objetivo de su trabajo, los científicos usaban los mismos pasos subyacentes para organizar su investigación: (1) Ellos hacen observaciones detalladas de objetos o procesos, ya sea que ocurran en la naturaleza o que tengan lugar durante experimentos, (2) ellos recolectan y analizan la información observada; y (3) formulan una hipótesis que explica el comportamiento del fenómeno observado."[13] Esto eleva la epistemología a una posición dominante sobre la metafísica. Considera la situación actual:

> El antagonismo a la metafísica afirma que es muy sencillo el alegato que "la razón pura" separada de la experiencia perceptora no puede por sí misma proveernos de conocimiento factual. Las declaraciones de la metafísica hablan de una realidad suprasensible que no es experimentada directamente o verificada por la ciencia natural . . . Estos antagonistas a la metafísica argumentan que toda declaración informativa o factual acerca del mundo objetivo se debe inferir empíricamente (basada en la experiencia, la observación y la percepción) y por lo tanto, el conocimiento humano no puede trascender la experiencia física particular ni la aparición de los sentidos . . . Debido a que las declaraciones metafísicas no podían ser llevadas a la prueba crítica de la experiencia de los sentidos, ellos concluyeron que no tenía sentidos.[14]

En un ambiente tal como el que tenemos hoy, el método se vuelve medular tanto para la perspectiva intelectual y la común. Por lo tanto, ya que la epistemología se ocupa del como llegamos a conocer (involucrando el método científico), recibe prioridad

---

13. "Ciencia," *Encarta*. Aunque *Encarta* existía cuando fue escrito originalmente el libro, ha sido cerrada por sus propietarios para el momento de esta publicación.
14. Bahnsen, *Siempre Preparados,* 184.

sobre la metafísica, produciendo más antagonismo moderno contra la metafísica:

> En esto consiste la ofensa de la metafísica a la mente moderna. La metafísica supone decirnos algo acerca del mundo objetivo, que no percibimos directamente en una experiencia ordinaria y que no podemos verificar a través de los métodos de la ciencia natural.[15]

> Los opositores de la metafísica (y por lo tanto, de la teología de la Biblia) ven al razonamiento metafísico en conflicto con la ciencia empírica como la única forma de adquirir conocimiento.[16]

El renombrado filósofo ateo Antony Flew expresó la antipatía de la ciencia moderna hacia la metafísica: "Se ha sostenido que la mente humana no tiene medios para descubrir los hechos fuera del ámbito de la experiencia de los sentidos."[17]

Para entender la importancia de la queja contra la metafísica, debemos recordar la definición de "cosmovisión" que discutimos anteriormente: "Una cosmovisión es una red de presuposiciones (que no son verificables mediante los procedimientos de la ciencia natural) con respecto a la realidad (metafísica), el conocimiento (epistemología) y la conducta (ética) en términos de lo cual cada elemento de la experiencia humana es relacionada e in-

---

15. Bahnsen, *Siempre Preparados*, 182.
16. Bahnsen, *Siempre Preparados*, 184.
17. Antony Flew, "Metafísica," en *Un Diccionario de Filosofía*, 2da. ed. (New York: St. Martin's, 1984), 229. Citado en Bahnsen, Siempre Preparados, 191. Interesantemente, a finales del 2004 Flew declaró que el ya no era ateo: "Un profesor de filosofía británico, quien fuera un líder campeón del ateísmo por más de medio siglo ha cambiado su manera de pensar. Ahora, él cree en Dios más o menos basado en evidencia científica y habla de esto en un video publicado el jueves." (http://www.sciencefindsgod.com/famous-atheist-now-believes-in-god.htm, consultado el 5-31-13). Sin embargo, su punto de vista es contrario al Cristianismo, siendo más deísta.

terpretada." Observa que una cosmovisión involucra presuposiciones "que no son verificables mediante los procedimientos de la ciencia natural." Este es un tabú en nuestro mundo obsesionado con la ciencia.

NUESTRA RESPUESTA CRISTIANA

Con el fin de poder fortalecer tu habilidad de defender la fe, debes tomar como tarea esta tendencia antimetafísica. Pero ¿qué deberías pensar de este antagonismo a la metafísica? y ¿cómo puedes responder a esta objeción común, generada del notable éxito del mundo científico naturalista? De hecho, nosotros podemos exigir una respuesta contundente contra las críticas de la metafísica. Considera los siguientes siete problemas con la posición metafísica:

1. **El Método Epistemológico no es neutral.** Aunque la multitud en contra de la metafísica afirma estar preocupada con la neutralidad debido al énfasis elevado que se le da a la epistemología, recordarás que la neutralidad en el pensamiento humano es imposible. Existe evidencia de sobra a ese respecto y aquí nos enfocaremos un poco más en ese asunto mientras consideramos la cuestión del *método* en el razonamiento.

El Dr. Van Til argumenta que "la pregunta del método no es algo neutral. Nuestra presuposición de Dios como un Ser absoluto y consciente de sí mismo, quien es la fuente de todo ser finito y del conocimiento, hace que sea imperativo que hagamos una distinción entre el método Cristiano teísta de todos los demás métodos no Cristianos."[18] Cada método de razonamiento, cada sistema de pensamiento presupone ya sea la verdad o la falsedad

---

18. Cornelius Van Til, *Una Introducción a la Teología Sistemática* (Phillipsburg, NJ: Presbyterian and Reformed, 1974), 9. Citado de Bahnsen, *La Apologética de Van Til*, 62.

del teísmo Cristiano. Todas las cosmovisiones son, en su fundamento, una de las dos opciones fundamentales: Cristiana o no Cristiana, creyente o incrédula. Necesitas comprender esto como apologista Cristiano y el no Cristiano necesita que se le haga estar consciente de esto mientras lo desafías. El Dr. Van Til explica la situación que existe desde la perspectiva del sistema Cristiano:

> Existen dos metodologías mutuamente excluyentes. La del hombre natural que asume la ultimidad de la mente humana. Sobre estas bases el hombre, haciéndose a sí mismo el punto de referencia final, virtualmente reduce toda la realidad a un nivel y niega el consejo de Dios como determinante en lo posible y lo imposible. En lugar de asumir el plan de Dios, asume una noción abstracta de posibilidad o probabilidad, del ser y la racionalidad...
>
> Por otra parte existe la posición Cristiana. Cuando es expresada de manera consistente, postula la existencia de Dios en sí mismo y Su plan, así como la autonomía y el autoconocimiento, como la presuposición de toda existencia creada y del conocimiento. En ese caso, todos los hechos demuestran y por lo tanto, prueban la existencia de Dios y Su plan. En ese caso también, todo el conocimiento humano debe estar conscientemente subordinado a ese plan.[19]

Expliquemos lo que Van Til quiere decir. Para llegar a su punto, debes recordar el registro de la tentación y la caída en el Edén (otra vez, ¡debemos ir a la Escritura!). Dios de manera soberana y sin ambigüedad ordenó que Adán y Eva *no* comieran del Árbol del Conocimiento del Bien y del Mal. Pero satanás desafió la orden directa de Dios y le dijo a Eva que ella podía tomar esa decisión. Eva tomó sobre sí misma el peso de las dos opciones delante de ella: "¿Debo seguir a satanás que no ve nada malo en esto? O ¿debo seguir a Dios quien simplemente declaró que esta-

---

19. Cornelius Van Til, *Una Introducción a la Teología Sistemática*, 19. Citado de Bahnsen, *La Apologética de Van Til*, 63.

ba mal sin ninguna razón que lo justifique?"

Este es el mismo método que el incrédulo escoge: Este afirma por sí mismo *el derecho a determinar el método correcto*. Y lo hace así sin referencia a Dios. O, como lo pone Van Til, el "hombre natural" asume "la ultimidad de la mente humana." Su *método* para operar en el mundo de una forma que "reduce toda realidad a un nivel y niega el consejo de Dios como determinante de lo posible y lo imposible." Van Til era famoso por ilustrar la visión Cristiana como un enorme círculo (representando a Dios) y un círculo más pequeño (representando el Universo). El método del incrédulo no se inclina a la autoridad absoluta del Creador sino que declara toda la autoridad para razonar en sus propios términos sin referencia a Dios.

La posición Cristiana, sin embargo, sostiene que lo fundamental para toda realidad es Dios como soberano, personal y que existe en sí mismo, quien creó y providencialmente sostiene el Universo por Su plan haciendo de este modo posible el conocimiento.

> Existen sólo dos perspectivas fundamentales: la Cristiana y la no Cristiana. "Todo método, el supuestamente neutral no menos que cualquier otro, presupone ya sea la verdad o la falsedad del teísmo Cristiano." Alguien tiene "la mente de Cristo" (1 Corintios 2:16) o es un "enemigo en su mente" (Colosenses 1:21) . . . Alguien inicia su pensamiento en el Dios trino quien se ha revelado a sí mismo como el único, quien creó y controla de manera providencial todas las cosas y quien por gracia salva a Su pueblo por medio de la obra redentora de su Hijo encarnado aplicada por el Espíritu Santo—o alguien no inicia su pensamiento con esta presuposición. Un terreno intermedio queda excluido. Como base, sólo hay dos opciones. Claro está que, existen muchas variaciones y "disputas familiares" dentro de estas dos posiciones fundamentales . . . Aquellos cuyo punto de partida no es la cosmovisión Cristiana revelada en la Es-

critura, mientras que comparten esta actitud con otros, difieren unos de otros en otros puntos . . . Las posiciones incrédulas son simplemente series de ilustraciones de la misma posición subyacente que rechaza el Cristianismo como su presuposición . . . "El que no está a favor Mío, está contra Mí." (Mateo 12:30).[20]

El que el incrédulo descarte a nuestro Dios soberano no es otra cosa sino ser neutral.

2. La Metafísica es necesaria para la epistemología. Aquí debes recordar un tema recurrente: Las cosmovisiones son *sistemas* de presuposiciones *entrelazadas*. Como sistemas incluyen la metafísica *y* la epistemología *y* la ética, todas vinculadas entre sí en un sistema de apoyo mutuo. Las cosmovisiones no son construcciones de un solo tema o de un solo hecho. Por consiguiente no puedes desechar la metafísica por la epistemología.

Como Van Til señala acertadamente, "Nuestra teoría del conocimiento es lo que es debido a que nuestra teoría del ser es lo que es . . . No podemos preguntar *como* sabemos sin preguntar al mismo tiempo *que* sabemos."[21] ¿Cómo puede estar la epistemología divorciada de la metafísica, en los estudios de metafísica "en cuestiones tales o temas como la naturaleza de la existencia, el tipo de cosas que existen, las clases de cosas existentes, los límites de la posibilidad, los esquemas finales de las cosas, la realidad contra la apariencia y el marco conceptual integral utilizado para que el mundo tenga sentido como un todo"[22]? Estos asuntos impactan *necesariamente* a la epistemología.

Tu teoría del conocimiento es tan sólo *un* aspecto de tu cos-

---

20. Bahnsen, *La Apologética de Van Til,* 277, 278.
21. Cornelius Van Til, *La Defensa de la Fe* (Philadelphia: Presbyterian and Reformed, 1955), 126.
22. Bahnsen, *Siempre Preparados,* 181.

movisión *completa*, una característica de tu perspectiva interpretativa de toda la experiencia y pensamiento humano. No puedes entrecortarla de su composición entrelazada en tu cosmovisión y dejarla sostenerse por sí misma. No tendría en donde establecerse, estaría suspendida en el aire. Esta ligada de manera necesaria e inevitablemente con tu teoría de la realidad y tu teoría de la ética: Tener una forma de saber (epistemología) requiere de ciertos supuestos acerca de la naturaleza de la realidad (metafísica). ¿Cómo puede el conocimiento operar separado del mundo real tal y como existe? Es imposible para este que sea de otra manera. Nuestra teoría del conocimiento es adoptada como una que concuerda con nuestra visión de la realidad para que podamos distinguir lo verdadero de lo falso. Según Van Til, "Es notorio que tan íntimamente están interrelacionadas la teoría del ser de alguien y su teoría del método."[23]

"Nosotros no podríamos pensar o darle sentido a nada sin alguna visión coherente de la naturaleza general y la estructura de la realidad"[24] porque "las convicciones de alguien acerca de la metafísica (la naturaleza de la realidad) influenciarán su posición en la epistemología (el método correcto para conocer las cosas), incluso su epistemología influenciará sus creencias metafísicas. La metafísica y epistemología de una persona estarán coordinadas entre sí, constituyendo una visión específica del mundo y la vida en contraste con otras visiones del mundo y la vida (cada una con sus propias visiones interdependientes de la realidad y el método del conocimiento)."[25]

---

23. Van Til, *Teología Sistemática*, 18. Citado de Bahnsen, La Apologética de VanTil, 63.
24. Bahnsen, *Siempre Preparados*, 179.
25. Bahnsen, *La Apologética de Van Til*, 63 nota 55. A pesar de que este no es nuestro enfoque en este punto, deberías observar nuestra teoría del conocimiento como de carácter obligatorio (ética) en la que se le con-

Así que, vemos que la *epistemología necesariamente presupone la metafísica*. Recuerda el método epistemológico de la ciencia: "Sin importar el objetivo de su trabajo, los científicos usan los mismos pasos subyacentes para organizar su investigación: (1) Ellos hacen observaciones detalladas acerca de objetos o procesos, ya sea que ocurran en la naturaleza o tengan lugar durante experimentos; (2) ellos recolectan y analizan la información observada; y (3) ellos formulan una hipótesis que explica el comportamiento del fenómeno observado."[26] Observa cuidadosamente que el método científico involucra "observación de objetos" y "el comportamiento del fenómeno observado." Estos son temas metafísicos.

Entonces claramente, el método de conocimiento depende de la naturaleza de la realidad (una característica de la realidad es su pregunta acerca de Dios). Interesantemente, la Biblia misma abre con una afirmación metafísica: "En el principio Dios." Es ingenuo pensar que puedes escoger una epistemología mientras permaneces neutral a la metafísica.

Este punto es ilustrado mediante la elaboración de un ejemplo agrícola. Digamos que tienes un huerto de manzanas y que debes separar las manzanas buenas, bonitas y de buen tamaño de las manzanas malas, deficientes y mal desarrolladas antes de que sean embarcadas para su venta. Necesitarás un mecanismo que clasifique las manzanas buenas y las malas en contenedores separados. Tú quieres soltar manzanas en este mecanismo y dejarlo que las distribuya en el contenedor correcto de manzanas buenas o malas. La clasificación ilustra tu epistemología, tu método de

---

sidera que coincide con la realidad y se convierte en el camino correcto del conocimiento. Por lo tanto, la ética también está involucrada en nuestra cosmovisión.

26. "Ciencia," *Encarta*. Aunque *Encarta* existía cuando fue escrito originalmente el libro, ha sido cerrada por sus propietarios para el momento de esta publicación.

conocimiento; las manzanas ilustran tu metafísica, tu realidad.

Sin embargo, tú no puedes idear este tipo de máquina clasificadora si no *conoces de antemano* que es una manzana y cuál es la diferencia entre una manzana buena y una manzana mala. De la misma forma, si no conoces algo del universo para comenzar, no puedes idear un método de separación de la verdad y el error (manzanas buenas y manzanas malas) Todo mundo empieza con una *cosmovisión integrada* involucrando la metafísica y la epistemología. La tendencia antimetafísica contemporánea no es razonable.

3. Los argumentos contra la metafísica no son críticos. Ya sea que aquellos que se oponen a la metafísica, les guste o no, ya sea que piense en ella o no, las cosas existen y se relacionan de alguna manera—*y estas son realidades metafísicas*. Desechar la metafísica es una forma altamente ingenua de pensar. En esto consiste la ironía de todo esto: *El incrédulo que descarta la metafísica lo hace en base a su propio programa de metafísica escondido*. Esta operando en supuestos naturalistas y materialistas que considera ser los determinadores finales de la realidad. El incrédulo se da un tiro en su propio pie cuando ataca la metafísica, ya que toda su cosmovisión se basa en las consideraciones metafísicas. "¡Lo que es deslumbrantemente obvio, entonces, es que el incrédulo descansa y apela a la posición metafísica para poder probar que no puede haber una posición metafísica conocida que sea verdad!"[27] Y esto no es una simple respuesta Cristiana, hecha sin pensar sobre el asunto. *Los Compañeros de Oxford de la Filosofía* advierten sobre este problema:

> La oposición a la metafísica ha venido tanto de dentro de la filosofía como de fuera de esta... Esta hostilidad es paralela a los escritos populares de muchos científicos, quienes piensan que cualquier

---

27. Bahnsen, *Siempre Preparados,* 190.

tema legítimo una vez que ha sido aceptado por la metafísica le pertenece ahora exclusivamente a la provincia de la ciencia empírica—temas tales como la naturaleza del espacio y el tiempo, y el problema de la mente-cuerpo. *Estos escritores muchas veces están felizmente desapercibidos de los supuestos metafísicos no críticos que están impregnando sus trabajos y la ingenuidad filosófica de muchos de sus argumentos.* Pero es irónico, que la condescendencia mostrada por muchos filósofos en las últimas teorías científicas no sea correspondida por los científicos que las divulgan, que no ocultan su desprecio por la filosofía en general, así como de la metafísica en particular.[28]

4. Las presuposiciones metafísicas son necesarias para el razonamiento. Nuestra discusión previa sobre las presuposiciones explicaba su necesidad en el pensamiento y la experiencia humana. Quizás vemos las presuposiciones metafóricamente como un "fundamento" o un "marco". Es decir, podemos decir que son tanto "fundamentos" como un "marco" para las cosmovisiones. Ambos dan una base segura a la experiencia humana y proveen de un marco guía para el razonamiento humano en el mundo.

Las presuposiciones son necesarias para el razonamiento. Todo sistema de pensamiento tiene un punto de partida, un estándar de autoridad por medio del cual la verdad y el error son evaluados, lo real y lo irreal son reconocidos y lo posible y lo imposible son determinados. Debes desafiar los supuestos básicos de una persona, aquellos que sostienen su cosmovisión, para descubrir su compromiso final. Debes presionar al incrédulo a proveerte su estándar de evaluación de su perspectiva. Cuando te lo provea, debes desafiarlo presionándolo: "¿Cómo sabes que *eso* es el estándar correcto?" El que responde tiene una de cuatro op-

---

28. *Los Compañeros de Oxford de la Filosofía*, 559. Énfasis mío.

PRESIONANDO LA ANTITESIS

ciones disponibles: (1) Puede admitir que su estándar de evaluación en su cosmovisión no tiene una justificación (rindiendo así, su posición arbitraria e irracional); (2) Puede argumentar que su estándar está establecido por algún estándar fuera de él (admitiendo así, que un estándar nuevo se convierte en más fundamental, destruyendo, de este modo, su estándar "fundamental" determinado anteriormente); (3) Puede mantenerse buscando un estándar más fundamental, quedando atrapado en una **regresión infinita**.[29] (4) Puede señalar una verdad fundamental, con un estándar auto verificable que explica todo lo demás, en este caso, este estándar fundamental está más allá donde no se puede hacer una apelación, como en la cosmovisión Cristiana que señala a Dios (Hebreos 6:13).

A los sistemas incrédulos se les debe presionar para mostrar que estos deben tener una autoridad final sobre la cual descansar si es que van a evaluar cualquier cosa de manera objetiva e inteligible. La Evaluación requiere de un estándar. Cuando *cualquier* sistema le da de vueltas a verificar su autoridad *final*, tendrá que *presuponer* esa autoridad. Expliquemos como sucede esto.

Todos nosotros empezamos con alguna forma de autoridad. El incrédulo empieza, con su propia autoridad, a sopesar, evaluar y determinar opciones. El cristiano empieza con la autoridad del Creador. Cuando una autoridad epistémica es desafiada, esta debe de forma racional, explicar esto de alguna manera. Debido a que no podemos finalizar un argumento desde una regresión infinita, debemos detenernos en alguna autoridad auto-validada

---

29. **La Regresión infinita** es un procedimiento de discusión que sucede cuando se desafía una explicación sugerida o un supuesto estándar. El desafío provoca que la discusión señale, **más atrás**, a un compromiso más básico que sostenga la explicación. Entonces, ese compromiso es desafiado, señalando a un compromiso aún más básico, y a otro y a otro indefinidamente.

y autocertificada. El incrédulo no tiene ninguna.

El sistema Cristiano tiene una autoridad auto-certificada. Tu epistemología esta basada en la presuposición que interpreta todo del Creador que se revela a sí mismo, que se sostiene a sí mismo, eterno, infinito y personal, quien creó todos los hechos y las leyes. Por la naturaleza misma del caso, Dios es el punto de referencia final y sólo Él es auto-validable. ¿Cómo puede el Dios de la Escritura, absoluto y creador de todo, apelar a alguna autoridad mayor que la Suya? Recuerda que la Escritura reconoce este fenómeno cuando declara en Hebreos: "Pues cuando Dios hizo la promesa a Abraham, no pudiendo jurar por uno mayor, juró por Él mismo" (Hebreos 6:13).

Por definición, Dios debe ser la autoridad absoluta. Él no necesita "consejo que lo guíe (Isaías 40:13; Romanos 11:34–35; 1 Corintios 2:16; Job 35:11; 41:11). De hecho, Pablo declara: "Sea hallado Dios veraz, aunque todo hombre sea hallado mentiroso" (Romanos 3:4). Más adelante demostraremos cómo utilizar este argumento de la cosmovisión presuposicional de una manera efectiva.

Vemos esta autoridad auto-certificada en varios lugares en la Escritura. En Mateo 7:29 la gente estaba maravillada cuando Jesús enseñó "como quien tiene autoridad y no como los escribas." Los escribas apelaban a rabinos renombrados para validar sus enseñanzas: "Ustedes han oído que se dijo a los antepasados" (Mateo 5:21, 33). Pero la autoridad de Jesús estaba auto certificada. El declara que Su palabra es como una roca que provee de estabilidad absoluta para la vida de alguien (Mateo 7:24–27). De hecho, Él enseña que Su palabra será el estándar de juicio para todo hombre en el Juicio Final (Juan 12:48).

La autoridad del creyente, entonces, descansa en el fundamento eterno del Dios Todopoderoso hablando de Su auto revelación objetiva al hombre (la Biblia). Esta provee un fundamento seguro para la razón y la experiencia. La autoridad del incrédulo es subjetiva dependiendo de su propia auto-afirmación. Esto lleva al subjetivismo que destruye la razón.

Antes de pasar a nuestra siguiente respuesta en contra de la tendencia antimetafísica, debes estar consciente de una respuesta posible que el incrédulo podría presentar contra ti. Él se quejará de que te estás involucrando en un **razonamiento circular**[30] o en la falacia lógica e informal de **petición de principio.**[31] Es decir, ya que afirmamos que Dios es auto-verificable, estamos asumiendo a Dios para poder probar a Dios. Sin embargo, debemos señalar en respuesta a esta objeción:

Nosotros no nos estamos involucrando en una súplica especial a favor de la cosmovisión Cristiana. Simplemente estamos preguntando cuál es el sistema que hace la experiencia humana inteligible. Por el bien de la discusión, vamos a concederle al incrédulo su sistema sin importar cual sea el fundamento que adopta, para poder ver si este puede justificar sus afirmaciones sobre la verdad. Pero después él nos concederá la nuestra (por el bien de la discusión) para ver si puede justificar nuestras afirmaciones sobre la verdad. Por la naturaleza misma de nuestro Dios como existente en sí mismo y Creador eterno, nuestra cosmovisión auto-justifica su punto de partida. (Nosotros explicaremos más adelante este procedimiento de dos pasos de la crítica de la cosmovisión.)

---

30. **El Razonamiento Circular** (técnicamente conocido por la frase en latín *circulus in probando*) ocurre cuando uno asume algo para poder probar esa misma cosa. El razonamiento circular es a menudo muy sutil y difícil de detectar.

31. **La Petición del Principio** (técnicamente conocida por la frase en latín *petitio principii*) es una forma de falacia de razonamiento en donde tu premisa incluye la afirmación de que tu conclusión es verdad, es decir, tu argumento asume el punto mismo a ser probado.

Todos los sistemas deben finalmente involucrar alguna circularidad en el razonamiento. Por ejemplo, cuando discutes la legitimidad de las leyes de la lógica, debes emplear las leyes de la lógica. ¿De qué otra forma puedes justificar las leyes de la lógica? Este es un tema **transcendental**,[32] un tema que se encuentra fuera del ámbito, temporal y cambiante, de la experiencia de los sentidos. Las leyes de la lógica no cambian: son universales, invariantes y principios abstractos.

En la cosmovisión Cristiana, sin embargo, el apologista Cristiano no está involucrado en un argumento circular *vicioso*, un argumento circular *en el mismo plano*. Apelamos por encima y más allá del ámbito temporal. La autorevelación de Dios en la naturaleza y en la Escritura nos informa del universo de dos niveles: Dios no es un hecho como los otros hechos en el mundo. Él es el Creador y quien establece todo lo demás. Su misma existencia hace posible el universo, la razón y la experiencia humana.

La "Circularidad" en un sistema filosófico sólo es otro nombre para la "consistencia" en la perspectiva a lo largo del sistema de alguien. Es decir, el punto de partida de alguien y la conclusión final son coherentes entre sí."[33] Aquí lo tenemos explicado de manera más completa:

---

32. **El Razonamiento Trascendental** "busca descubrir cuáles son las condiciones generales que deben ser completadas por cualquier instancia particular de conocimiento para que sea posible; este ha sido medular en las filosofías de pensadores tales como Aristóteles y Kant, y se ha convertido en un asunto de indagación en la filosofía contemporánea mentalmente analítica. Van Til se pregunta que punto de vista del hombre, mente, verdad, lenguaje y mundo está presupuesto necesariamente por nuestra concepción del conocimiento y nuestros métodos de perseguirlo. Para él, la respuesta trascendental es suplida en el primer paso del razonamiento del hombre—no por especulación filosófica autónoma, sino por la revelación trascendental de Dios." (Bahnsen, *La Apologética de Van Til*, 5–6, nota 10).
33. Bahnsen, *La Apologética de Van Til*, 170, nota 42.

La "circularidad" de un argumento transcendental no es para nada lo mismo que la falacia de "circularidad" de un argumento en el cual la conclusión es una reformulación (de una u otra manera) de una de sus premisas. Más bien, es la circularidad involucrada en una teoría coherente (donde todas las partes son consistentes con o se asumen unas a otras) y que se requiere cuando alguien razona acerca de una precondición del razonamiento, sus "círculos" son destructores del pensamiento humano—por ejem., esfuerzos "viciosos" y fútiles.[34]

El incrédulo no tiene un estándar defendible desde donde pueda juzgar la posición Cristiana. Su argumento termina en una regresión infinita (que la hace imposible de probar), no tiene justificación (rindiendo así, su subjetividad) o se involucra en una circularidad injustificable al mismo plano (provocando que sea una falacia). Sin un estándar auto-verificable, no tiene una salida epistemológica. Y sólo la cosmovisión Cristiana tiene este estándar auto-verificable.

5. Los argumentos contra la metafísica están equivocados. En el libro *Siempre Preparados*, se establece que los argumentos en contra de la metafísica finalmente se reducen a dos quejas: (1) El que se opone a la metafísica no permitirá que interfiera en el ámbito de la experiencia de los sentidos, nada que se encuentre fuera de este ámbito y (2) El que se opone a la metafísica no permitirá ningún recurso de conocimiento acerca de la realidad que no sea empírico (no observable, sin la experiencia de los sentidos).[35] Nos enfocaremos en la primera objeción en este punto, el otro en el punto 6 más abajo.

En primer lugar, esto contradice el método científico en sí mismo. Recuerda las implicaciones de las características pre-

---

34. Bahnsen, *La Apologética de Van Til*, 518, nota 122.
35. Bahnsen, *Siempre Preparados,* 185.

suposicionales (y no materiales) de la cosmovisión (ver Capítulo 4). Estas características son absolutamente esenciales para la ciencia aunque no puedan ser mostradas bajo un microscopio, diseccionadas en el laboratorio, medidas por un calibre o demostradas por los métodos científicos de investigación: por ejem. la realidad de un mundo externo objetivo en contraste con un mundo de ilusión (el cual permite para la investigación científica objetiva, la confiabilidad de la memoria que es tan necesaria en la experimentación científica), la continuidad de la identidad personal con el paso del tiempo (para que la experiencia de los científicos de realidades pasadas pueda ser relacionada al presente y esperada en el futuro), la realidad de la causa-efecto de las relaciones (la esencia misma de la predictibilidad experimental) y así sucesivamente. Recuerda, la metafísica "estudia tales cuestiones o temas como la naturaleza de la existencia, el tipo de cosas que existen, las clases de cosas existentes, *los límites de la posibilidad, el esquema último de las cosas, la realidad contra la apariencia* y el *marco conceptual comprensivo utilizado para que tenga sentido el mundo como un todo.*"[36]

En segundo lugar, los científicos lidian constantemente con las realidades que no se ven, tales como las partículas subatómicas, gravedad, magnetismo, radiación, presión barométrica, elasticidad, radioactividad, leyes naturales, nombres, números, eventos pasados, categorías, contingencias futuras, leyes de pensamiento, identidad individual con el paso del tiempo, casualidad y así sucesivamente. Por ejemplo, toda la teoría de la evolución que controla la investigación científica moderna es una proyección teórica no sensorial de tiempo atrás que es sostenida por muchos como un hecho indisputable. A pesar de que ningún científico estuvo ahí para atestiguarla. Ellos no han visto ningún otro Universo

---

36. Bahnsen, *Siempre Preparados*, 181. Énfasis añadido.

creado ni ningún tipo de vida evolucionar en otro tipo de vida diferente.

Tal proyección teorética como la demanda la teoría de la evolución, depende de presuposiciones metafísicas de la realidad (pero, claro esta, nosotros creemos que los evolucionistas están *equivocados* en sus conjeturas metafísicas). Por ejemplo, la Academia Nacional de Ciencias publicó una guía autorizada para los maestros de ciencias de escuelas públicas titulado *Enseñando Acerca de la Evolución y de la Naturaleza de la Ciencia*. Esa guía definió la ciencia como "una forma en particular de ver el mundo. En la ciencia, las explicaciones se limitan a aquellas que se pueden deducir de los datos (experimental) que pueden ser sostenidas por otros científicos," señalando que "algo que se puede observar o medir es susceptible a investigación científica. Las explicaciones que no se pueden basar en evidencia científica no son parte de la ciencia."[37] A pesar de que, algunos de nuestros grandes descubrimiento del Siglo Veinte fueron en los mundos atómicos y subatómicos, que no se pueden ver y dependen de principios metafísicos que no se ven.

En tercer lugar, la queja contra la metafísica es irrelevante a la metafísica bíblica. La metafísica Cristiana no es un esfuerzo arbitrario tanteando en la obscuridad, que salta a ciegas de la experiencia de los sentidos al mundo supra sensorial.[38] La metafísica Cristiana es revelada por Dios, siendo sacada de la revelación divina objetiva y puesta por escrito del Creador de la Biblia. Por

---

37. *Enseñando Acerca de la Evolución y de la Naturaleza de la Ciencia*. (Washington, D.C.: National Academy Press, 1998), capítulo 3 disponible en línea: http://www.nap.edu/openbook.php?record_id=5787, consultado el 5-31-13

38. El punzante (e increíble) ingenio de Ambrose Bierce en su *Diccionario del Diablo* capta esta tendencia antimetafísica cuando define la "religión": "Religión, f. Una hija de Esperanza y Miedo, explicando a Ignorancia la naturaleza de lo Desconocido."

lo tanto, cualquier argumento contra la metafísica está establecido en presuposiciones ateas que niegan la existencia de Dios. Tal supuesto no probado, le cierra la puerta al conocimiento supra sensorial tomado de la propia revelación de Dios de sí mismo en la Escritura, que es el punto mismo del tema en nuestro debate con el incrédulo. Por lo tanto, el incrédulo está simplemente afirmando en voz alta su incredulidad en Dios como su supuesto fundamental.

Así, la cosmovisión creyente opera en la presuposición de la revelación infalible del Creador. El conocimiento de las realidades metafísicas básicas no provocan ningún problema dentro de la cosmovisión Cristiana porque el Creador omnipotente, omnisciente, personal y eterno, quien gobierna todas las cosas, las ha declarado soberanamente—realidades metafísicas tales como la existencia de Dios, Su gobierno por medio de un plan racional y el revelarnos las bases de nuestro medio ambiente metafísico.[39]

6. Las afirmaciones contra la metafísica son destructivas. Cuando te encuentras con la afirmación de que todo el conocimiento se debe inferir de nuestros sentidos, le deberías señalar a quien objeta en contra de la metafísica que:

En primer lugar, las afirmaciones metafísicas son contradictorias en sí mismas. ¿Cómo podemos saber que "todo el conocimiento se debe inferir de nuestros sentidos"? Esta afirmación no se encuentra en el mundo objetivo de la experiencia de los sentidos. ¿Alguna vez lo has sentido en el mundo real? Es una construcción mental no material. Esta clase de argumentos que se refutan a sí mismos ilustran la declaración de Pablo de que "se hicieron vanos en sus razonamientos" (Romanos 1:21).

En segundo lugar, la afirmación contra la metafísica es presuposicional en su naturaleza. La afirmación no permite ningu-

---

39. Bahnsen, *Siempre Preparados,* 189.

na verificación empírica ya que abarca la totalidad de la realidad, porque afirma que "*todo* el conocimiento se debe inferir de nuestros sentidos" (a pesar de que ningún hombre puede comprender toda la realidad) y que es *necesario* que así sea ya que requiere que "todo el conocimiento se *deba* inferir de nuestros sentidos" (por lo tanto no es una verdad que depende de circunstancias cambiantes del mundo de la experiencia de los sentidos de la ciencia). En el análisis final, esta afirmación es dogmática más que una conclusión empírica.

En tercer lugar, la afirmación contra la metafísica destruye la posibilidad misma de la ciencia. Como lo explicaremos con más detalle más adelante, la ciencia depende absolutamente de la uniformidad de la naturaleza (para que los experimentos bajo condiciones controladas puedan producir resultados predecibles en cualquier lugar) y la garantía de que el futuro será igual que el pasado (para que los experimentos puedan predecir los resultados futuros). Estas dos afirmaciones *metafísicas* les permiten a los científicos generalizar y proyectar. Como consecuencia, cualquier queja contra la metafísica minimiza a la ciencia misma.

En cuarto lugar, la afirmación contra la metafísica destruye la razón. El aprendizaje empírico y el razonamiento serían imposibles sin estos y otros supuestos metafísicos. Como notamos anteriormente, la epistemología depende de la metafísica. El evaluar argumentos requiere que empleemos proposiciones, relaciones lógicas y así sucesivamente. Y estas no se descubren por medio de los sentidos, aunque sean necesarias para la razón en sí.[40]

7. La tendencia antimetafísica es anticristiana. Como Cristiano reconoces instintivamente que por la naturaleza misma de la posición contra la metafísica, la cosmovisión Cristiana

---

40. Bahnsen, *Siempre Preparados,* 188.

es *excluida* desde el principio. El Cristianismo se construye sobe el Creador Trino del Universo que es supra sensible, invisible, eterno y autónomo (Colosenses 1:15; 1 Timoteo 1:17). Aquellos que se oponen a la investigación metafísica están establecidos necesariamente en contra de la cosmovisión Cristiana.

Obviamente el cristiano no puede adoptar la tendencia antimetafísica para sí mismo y continuar siendo cristiano, ni tampoco el científico que profesa su fe en Cristo. Más adelante mostraremos como te *puedes* parar en los supuestos incrédulos y adoptar una cosmovisión contra la metafísica *por el bien de la discusión para poder demostrar su imposibilidad.*

8. La tendencia antimetafísica está motivado pecaminosamente. En el análisis final y debido a *tu* cosmovisión, debes comprender que acechan do debajo de esa actitud contra la metafísica está una rebelión pecaminosa contra Dios. Las ideas espirituales dentro de este rechazo de la metafísica (y por lo tanto de la posibilidad misma de Dios) revelan que: "El hombre construirá, como estaba antes, un techo sobre sus cabezas con la esperanza de mantener afuera cualquier revelación angustiosa de un Dios trascendente. La perspectiva contra la metafísica de la edad moderna funciona como un techo ideológico protector para los incrédulos."[41]

Hemos notado en nuestra introducción a esta lección que esto es precisamente lo que Pablo enseña en Romanos 1: Los incrédulos "que con injusticia *restringen* la verdad" (Romanos 1:18b) de modo que se "envanecen en sus razonamientos" (Romanos 1:21b). Aunque el hombre está creado a la imagen de Dios para conocer y servir al Señor, activamente detiene la verdad para protegerse a sí mismo de la subsiguiente culpa delante de su hacedor y Juez, así como Adán intentó esconder su desnudez y es-

---

41. Bahnsen, *Siempre Preparados,* 188.

conderse a sí mismo de Dios cuando pecó contra Él (Génesis 3:7, 10; Job 31:33).

La oposición a la metafísica frecuentemente está asociada con el sentimiento anti religioso. Por ejemplo, considera la siguiente persona secular y su visión:

> Chauncey Wright [1830–1875] fue un filósofo de la ciencia estadounidense durante la segunda mitad del siglo diecinueve y un defensor temprano del Darwinismo en los Estados Unidos. Algunas veces es citado como un fundador del pragmatismo, él es mejor recordado como un pensador filosófico incisivo y original en la tradición del empirismo Británico. Debido a su empirismo y espíritu positivo, ejerció una gran influencia en un momento crucial de la vida cultural estadounidense—en los 1860s y 70s, cuando la influencia de la piedad religiosa y el Transcendentalismo estaba disminuyendo. Wright fue un crítico incansable de la metafísica y de la teología natural la cual creía que la metafísica servía.[42]

Aún los filósofos incrédulos sospechaban de motivaciones impropias en el rechazo absoluto de la metafísica. El filósofo W. H. Walsh escribió: "Se debe permitir que la reacción en contra (de la metafísica) ha sido... de hecho, tan violenta como para sugerir que los temas involucrados en la controversia deban ser algo más que académicos."[43]

CONCLUSIÓN

La tendencia moderna en contra de la metafísica es de esperarse, debido a tu cosmovisión Cristiana. La doctrina del pecado anticipa esto; la revelación expresada de Dios lo afirma. Debes

---

42. "Chauncey Wright," *La Enciclopedia Standford de Filosofía* (http://plato.stanford.edu/entries/wright/, consultado el 5-31-13)

43. W. H. Walsh, *Metafísica* (New York: Harcourt, Brace and World, 1963), 12. Citado en *Siempre Preparados*, 182.

estar preparado para responder a la perspectiva antimetafísica, mostrando su carácter autodestructivo. Este libro te está equipando para tal esfuerzo.

2.0 OBSERVACIONES EXEGÉTICAS

El problema que estamos enfrentando en esta etapa es la tendencia moderna en contra de la metafísica. En nuestro último punto analizando la tendencia, notamos que finalmente esta actitud es un esfuerzo pecaminoso de escapar del juicio de Dios. En Salmos 139 vemos un retrato poético del intento de David de escapar del ojo que todo lo ve de Dios. Si esto caracteriza al creyente (por ejem. David) en su relación con Dios, ¿cuánto más no retrata la motivación más fuerte del incrédulo de evitar rendir cuentas delante de Dios? Un estudio rápido de Salmos 139 resalta el asunto para nosotros.

La realidad metafísica del único Dios Verdadero conocido por el hombre tanto en una revelación general como en una especial, confronta al hombre de todos los tiempos y en todo lugar (Salmos 19:1, 4). El hombre conoce que el ojo del Dios creador de todo y omnipresente que ve todo y evalúa todo, siempre lo está viendo (Romanos 1:19–21). David poéticamente considera varias formas de escapar del análisis penetrante de Dios, todas las cuales son inútiles ya que Dios es su Creador y lo conoce perfectamente.

David empieza con una declaración acerca de la omnisciencia de Dios. Admite que "tú me has escudriñado y conocido" (Salmos 139:1), El tiempo del verbo "has examinado" en Hebreo realmente expresa un examinar *continuo*. La palabra en Hebreo literalmente significa "cavar," como en cavar por oro (Job 28:3) pero aquí es usada metafóricamente para expresar una contemplación moral profunda y una evaluación por medio de una investigación completa. Este es el mismo Dios de quien otro salmista pregunta: "¿No se habría dado cuenta Dios de esto? Pues Él conoce los secretos del corazón" (Salmos 44:21; Job 13:9; Jeremías 12:3; 17:10; Hechos 15:8; 1 Juan 3:20). El resultado de tal análisis penetrante es que Dios lo conoce completamente.

El Salmista ilustra esto desde diferentes ángulos, cada uno de los cuales reflejan la omnisciencia de Dios. Aunque el Señor creó el enorme universo completo (Génesis 1:1; Éxodo 20:11), aunque Él llama a todas las innumerables estrellas por su nombre (Isaías 40:26), Él conoce aún esa insignificante acción en la vida de un hombre: "Tú conoces mi sentarme y mi levantarme" (Salmos 139:2a; 2 Reyes 19:27). Es decir, que cada vez que David descansa y cada vez que está en movimiento, Dios lo conoce completamente bien. Dios lo conoce en cada circunstancia de la experiencia humana. Esto es como lo que esperaríamos en nuestra metafísica presuposicional en donde Dios es el fundamento necesario para la experiencia humana.

Es más, "desde lejos comprendes mis pensamientos" (v. 2b; Salmos 94:11). Esto no significa simplemente que Dios conoce cada pensamiento sucesivo que David tiene, sino que conoce todo acerca de cada pensamiento: su origen, motivación, carácter moral y tendencia. Dios conoce absolutamente *todo* acerca de cada pensamiento de David. Aun cuando los hombres sólo pueden conocer cosas de ti cuando están cerca de ti, al escucharte hablar o ver como actúas, Dios conoce tus pensamientos más íntimos "de lejos." Esto es notable en que "¿No está Dios en lo alto de los cielos? Mira también las más lejanas estrellas, ¡cuán altas están!" (Job 22:12).

David regresa al conocimiento completo de Dios de su movimiento en la tierra: "tú escudriñas mi senda y mi descanso, y conoces bien todos mis caminos" (Salmos 139:3; Job 31:4;

28:24; 34:21; Proverbios 5:21). Una vez más, Dios conoce cuando David está en movimiento (en el "andar") y en descanso ("en reposo"). El conoce tanto las situaciones activas como las pasivas de la vida porque para Él "todos mis caminos le son conocidos."

Él regresa una vez más al conocimiento de Dios de sus pensamientos más profundos: "Aun antes de que haya palabra en mi boca, Oh Señor, Tú ya la sabes toda" (Salmos 139:4). Como se señaló en el versículo 2, Dios conoce sus pensamientos, así que sabe que palabra está por salir de la boca en cada momento.

Ahora David cambia de la omnisciencia de Dios a Su omnipresencia: "Por detrás y por delante me has cercado, y Tu mano pusiste sobre mí" (Salmos 139:5; 34:7; 125:2). Dios lo rodea por todos lados, enfrente y por detrás. La idea de Dios rodeándolo desde *arriba* está insinuada en el hecho de que la mano de Dios está "*sobre*" mí.

Con toda esta conciencia de la omnisciencia y omnipresencia de Dios, David está abrumado: "Tal conocimiento es demasiado maravilloso para mí; alto es, no lo puedo comprender" (Salmos 139:6). Esto significa que su entendimiento del conocimiento de Dios es más allá de su comprensión. Como una creatura, el conoce que no puede obtener tal conocimiento el mismo. Él está reconociendo la distinción de Creador/creatura tan esencial para la cosmovisión del creyente: existen dos niveles de la realidad, Dios y todo lo demás. Como tal, el conocimiento de Dios está más allá de obtenerse para la creatura. La creatura finita no puede comprender completamente el conocimiento del creador eterno e infinito (Job 11:7-8; Isaías 55:9; Romanos 11:33).

¿Qué tiene que hacer, entonces, la creatura? Él sabe que es un pecador, pero no hay nada que pueda hacer, porque no puede escapar del Dios que todo lo ve y que está presente en todos lados:

"¿Adónde me iré de Tu Espíritu, o adónde huiré de Tu presencia? Si subo a los cielos, allí estás Tú; Si en el Seol preparo mi lecho, allí Tú estás" (Salmos 139:7–8; 1 Reyes 8:27; 2 Crónicas 2:6; Jeremías 23:24). Esto nos presenta un *deseo* de escapar del juicio y nos recuerda la declaración de Dios a través de su profeta Amós donde advierte a las naciones pecadoras que no pueden esconderse de Dios: "Aunque caven hasta el Seol, de allí los tomará Mi mano; y aunque suban al cielo, de allí los haré bajar" (Amós 9:2–4; Job 26:6; Proverbios 15:11).

El no puede escapar huyendo del lugar en donde el sol amanece o donde se pone sobre el mar, porque Dios está también ahí: "Si tomo las alas del alba, y si habito en lo más remoto del mar, Aun allí me guiará Tu mano, y me tomará Tu diestra" (Salmos 139:9–10). Ni las tinieblas esconden a David de Dios, porque para Dios las tinieblas son tan brillantes como el día: todo es fácilmente visible para Él: "Si digo: Ciertamente las tinieblas me envolverán, y la luz a mi alrededor será noche; ni aun las tinieblas son oscuras para Ti, y la noche brilla como el día. Las tinieblas y la luz son iguales para ti" (Salmos 139:11–12; Job 22:13).

Dios no sólo conoce todo porque Él es omnisciente y omnipresente, sino porque Él también creó a David. Dios formó sus "entrañas" y "lo hizo" en el vientre de su "madre" (Salmos 139:13); Él estructuró el esqueleto de David "lo formó" (139:15; Job 10:8–10; Eclesiastés 11:5) aún creándolo como un embrión ("sustancia sin forma") (139:16). Esto concuerda bien con el hecho de que el hombre tiene una conciencia interna de Dios (Romanos 1:19a); en que Dios lo creó íntimamente de adentro para afuera. David pensó incluso poéticamente que tal vez podría correr y regresar al vientre de su madre, esperando esconderse ahí de Dios. Pero Dios estuvo involucrado en la formación misma de su cuerpo y espíritu allí adentro.

Como un creyente verdadero, David debe finalmente darle alabanza a Dios por todo esto: "Te daré gracias, porque asombrosa y maravillosamente he sido hecho; maravillosas son Tus obras, y mi alma lo sabe muy bien" (Salmos 139:14). La realidad metafísica de Dios es tal que controla todos los días de la vida de David—aún desde antes de que naciera: "Tus ojos vieron mi embrión, y en Tu libro se escribieron todos los días que me fueron dados, cuando no existía ni uno solo de ellos" (Salmos 139:16).

En el análisis final, el creyente verdadero se da cuenta de la gloria y de la necesidad del ser todopoderoso de Dios, porque este le da significado y valor a su vida y experiencia completa: "¡Cuán preciosos también son para mí, oh Dios, tus pensamientos! ¡Cuán inmensa es la suma de ellos! Si los contara, serían más que la arena; al despertar aún estoy contigo" (Salmos 139:17-18; 40:5). Aunque el creyente pueda estar "nervioso" de que Dios lo examine, sabe que es por su bien ético: "Escudríñame, oh Dios, y conoce mi corazón; pruébame y conoce mis inquietudes. Y ve si hay en mí camino malo, y guíame en el camino eterno" (v. 23-24).

En lugar de que el incrédulo en realidad tenga **autonomía**[44] (sea una ley para sí mismo), él es completamente conocido y gobernado por Dios. El creyente finalmente encuentra consuelo en esto; el incrédulo detiene la verdad porque, también, sabe de la evaluación ética de Dios. El incrédulo busca huir de esto, ya que no tiene un Redentor que le proteja de la ira de Dios: "Porque la ira de Dios se revela desde el cielo contra toda impiedad e injusticia de los hombres, que con injusticia restringen la verdad" (Romanos 1:18).

---

44. **Autonomía** se deriva de dos palabras griegas: *auto* ("propio") y *nomos* ("ley"). Significa efectivamente "ley propia," o "norma propia." La autonomía humana afirma que el razonamiento humano es el criterio último del conocimiento.

3.0 PREGUNTAS PLANTEADAS

Intenta contestar las siguientes preguntas por ti mismo antes de ver el texto o consultar la **Clave de Respuestas.**

1. ¿Cuál es la predisposición de la mente moderna hacia la metafísica?

2. ¿Cuándo empezó esto?

3. Entre los que toleran la metafísica, ¿Cuál consideran más básica, la metafísica o la epistemología? ¿Por qué?

4. Declara cinco de las ocho respuestas que se dan en contra de la tendencia antimetafísica hoy.

5. Explica por qué la epistemología no es neutral. ¿Cuáles son las dos metodologías básicas de la epistemología disponibles para el hombre?

6. ¿Cómo es que el registro de Adán y Eva nos ayuda a ver que la epistemología no es neutral?

4.0 APLICACIÓN PRÁCTICA

1. Estudia detenidamente las cartas al editor y a las editoriales en tu periódico local y recorta aquellas que evidencien una tendencia antimetafísica. Léelas durante el estudio Bíblico Cristiano y dirige una discusión acerca de la mentalidad antimetafísica escondida en nuestros patrones de pensamiento hoy.

2. Ve en línea o consulta un libro de texto de ciencia y lee aproximadamente las primeras diez páginas del material. Anota las evidencias de tendencias antimetafísica. Analiza las declaraciones ofensivas en sus contextos para ver si puedes discernir la naturaleza "no crítica" de la evidencia

ahí presentada.

3. Discute con un amigo Cristiano si es o no pecaminoso hacer a un lado la cuestión metafísica.

4. Lee y discute con un amigo no Cristiano el artículo acerca del problema de la enseñanza "Diseño Inteligente" en las escuelas públicas. Discute las implicaciones metafísicas de este debate contemporáneo (www.csmonitor.com/2004/1123/p11s02-legn.html).

5. Busca en el internet y haz una recopilación de una lista de sitios de apologética Cristiana que discutan el asunto de la metafísica y la ciencia. Guarda estos sitios en un archivo para investigaciones futuras.

6. Escribe un ensayo, para una clase de ciencias en la Universidad, acerca de la necesidad de la metafísica en la ciencia.

7. Lee y estudia el Salmo 139, utilizando el pequeño estudio de arriba. Lee una Biblia de estudio de donde puedas sacar algunas de las implicaciones apologéticas de este pasaje.

5.0 LECTURAS RECOMENDADAS

Alston, William P., "¿Qué es el Naturalismo para que lo Tomemos en Cuenta?": http://www.leaderu.com/aip/docs/alston-naturalism.html, consultado el 5-31-13

"¿Son los Evolucionistas los de la Mente Cerrada?": http://www.answersingenesis.org/articles/1998/04/03/evolutionists-closed-minds, consultado el 5-31-13

Bahnsen, Greg L. *Siempre Preparados*, capítulo 31.

"¿Cómo puedes Creer en la Creación Cuando No Existe Dios?": http://www. answersingenesis.org/articles/cm/v9/n4/atheists, consultado el 5-31-13

Jones, Doug, "La Vanidad del Pensamiento No Cristiano": http://www. reformed.org/master/index.html?mainframe=/apologetics/martin-jones/jones_martin1.html, consultado el 5-31-13

Sarfarti, Jonathan, "Si Dios Creó el Universo, entonces ¿Quién Creó a Dios?": http://creation.com/if-god-created-the-universe-then-who-created-god, consultado el 5-31-13

Scott, Ian, "Filosofías de la Ciencia AntiDios": http://www.answersingenesis.org/articles/cm/v3/n4/anti-god-philosophies, consultado el 5-31-13

"Doing a Report on Creation vs. Evolution": http://www.answersingenesis. org/cec/creation-evolution-report, consultado el 5-31-13

Unfred, David, "La Evolución como Filosofía": http://www.answersingenesis.org/articles/cm/v4/n3/evolution-as-philosophy, consultado el 5-31-13

CAPÍTULO 8

ACERCAMIENTO AL INCRÉDULO

"No respondas al necio de acuerdo con su necedad,
  para que no seas tú también como él.
Responde al necio según su necedad se merece,
  para que no sea sabio ante sus propios ojos"
(Proverbios 26:4–5).

FINALMENTE ESTÁS LISTO para aprender específicamente *como* abordar la apologética con un incrédulo. Todo el trabajo preliminar que se ha puesto hasta este punto, ahora debe tener más sentido filosófico para comprender tu cosmovisión Cristiana. También debe de haber empezado a tener sentido de forma *práctica* para presentar tu desafío apologético con el no Cristiano.

En nuestra última lección, señalamos que como cristiano estás parado contra los fríos vientos del impersonalismo, que soplan sobre nuestro paisaje cultural hoy. Debido al gran éxito de la ciencia moderna y de los logros tecnológicos, la civilización occidental ha tendido a minimizar las cuestiones metafísicas. En lugar de eso, nuestra mentalidad está más inclinada a un método científico empírico con orientación sensorial. Debes reconocer este prejuicio del hombre moderno porque necesitas responder a ella.

Has estado aprendiendo mucho acerca de cosmovisiones. Ahora, ves que para justificar el razonamiento lógico y validar la experiencia humana, tendrás que operar a propósito de una cosmovisión completa—incluyendo no sólo la epistemología (el cómo conocemos), sino la metafísica (cuál es la naturaleza de la realidad) y la ética (cómo debemos comportarnos). A pesar de la ingenuidad moderna, no puedes tener una epistemología sin la metafísica, ya que tu teoría del conocimiento debe ser compatible con tu teoría de la realidad. Esta será la ruina del incrédulo, como veremos.

En este capítulo estamos listos para bosquejar el procedimiento general para defender la fe. Aunque los estudios previos pueden haber despertado una preocupación inquietante de que la apologética es demasiado filosófica y sofisticada, aprenderás que en realidad es bastante simple. Y la apologética es especialmente sencilla cuando se emplea el método Presuposicional ya que no necesitas aprenderte cada hecho de la experiencia humana "por si acaso." Tampoco puede el incrédulo eludir el asunto al declarar: "Estamos trabajando en eso." El método Presuposicional trata con los temas que deben existir *previos* a los hechos, para que los hechos puedan ser conocidos y utilizados. Por lo tanto, tendrás las herramientas apologéticas para responder a todas las formas de objeciones de la gente en todo momento. Van Til expresa este carácter extraordinario del método apologético:

> Cuando abordamos una pregunta de esta forma, debemos estar dispuestos a empezar desde donde sea y con cualquier hecho que interesa la persona con la que nos encontremos. La convicción misma de que no existe un solo hecho que pueda ser realmente

conocido a menos que sea interpretado teísticamente (es decir en referencia a Dios) nos da esta libertad de empezar en cualquier lugar como un punto de partida... Podemos empezar con cualquier hecho y desafiar a "nuestros amigos el enemigo," a darnos una interpretación inteligible de el.[1]

Todos los hechos hablan de la existencia de Dios, Hechos 14:17 declara que Dios "Sin embargo, no dejó de dar testimonio de Él mismo."

¿No deberías esperar esto, ya que Pedro te ordena a que "Santifiquen a Cristo como Señor en sus corazones, *estando siempre preparados* para presentar defensa ante *todo* el que les demande razón de la esperanza que hay en ustedes. Pero háganlo con mansedumbre y reverencia" (1 Pedro 3:15)? Considera esto en una explicación más profunda:

> A pesar de la variedad de críticas y de muchas formas en las que se expresan, existe un grupo básico y común de circunstancias y principios que están incorporados en todos y cada uno de los encuentros apologéticos... No obstante, debido a la revelación inescapable de Dios todo incrédulo conoce a Dios y de este modo (contrario a sus principios adoptados) se conoce a sí mismo y al mundo en alguna medida; conociendo a Dios todos los hombres, entonces, están sin una apologética para su rebelión contra Su verdad. Todo el ámbito creado constantemente revela al Dios vivo y verdadero, proveyendo así, un abundante terreno común entre el creyente y el incrédulo. Debido a que este último, siempre es la imagen de Dios y debido a que él posee la verdad de Dios (aunque la detenga), el apologista siempre tiene un punto de contacto con él... La posibilidad misma del conocimiento fuera de la revelación de Dios (presentada como salvación en Cristo) debe ser socavada.[2]

---

1. Cornelius Van Til, *Un Estudio de la Epistemología Cristiana* (Phillipsburg, NJ: Presbyterian and Reformed, 1969), 205.
2. Bahnsen, *Siempre Preparados*, 104, 105

En el último capítulo aprendiste que por lo general el incrédulo intenta evitar las consideraciones metafísicas. También aprendiste que su sistema no puede justificar los supuestos fundamentales para el razonamiento lógico y la experiencia humana. Viste que por la naturaleza de la situación, las presuposiciones de la cosmovisión deben ser verificadas por una autoridad final, si es que van a llevar cualquier peso y van a ser algo más que una afirmación subjetiva. Desafortunadamente para el incrédulo, él no tiene una autoridad auto verificable. Aquí es donde el método deja indefensa la cosmovisión del incrédulo subjetiva e irracional.

Pero ahora surge la pregunta: ¿Cómo puedo llegar al incrédulo en una situación así? Si las cosmovisiones son autónomas y auto certificadas, ¿cómo puedo razonar con el incrédulo en su cosmovisión autónoma? ¿Somos el incrédulo y yo un callejón donde sólo nos podemos llamar uno al otro "herejes" y después irnos a casa?

Rudyard Kipling escribió una vez acerca de los problemas de la cosmovisión haciendo una distinción entre el mundo Islámico y el mundo Cristiano: "Oh, el Este es el Este, y el Oeste es el Oeste, y los dos nunca se van a encontrar" (*La Balada del Este y el Oeste,* 1889). ¿Será que este tipo de problema caracteriza la confrontación entre el creyente y el incrédulo? ¿Estaba en lo correcto el famoso apologista de la Reforma teólogo y estadista, Abraham Kuyper (1837–1920), cuando declaró el conflicto de la cosmovisión con el incrédulo?: "Será imposible establecer la diferencia de las ideas. No hay polémica entre estos dos tipos de ciencia... que pueda servir para algún propósito. Esta es la razón del porqué la apologética siempre ha fallado en obtener resultados"[3]

No estamos abandonados en un punto muerto que no se

---

3. Abraham Kuyper, *Los Principios de la Teología Sagrada,* trans. J. Hendrik De Vries (Grand Rapids, MI: Eerdmans, [1898] 1968), 160.

puede resolver. La Apologética Presuposicional es una "apologética con fuerza nuclear."[4] Y cuando las armas nucleares explotan, tú no te alejas murmurando y quejándote. El mundo del incrédulo es impactado catastróficamente, por lo menos.

1.0 OBSERVACIONES EXEGÉTICAS

Romperemos con nuestro orden acostumbrado de abordar el tema y *empezaremos* con las "Observaciones Exegéticas," ya que esta parte del capítulo presenta específicamente el fundamento bíblico al procedimiento de la apologética. Después regresaremos a las "Preocupaciones Centrales," las cuales dilucidan y aplican el método bíblicamente garantizado.

En Proverbios 26:4–5 descubrimos que es lo que se vuelve un bosquejo de procedimiento eficaz para la apologética bíblica. La primera vez que leas este pasaje, te puede parecer contradictorio y confuso. Pero una vez que lo analices detenidamente, discernirás un método de procedimiento hermoso. Aunque sabemos que Salomón no estaba enseñando un curso de apologética, no obstante, es verdad que el establece principios sabios por medio de la máxima proverbial, muchos de los cuáles son útiles en la apologética.[5]

La directriz de Salomón dice de la siguiente manera: "No respondas al necio de acuerdo con su necedad, para que no seas tú también como él. Responde al necio según su nece-

---

4. Un útil estudio en apologética es la conferencia número diez de Bahnsen "Argumentos Trascendentales: La Apologética con Fuerza Nuclear." Está disponible en la Fundación Covenant Media (Set # ASV7).
5. Bahnsen muchas veces lamentaba que los Cristianos apologistas no usaran más seguido Proverbios. Como lo mencionamos en una lección anterior, Eclesiastés confronta poderosamente la cosmovisión del incrédulo demostrando la gloriosa superioridad de la perspectiva de Dios en la vida contra el punto de vista de la vida abordado sólo "bajo el cielo" o "bajo el sol." Un comentario útil a este respecto es el de H. C. Leupold, *La Exposición de Eclesiastés* (Grand Rapids: Baker, 1966).

dad se merece, para que no sea sabio ante sus propios ojos" (Proverbios 26:4–5).[6] ¿Qué cosa está diciendo? Y ¿cómo puede esto ayudar a la apologética?

RECONOCIENDO AL NECIO

Antes de empezar a desempacar su significado específico aquí, debemos primero entender lo que significa ser "necio." Ya que estamos tratando con cosmovisiones como sistemas, debemos esperar tener que voltear a la Escritura (el fundamento epistemológico de nuestra cosmovisión) para determinar la verdadera naturaleza del necio. En la Biblia un necio, no es necesariamente alguien que tiene una deficiencia mental, ignorante de mente estrecha. No es alguien a quien podríamos llamar peyorativamente un "tonto"[7] De hecho, muchas veces es una persona brillante y respetable delante de los ojos del mundo (Romanos 1:22; 1 Corintios 1:20, 26, 27; 3:18–19).

Para efectos de la apologética, un necio es alguien que hace lo que "es recto a sus propios ojos" (Proverbios 12:15; Jueces 17:6)—mucho como Adán y Eva cuando evaluaron la orden de Dios y la descartaron bajo su propia autoridad. Así que el necio, es alguien que "confía en su corazón" (Proverbios 28:26; Jeremías 9:23), mientras que el sabio es el que escucha un llamado difer-

---

6. Aquí nos apartamos del uso de nuestra Nueva Versión Americana, ya que de alguna manera es deficiente. La Nueva Versión Internacional traduce este asunto bien, así como las traducciones de la versión King James, la Nueva Versión King James y la Nueva Versión Estándar Revisada.

7. Sin embargo, la palabra tonto se deriva de la palabra en griego *idiots* que a sí mismo se basa en idios. Esto es más apropiado para comprender la noción bíblica de un necio ya que *idios* significa "uno propio, privado." Entonces, etimológicamente podríamos decir que un necio hace las cosas como un "idiota": las hace a su propia manera sin ninguna referencia a una ley externa a sí mismo.

ente: "Confía en el Señor con todo tu corazón, y no te apoyes en tu propio entendimiento" (Proverbios 3:5; 22:19; Salmos 37:5).

Un necio es alguien que rechaza a Dios, el recurso final de sabiduría y de verdad: "El necio ha dicho en su corazón, No hay Dios" (Salmos 14:1; 53:1). Es un necio porque "el temor del Señor es el principio de la sabiduría" (Proverbios 1:7; 2:4–6) y de la "sabiduría" (Proverbios 9:10; Job 28:28; Salmos 111:10; Proverbios 15:33). En lugar de construir su vida sobre el cimiento seguro y firme de Dios y Su palabra, el necio construye su casa sobre la arena (Mateo 7:26) porque él "no conocen el camino del Señor" (Jeremías 5:4; Efesios 5:17). Al rechazar a Dios, el incrédulo necesariamente se "hicieron vanos en sus razonamientos" (Romanos 1:21) y termina adorando y sirviendo a la creación antes que al Creador (Romanos 1:22–23, 25). La teoría científica de la evolución ve al universo como su propio creador y por lo tanto, como la fuente de todo lo demás. Con este poder creativo autosustentable, el universo se convierte efectivamente en dios.

El físico reconocido mundialmente, Stephen Hawking escribe en su modelo cosmológico que "no habría ninguna singularidad en la que las leyes de la ciencia se rompieran y ningún borde espacio-temporal en el que alguien tuviera que apelar a Dios o a una nueva ley para establecer las condiciones de límites espacio-temporales... El universo sería completamente autónomo y no sería afectado por nada externo a él. No sería ni creado ni destruido. Simplemente sería... entonces, ¿Qué lugar queda para un creador?"[8]

La Apologética Presuposicional muestra la necedad del incrédulo. Como te puedes dar cuenta ahora, los incrédulos detienen activamente la verdad de Dios aunque saben de Él en

---

8. Stephen Hawking, *Una Breve Historia del Tiempo* (New York: Bantam, 1988), 136, 41.

lo profundo de sus corazones (Romanos 1:18–20). Y como has empezado a notar, ellos tienen que vivir en contra de la realidad, negando a Dios, quién por sí sólo provee las precondiciones de la inteligibilidad necesaria para el razonamiento y la experiencia humana. Las lecciones restantes abordarán este problema trayendo gran alivio. El incrédulo es muy literal "sin una apologética," de acuerdo a Pablo en Romanos 1:20. En el griego la frase "no tiene excusa" es: *einai autous anapologetous*. Puedes ver que la palabra "apologética" en el griego es *anapologetous*, que se deriva de *a* ("no") y *apologeomai* ("defender").

Ahora bien, ¿qué es lo que Salomón quería decir en Proverbios 26? ¿Por qué nos lleva por un lado a *no* "responder al necio de acuerdo a su necedad" (v. 4), mientras que por el otro lado, nos insta a "responder al necio como merece su necedad" (v. 5)? Esto parece contradictorio. Pero no lo es y esto precisamente bosqueja el procedimiento de dos pasos de la Apologética Presuposicional: Del lado positivo, debes presentar la verdad y del lado negativo, debes advertir de la necedad. Tienes que estar consciente de que: A pesar de que la apologética bíblica implica estos dos pasos, tú *no* tienes que usarlos *en este orden*. La situación apologética puede requerir que inviertas el orden. Sin embargo, *ambos* pasos son necesarios, aunque no en un orden en particular.

PRESENTANDO LA VERDAD

En Proverbios 26:4, Salomón instruye al sabio a *no* responder al necio de acuerdo a su necedad. Él te está advirtiendo que no razones con un necio *en sus propios términos*. Aplicando esto a la iniciativa apologética, podemos decir que no debes razonar con el incrédulo de acuerdo a los supuestos de *su* cosmovisión. Es decir, debes evitar el principio de neutralidad como un intento vano de encontrarte con el incrédulo en un territorio supuestamente neutral, aceptando su cosmovisión y sus procedimientos como válidos. Tú no debes rendir los supuestos fundamentales de tu cosmovisión Cristiana y tratar de construir un puente apologético en los cimientos o en las herramientas de la incredulidad.

Jesús provee una parábola que corrobora el procedimiento de dos pasos de Salomón e ilustra la diferencia entre un hombre sabio y uno necio. La parábola del Señor confirma la sabiduría de construir nuestra vida y ponerla sobre la sólida roca de la Palabra de Dios, en la cosmovisión bíblica:

> Por tanto, cualquiera que oye estas palabras Mías y las pone en práctica, será semejante a un hombre sabio que edificó su casa sobre la roca; y cayó la lluvia, vinieron los torrentes, soplaron los vientos y azotaron aquella casa; pero no se cayó, porque había sido fundada sobre la roca (Mateo 7:24–25).

Debes construir tu apologética sobre la revelación de Dios. El incrédulo debe ver la necesidad, coherencia, integridad y belleza de la Palabra de Dios como el único fundamento para interpretar la realidad y establecer el conocimiento.

Como Cristiano debes amar la Palabra de Dios, como una creatura racional debes reconocer la necesidad de la Palabra de Dios, como un apologista debes admitirle al incrédulo tu compromiso con la Palabra de Dios. Tú no quieres esconder tu compromiso con la Biblia, no estás jugando juegos con el incrédulo. Su destino eterno está en la línea y tu fidelidad está expuesta. Debes ser "aprobado, como obrero que no tiene de qué avergonzarse, que maneja con precisión la palabra de verdad" (2 Timoteo 2:15).

Recuerda que *las cosmovisiones están en colisión*. Las cosmovisiones son sistemas de creencias complejos y unidos. Toda la cosmovisión del incrédulo debe ser desafiada por medio de la integridad de la cosmovisión Cristiana completa como está revelada en la Escritura—con su metafísica y su epistemología intacta. Debes poner delante de él el desafío intelectual completo de la cosmovisión Cristiana holística. No debes adoptar porciones y procedimientos de *su* cosmovisión y permitirle que piense que sus supuestos acerca del mundo son válidos. Porque si lo haces, Salomón te advierte que, "serás como él" (Proverbios 26:4b).

ADVIRTIENDO DE LA NECEDAD

Pero en Proverbios 26:5, Salomón se voltea e inmediatamente recomienda que *si* le "respondas al necio de acuerdo a su necedad" ¿Por qué haría eso? ¿Qué está pasando aquí?

Aquí el está instruyéndote a que te pares temporalmente en las presuposiciones del incrédulo, no como un asunto de neutralidad ni de compromiso, no como endosando los procedimientos de su cosmovisión. Más bien, lo hace para que le puedas mostrar al necio la vanidad de intentar explicar el mundo y la vida desde su propia perspectiva. Debes hacerle saber que tú estás tomando su posición *sólo momentáneamente,* sólo "por el bien de la discusión."

En este paso le mostrarás al incrédulo que en *sus* propias presuposiciones autónomas no puede justificar la realidad, el conocimiento, la lógica, moralidad, el valor, significado, propósito—ni nada. Quieres mostrarle el *resultado* de su cosmovisión *cuando sus principios se llevan completamente a cabo.* De esta manera, Salomón permite que puedas "responder al necio de acuerdo a su necedad"—*para que* el necio vea el error de ser "sabio ante sus propios ojos" (Proverbios 26:5b). Si adoptas los procedimientos del incrédulo como tu apologética actual, él supondrá que tiene la posición correcta. Mientras que sí tú sólo adoptas teóricamente sus presuposiciones para poder demostrar su error, entonces tú estás siendo fiel al modelo bíblico de la apologética.

Una vez más, la parábola de Jesús de los dos constructores ayuda a ilustrar el valor de la metodología de dos pasos de la apologética personificada en Proverbios 26:4–5. En el primer paso, donde se te anima a *evitar* responder al necio de acuerdo con *su necedad*, ves un paralelismo con el hombre sabio quien construyó su casa en la roca. En el segundo paso, puedes *temporalmente* adoptar, por el bien de la discusión, el error del necio quien rechaza la Palabra de Dios. Debes mostrarles que ellos terminarán construyendo su cosmovisión en la arena:

> Todo el que oye estas palabras Mías y no las pone en práctica, será semejante a un hombre insensato que edificó su casa sobre la arena; y cayó la lluvia, vinieron los torrentes, soplaron los vientos y azotaron aquella casa; y cayó, y grande fue su destrucción (Mateo 7:26–27).

2.0 PREOCUPACIONES CENTRALES

La preocupación central en este capítulo es el *procedimiento* o la metodología. Es importante que tu sigas el *patrón* bíblico para la apologética como se ilustra en Proverbios 26. Ahora debes considerar *como* emplear el sencillo método de dos pasos para poder abordar una apologética *práctica*.

Como creyente deberías seguir un procedimiento de doble vía: (1) Del lado positivo, debes mantenerte firme en tus propias presuposiciones para presentar la verdad que afirma el Cristianismo con el incrédulo. Debes responder desde adentro de tu propia cosmovisión, rehusándote a aceptar los supuestos y el método del incrédulo. (2) De lado negativo, debes temporalmente adoptar las presuposiciones del incrédulo para hacer una crítica interna de su cosmovisión para poderle mostrar su inutilidad. Debes mostrarle al incrédulo a donde llevan sus presuposiciones: a una inutilidad epistemológica.

Habiendo analizado con cuidado las cosmovisiones y sus presuposiciones, debes darte cuenta ahora del carácter audaz de la afirmación Cristiana que se debe hacer al incrédulo. La afirmación es: *El Cristianismo es la única cosmovisión racional a tener.* ¡Sí, oíste bien! Tú fe santa es la única posición defendible racionalmente que una persona puede adoptar. Debes tener esto claro en tu mente cuando confrontes al incrédulo.

Para poner esto de otra forma: No debes argumentar que el Cristianismo es la *mejor* cosmovisión. Esto sugiere que otras filosofías de la vida compiten por tener algún mérito racional y pueden incluso, ser casi tan buenas. Esto adopta el método de satanás de sugerir que el hombre debe evaluar y escoger las cosmovisiones basado en sus propios supuestos depravados. El Dr. Van Til comenta a este respecto: "Toda esta posición teísta Cristiana debe ser presentada no como algo sólo un poco o un mucho mejor que otras posiciones, sino que debe ser presentada como el único sistema de pensamiento que no destruye la experiencia humana como a algo sin sentido . . . Cualquier otro tipo de defensa reduce la unicidad del Cristianismo inmediatamente. La pregunta es una del tipo de "esto o nada.""[9]

Teniendo en cuenta todo lo que se ha presentada hasta el momento, debes comprender que la perspectiva Cristiana es la única cosmovisión razonable. Esta es la única cosmovisión que hace entendible la experiencia humana y cuyos principios no aniquilan el entendimiento humano. En los principios propios del incrédulo "un hombre autónomo nunca puede dar *explicaciones* significativas, coherentes e inteligibles de cómo es capaz de saber algo o de lograr algo culturalmente. El fracaso del incrédulo es un fracaso racional o filosófico para darle sentido al conocimiento, la moral-

---

9. Van Til, *Un Estudio de la Epistemología Cristiana*, 222.

idad, la belleza, etc."[10] Por consiguiente, tu estrategia apologética gemela se reduce a esto: *Tú estás desafiando al incrédulo de una u otra manera a responder la pregunta de cuál es la cosmovisión que hace inteligible la experiencia humana.* Esto es crucial para la apologética bíblica. Tú le estas requiriendo al incrédulo que piense acerca de eso y declare el punto de referencia final en su sistema que hace que todos los hechos y las leyes sean inteligibles. El Dr. Van Til discute la meta de nuestro compromiso apologético con el incrédulo: "Lo que tendremos que hacer, entonces, es tratar de reducir la posición de nuestro oponente a lo absurdo.

No bastará con menos. Sin Dios, el hombre está completamente perdido en todos los aspectos, epistemológicamente como moral y religiosamente."[11]

Debido a la naturaleza de la cosmovisión de la apologética bíblica, esta no se enfoca en hechos en particular. No se trata de un argumento *directo* tratando con un hecho *individual*, sino uno *indirecto* tratando con la *naturaleza* de los hechos. No construye a la defensiva respuestas atomistas a una variedad interminable de críticas. Un "argumento indirecto" es un argumento:

> de la imposibilidad de lo contrario . . . Un argumento directo es posible entre dos personas que comparten supuestos relevantes. Dentro del contexto de un acuerdo interpretativo, ellos pueden apelar directamente a hechos observados, valores personales y estándares o líneas de razonamiento que puedan "tener peso" para la otra persona; no se debe esperar un desacuerdo "interpretativo" atrincherado . . . Sin embargo, cuando el argumento involucra el desacuerdo sobre el supuesto fundamental de alguien (p.ej. La existencia de Dios, la naturaleza del hombre y su lugar en el cosmos o los estándares de lo correcto y lo incorrecto), no hay nada con lo

---

10. Bahnsen, *La Apologética de Van Til*, 113.
11. Van Til, *Un Estudio de la Epistemología Cristiana*, 205.

que una apelación directa se pueda hacer, que no sea ponderado o interpretado en términos de los mismos estándares o valores que están siendo debatidos.[12]

Este método profundiza debajo de los hechos hasta los cimientos, para dejar al descubierto las preguntas más básicas y más amplias acerca del *carácter fundamental* que le da sentido a los hechos. Para ponerlo de otra forma, tú no quieres podar el árbol del incrédulo, tú lo quieres desarraigar:

> La argumentación factual se puede volver necesaria, pero nunca es suficiente. Lo que alguien considera que *es* factual, así como la *interpretación* de hechos aceptados, estará *gobernado* por su *filosofía de hechos* subyacente—es decir, por sus *presuposiciones* más básicas, que permean todo, que son orientadas a los valores, que forman la estructura para clasificar los hechos, que determinan las posibilidades y probabilidades. Es a este nivel presuposicional que el trabajo crucial de defender la fe debe ser hecho.[13]

Finalmente entonces, la apologética debe preguntar si los hechos son eventos aleatorios en un universo azaroso, según la cosmovisión del incrédulo o ¿son elementos de un plan bien organizado y racional de Dios, quien creó, gobierna y le da sentido, valor y propósito al universo y a todos sus hechos? Para que lo veas con claridad, una vez que Dios es negado, la única explicación posible para la creación original del universo es por medio de la casualidad. Por consiguiente, la cosmovisión del incrédulo tiene sus raíces finalmente en el azar. Los hechos por sí mismos, no pueden establecer nada porque necesitan de una cosmovisión que les provea su interpretación.[14] Pero en la cosmovisión del

---

12. Bahnsen, *La Apologética de Van Til*, 485.
13. Bahnsen, *Siempre Preparados*, 71.
14. Recuerdas nuestra negación anterior del hecho "bruto" el cual, no se puede interpretar y se sostiene libremente. Todos los hechos requieren

incrédulo, los hechos son eventos al azar y aleatorios. Ellos no tienen significado porque, finalmente, se considera que ellos no sostienen una conexión necesaria a otros hechos, en donde el azar es lo opuesto a la ley (la cual organiza y relaciona los hechos). No debes intentar establecer temas por medio de una discusión directa de hechos en particular. Esto podría durar por siempre (¡piensa en todos los hechos en el universo!) y nunca llegarían al hecho de la filosofía básica que fluye de la mente de Dios y la revela. Recuerda que, "aunque el Cristiano no sabe todos los hechos . . . si conoce el patrón . . . en el que estos tienen sentido (están conectados)."[15]

Esta es la razón por la que tomamos mucho tiempo y gastamos mucha energía en explicar las cosmovisiones como una red de creencias establecida sobre fundamentos presuposicionales. Ahora debes empezar a ver con mayor claridad que para razonar por medio de las presuposiciones, debes entender tu *propio* programa metafísico y epistemológico *y* debes hacer que el incrédulo entienda *el suyo*—porque aquí es donde está la batalla.

Como veremos en un momento, en el análisis final el argumento presuposicional se puede poner de una manera sencilla, profunda y con valentía: *La prueba del Cristianismo es la imposibilidad de lo contrario*.[16] Es decir, la validación de la cosmovisión

---

de un contexto interpretativo. Por ejemplo, si yo menciono la palabra "zapato," ¿qué significa? Para entender la palabra "zapato," debes conocer el idioma Español, entender algo acerca del pie humano, darte cuenta del método humano de estar erguido, la locomoción en dos pies, estar consciente del carácter duro de la superficie rocosa de la tierra, conocer algo de la naturaleza del dolor, apreciar la ventaja de la comodidad, comprender la utilidad de la piel, uñas y fibras, y mucho, mucho más.

15. Bahnsen, *La Apologética de Van Til,* 174 n 51.
16. Esta es una frase familiar para los lectores de Van Til y Bahnsen. Cornelius Van Til, *Un Estudio de la Epistemología* Cristiana (Phillipsburg, NJ: Presbyterian and Reformed, 1969), 205. Bahnsen, *La Apologética*

Cristiana es que sin ella no se puede probar nada. Esta frase encapsula la prueba bíblica de Dios. El Dr. Van Til lo expresa de esta manera: "La única 'prueba' de la posición Cristiana es que a menos que su verdad sea presupuesta, no hay posibilidad de 'probar' nada en absoluto."[17] Como C. S. Lewis (1898–1963) lo pone: "Existe una dificultad al estar en desacuerdo con Dios. Él es la fuente de donde todo tú poder de razonamiento surge."

En la Apologética Presuposicional de dos pasos, debes desafiar al incrédulo a proveer las *precondiciones de inteligibilidad*, es decir, las condiciones necesarias que deben existir para poder proveer la posibilidad del pensamiento racional y el discurso significativo. Y debes mostrarle que solo el Cristianismo lo puede hacer. Él debe ver que si no toma la cosmovisión Cristiana no le puede dar sentido a nada. Solo el Cristianismo le da sentido a la experiencia humana. De este modo, "por medio de sus presuposiciones necias, el incrédulo en realidad trabaja contra sí mismo. Él suprime la verdad clara acerca de Dios, que es fundamental para un entendimiento del mundo y de uno mismo, y afirma una posición que es contraria a su mejor conocimiento. Él está intelectualmente esquizofrénico. Esto le debe quedar claro."[18]

Esto es lo que Pablo enseña efectivamente en 1 Corintios 1:20: "¿Dónde está el que sabe discutir en este siglo?"

¿No ha hecho Dios necia la sabiduría del mundo?" Este es el tema de la apologética: Dios hizo necia la sabiduría del mundo. Tú desafío con el incrédulo es: ¿Dónde está aquel que puede darle sentido a la dignidad humana, la ciencia, la moralidad y demás?"

---

de Van Til, 6, 485. *Siempre Preparados,* 74, 121, 152, 253

17. Cornelius Van Til, "Mi Credo," in E. R. Geehan, ed., *Jerusalén y Atenas* (Phillipsburg, NJ: Presbyterian and Reformed, 1971), 21.
18. Bahnsen, *Siempre Preparados,* 65.

En el desafío metodológico de la Apologética Presuposicional, esto es lo que precisamente estás haciendo. Te estás parando en las presuposiciones de tu propia cosmovisión para mostrarles que ellas explican tanto la realidad como la razón. Después te paras en los supuestos de los incrédulos para mostrar que no pueden explicar la racionalidad, la experiencia humana, la ética—o cualquier otra cosa. Van Til lo explica:

> Debido a que en las bases de la **Reforma**[19] no existe un área de neutralidad entre el creyente y el incrédulo, la discusión entre ellos debe ser *indirecta*. Los cristianos no pueden permitir la legitimidad de los supuestos que subyacen en la *metodología* no Cristiana. Pero si se pueden poner en la posición de aquellos a quienes buscan ganar para el Cristianismo, por el bien de la discusión. Y el no Cristiano aunque no le de concesiones a las presuposiciones desde las que el Cristiano opera, puede no obstante, ponerse en la posición del Cristiano por el bien de la discusión.[20]

Considera el punto de vista bíblico del incrédulo autosuficiente. Si tú vas a ser un apologista efectivo, fiel y confiable, debes darte cuenta cuál es el predicamento no Cristiano y señalarlo:

> La filosofía del incrédulo ha sido afligida con vanidad (Romanos 1:21) de manera que su "conocimiento" es (en términos de sus propios supuestos) llamado falsamente así (1 Timoteo 6:20) y por este, el incrédulo se opone (2 Timoteo 2:25). Para enfrentar

---

19. Por **Reforma**, Van Til se refiere a la rama teológica del pacto del evangelicalismo, fuertemente Calvinista. Un buen resumen del punto de vista Reformado de la teología puede ser encontrado en la famosa formulación doctrinal conocida como la Confesión de Fe de Westminster (que surge a mediados de 1640 en Inglaterra). Tanto Van Til como Bahnsen se unieron a los Estándares de Westminster (la Confesión de Fe más el Catecismo Mayor y Menor).
20. Cornelius Van Til, *La Teoría Cristiana del Conocimiento* (Nutley, NJ: Presbyterian and Reformed, 1969), 18.

su pensamiento necio (en nombre de la "sabiduría") en contra de la sabiduría del evangelio (la cual etiqueta como "locura"), el incrédulo debe ser desenmascarado de sus pretensiones (1 Corintios 1:18–21) y se le debe mostrar que no tiene una apologética para su punto de vista (Romanos 1:20) sino que se ha quedado con una mente ignorante, entenebrecida y vana que necesita ser renovada (Efesios 4:17–24).[21]

Ilustremos ahora brevemente, algunos enfoques que puedes utilizar de manera efectiva en este desafío de dos pasos a la cosmovisión al incrédulo. Incluso algo tan mundano como el simple acto de sentarte a hablar de Dios con el incrédulo o ir a un concierto puede ser prueba de la existencia de Dios.

La experiencia humana. Como aprendiste anteriormente, en la cosmovisión Cristiana todos los hechos revelan a Dios ya que Él los creó todos y son para Su gloria: "Todos los hechos muestran y de este modo prueban la existencia de Dios y Su plan."[22] *Todos* los hechos. Aún el hecho de la experiencia humana en sí, tal como el hecho de que tú estés discutiendo la existencia de Dios con un incrédulo. ¿Cómo puede ser eso? ¿Qué significa eso? Y ¿cómo puedes usar esto en la apologética?

El incrédulo puede correr alejándose de Dios, pero no se puede esconder. Mientras estás discutiendo acerca de Dios y Su existencia, pregúntale al incrédulo si piensa que la discusión mutua acerca de Dios es significativa. Señálale el hecho de que al estar hablando contigo asume su consciencia propia, por la cuál él se conoce a sí mismo, reconoce que vive en un medio ambiente que involucra a otros humanos conscientes de sí mismos y que ve valor en la comunicación, la conversación y el de-

---

21. Bahnsen, *Siempre Preparados,* 69.
22. Van Til, *Introducción a la Teología Sistemática,* 19. Citado de Bahnsen en, La Apologética de Van Til, 63.

bate entre seres igualmente conscientes de sí mismos. Si no lo hiciera, estaría admitiendo que conversar acerca de la existencia de Dios—*o cualquier otro tema*—no tendría sentido alguno.

Ahora pregúntale como representa la autoconciencia humana como un factor fundamental de la vida. ¿De dónde viene? ¿Cómo es que el hombre está consciente de sí mismo? Ponte en su cosmovisión, es decir, "responde al necio de acuerdo a su necedad." Señálale que su sistema finalmente está comprometido con el azar (en el que ni Dios ni alguna personalidad gobiernan el universo). Recuérdale que desde la perspectiva de la evolución el universo fue auto creado por el azar (el Bing Bang[23]) y se auto diversificó por azar (estrellas que explotaron, colisiones galácticas, acumulaciones planetarias, formas de vida mutantes y demás).

El *Manifiesto Humanista III* hace un credo de esta visión no Cristiana: "Los humanos son una parte integral de la naturaleza, el resultado de un cambio evolutivo no guiado. Los humanistas reconocen la naturaleza como auto existente. Nosotros aceptamos nuestra vida como completa y suficiente, distinguiendo las cosas como que estas vienen de cosas que podemos desear o imaginar que sean. Nosotros le damos la bienvenida a los desafíos del futuro y nos sentimos atraídos y no intimidados por lo que está por conocerse." La Asociación humanista Americana declara que

---

23. "Hace como 10 billones de años, el Universo comenzó en una explosión gigantesca—¡El Bing Bang! Su evolución subsecuente desde un centésimo de segundo hasta el presente día puede ser descrita confiablemente por el modelo del Bing Bang. Esto incluye la expansión del Universo, el origen de los elementos de luz y los vestigios de la radiación de la bola de fuego inicial, así como también el marco para el entendimiento de la formación de las galaxias y otras estructuras a gran escala. De hecho, el modelo del Bing Bang está ahora muy bien atestiguada de ser conocida como el estándar de la cosmología." (Paul Shellard, ed., "El Big Bang Caliente," sitio web de la Universidad de Cambridge [1996]: http://www.damtp.cam.ac.uk/research/gr/public/bb_home.html, consultado el 5-31-13).

PRESIONANDO LA ANTITESIS

la filosofía del humanismo es "una visión del mundo no teísta que rechaza todas las formas de lo sobrenatural y que está de acuerdo con el espíritu y los descubrimientos de la ciencia." El universo impersonal, frío y orientado al azar es la realidad final en la cosmovisión humanista. Una vez más, Carl Sagan lo puso así: "El Cosmos es todo lo que hay, todo lo que hubo y todo lo que siempre habrá."

Ahora observa que en tal concepción naturalista y materialista del universo, todo debe ser representado en términos de una interacción material de átomos. Señala que esto nos obliga a vernos a nosotros mismos como simple materia en movimiento. Pregúntale como es que la materia puede estar consciente de sí misma. ¿Están las rocas conscientes de sí mismas? ¿los árboles? ¿los martillos? En realidad, ¿qué visión del mundo hace consciencia de sí misma de una manera inteligible? El lodo ciertamente no esta consciente de sí mismo. Pídele al incrédulo que te explique de donde viene la materia inerte, después cómo se convirtió en materia viva, que después paulatinamente se volvió en consciente de sí, que después paulatinamente se convirtió en racional, que después paulatinamente se convirtió en moral—y todo por medio del mecanismo de tiempo evolutivo junto con el azar.

Después señala que en tu cosmovisión (desde donde estás determinado a "responder al necio de acuerdo a su necedad"), el Dios soberano y personal de la Escritura creó todas las cosas y les dio sus propiedades. Y que Él creó al hombre a Su imagen, estableciendo así su personalidad y su consciencia de sí mismo en nosotros. En el principio Dios se comunicaba con el hombre, hablando inteligentemente a Su creatura racional y consciente de sí misma (Génesis 1:28–29). Como consecuencia, el estar consciente de uno mismo y la personalidad no son problemas en la cosmovisión Cristiana.

Así es que entonces, la misma auto conciencia del incrédulo es evidencia de la existencia de Dios. Esto se debe a la "imposibilidad de lo contrario."

Racionalidad. Al continuar platicando más acerca de tu fe con el amigo incrédulo, querrás discutir la cuestión de la racionalidad. Después de todo, estas abordando una discusión racional, buscando *razones* para creer en Dios o para no creer en Dios.

Pero parados en la cosmovisión del incrédulo se demuestran rápidamente los problemas internos. Debido a su oposición al Dios absoluto de la Escritura, debe explicar su realidad en alguna otra forma que no sea por medio de un Creador soberano, racional y personal. Al descartar una mente absoluta creando y controlando el universo, en el análisis final él queda comprometido con el azar. En su visión de los orígenes, el universo material surgió de la nada y bajo una supervisión no racional. Entonces lo racional se construye sobre lo irracional.

Esta visión de los orígenes produce problemas racionales insuperables, ya que tal cosmovisión basada en el azar puede no tener leyes, ni necesidades, ni principios lógicos sino sólo aleatoriedad. De acuerdo a la teoría de la evolución cósmica, todo está finalmente sujeto al cambio aleatorio y está en un estado constante de flujo. Pero nuestra racionalidad misma requiere de leyes para que las cosas se puedan distinguir, clasificar, organizar y explicar. La comprensión racional y la explicación demandan principios de orden y unidad para poder relacionar las verdades y los eventos unos con otros. Por consiguiente, en las bases de la cosmovisión del incrédulo la racionalidad no tiene un fundamento.

El incrédulo puede intentar explicar la racionalidad afirmando que la mente del hombre *impone* orden y que así resulta la racionalidad. Si él hace esto, entonces su visión de la realidad se vuelve subjetiva más que objetiva. Pero aún este intento es imposible porque, ¿cómo puede la mente imponer orden en un universo caótico?

Y ¿qué pasa si tu amigo denuncia tu cosmovisión Cristiana de ser gobernada por "fe" como contraria a la "razón"? ¿Qué si argumenta que tú eres ingenuo al no emplear el método científico?

Señálale la inutilidad de su argumento. El método científico procede en base a la observación por medio de los sentidos. Como lo expresó el *Manifiesto Humanista III* (1993); "El conocimiento del mundo se deriva de la observación, experimentación y análisis racional. Los humanistas encuentran que la ciencia es el mejor método para determinar este conocimiento así como para resolver los problemas y desarrollar tecnología benéfica."

Este método sostiene, entonces, que el conocimiento debe ser limitado a la observación y la percepción de los sentidos. Una vez que tu amigo incrédulo se haya comprometido con este procedimiento, demuestra su contradicción epistemológica: Si todo el conocimiento es gobernado por la observación, entonces ¿cómo llegó a conocer *eso*? Es decir, ¿cómo llegó a conocer que "todo el conocimiento es gobernado por la observación"? ¿*Observó* eso en el laboratorio? ¿Lo midió, lo pesó o lo contabilizó? ¿Detectó *esa* limitación conceptual por medio de explorar la naturaleza? Y aún más, ¿observa que este principio es una limitación *universal* en el conocimiento en todos los lugares y en todos los tiempos para que confiadamente pueda confiar en ella? Si él intenta usar las leyes de la lógica al razonar contigo pregúntale que ¿dónde en la naturaleza ha visto las leyes de la lógica? Muéstrale que no puedes usar el método científico para probar las leyes de la lógica, porque no las puedes observar, degustar o sentir ya que no son entidades materiales extendidas en el espacio. ¿Cómo puede entonces justificar la lógica ó el método científico empírico?

Pero con la cosmovisión del creyente, un Dios Creador absoluto y personal puede explicar la realidad ordenada por leyes, coherente y racional que tanto tú como el incrédulo experimentan y de la que dependen. En la revelación soberana de Dios al hombre (la Escritura) aprendemos que Él habló, "y fue hecho" (Génesis 1:7, 9; Salmos 33:6; 2 Corintios 4:6; Hebreos 11:3). No sólo descubrimos orden y armonía a lo largo de la narrativa de la creación (días 1 al 6 siguiéndose lógicamente uno después del otro[24]) sino que la idea misma de la realidad *hablada* de Dios a la existencia, en sí requiere racionalidad. El universo es finalmente racional porque el Dios de la Escritura que ordena la ley y es racional lo creó así. El hombre es un ser racional porque está creado a la imagen de Dios, quien es el estándar de la racionalidad. En el Edén, Dios le ordena a través de la comunicación verbal (Génesis 2:16–17); Adán habla con autoridad (2:19–20); Dios razona con él (3:1–19).

Muchas veces el incrédulo objeta la idea de la fe en la cosmovisión Cristiana. Esto se debe al malentendido básico del rol y la función de la fe, considerándola básicamente un salto a ciegas más allá de los límites de la razón. No obstante, tu fe Cristiana no descarta la razón ni la lógica. Más bien tú fe *requiere* el uso de un razonamiento lógico, porque en la mente de Dios hay una coherencia y racionalidad perfecta en la cual Él sostiene (Colosenses 1:17; Hebreos 1:3) y gobierna (Isaías 46:10–11; Efesios 1:11) todas las cosas. Dios es tan "sabio de Corazón" como es "robusto de fuerzas" (Job 9:4; 12:13). Las leyes de la lógica reflejan la mente ordenada de Dios, así que el hombre hecho a la imagen de Dios debe reflejar la racionalidad de Dios (ver el Capítulo 11 para más detalles). Después de todo, Dios "Ha puesto sabiduría en lo más íntimo del ser" y "ha dado a la mente inteligencia" (Job 38:36). Y

---

24. Henry Jackson se ocupa de la auto conciencia como evidencia de un Dios transcendente en *Ciencia, Mundo y Fe* (Ferndale, WA: Book Surge, 2005).

recuerda: como Cristiano estás llamado particularmente a amar a Dios con "toda tu mente" (Marcos 12:30).

La investigación científica **Empírica** (basada en los sentidos y la observación) también se pide en la cosmovisión Cristiana porque Dios creó un universo material y objetivo, lo gobierna con leyes predecibles (Génesis 1:14–19; 8:22; Job 38:31–33; Jeremías 33:22, 25) y colocó en ella un hombre sensible y pensante para habitarla (Génesis 1:27–29; Salmos 8:6; 115:16b). Además, Dios creó al hombre como un ser físico y sensible, "el oído que oye y el ojo que ve" (Proverbios 20:12; Éxodo 4:11; Salmos 94:9).

El aprendizaje empírico, entonces, es necesario debido a la forma en la que el mundo creado por Dios y el hombre a la imagen de Dios operan. El mundo es real, no imaginario. La ley de la gravedad existe porque la mente de Dios creó al mundo de esta manera. Dios hizo un mundo que concuerda con nuestras mentes y nos llama a salir e investigar el mundo orientado por los sentidos, objetivo y real que Él hizo. (Génesis 1:26–28; Salmos 8:4–8; Eclesiastés 1:13).

El problema del incrédulo sólo se empeora cuando demanda que nosotros probemos la existencia de Dios. Piensa en la ironía de esta posición:

> El problema del incrédulo es que continúa comprometiéndose con algún (bastante adecuado e inevitable) requerimiento de "racionalidad" e insiste en ella para que sea honrada, sólo para descubrir por medio de un análisis que sólo la cosmovisión Cristiana es coherente con ella (la hace inteligible). El incrédulo ha estado pidiendo prestadas básicamente, las ideas Cristianas de epistemología, sin darle a Dios la gloria y las gracias. Después de todo, de acuerdo a la cosmovisión del incrédulo, ¿por qué se necesitarían razones para lo que creemos? ¿Por qué se debería demandar una consistencia lógica? ¿Por qué debería de ser la arbitrariedad de mala reputación? No

hay razón para la normatividad de la racionalidad.²⁵

Pregúntale a tu amigo: "¿Por qué pides que te de una razón para probar la existencia de Dios? Después de todo, en tu visión no hay una razón para la razón misma." Señálale que el mismo hecho de que estén discutiendo y debatiendo el asunto prueba la existencia de Dios, porque la racionalidad no se puede representar en la cosmovisión del incrédulo. Como Van Til lo expresaría: Para abofetear a Dios primero necesitas gatear hasta Su regazo.

La Estética. Digamos que has estado debatiendo con tu amigo la existencia de Dios por un par de horas durante la cena antes de un plan que tienen de ir a un concierto de piano. El tiempo ha llegado en el que necesitan irse a la sala del concierto para disfrutar la obra de Johann Sebastian Bach. Después de que el concierto ha terminado y están dejando la sala, tu amigo exclama: "¡Qué interpretación tan maravillosa de esa hermosa obra musical!" Él acaba de meterse a la cosmovisión Cristiana socavando su propia cosmovisión sin darse cuenta.

Hazle la pregunta clave de la apologética: ¿Qué visión de la vida hace que la noción de la "Belleza" sea inteligible?" Desafíalo a declarar cuál es el estándar que esta usando desde el cual puede declarar que algo es "hermoso." Señala que en sus fundamentos relativistas, azarosos y materialistas no puede explicar la belleza. Él no tiene un estándar final de evaluación para poder distinguir entre lo que es hermoso y lo que es feo.²⁶ Tampoco tiene un sistema ligado a leyes y coherente que pueda asociar cosas

---

25. Kenneth L. Gentry, Jr. and Michael R. Butler, *¿Así, Ha Dicho Dios?: El Marco de la Hipótesis / Debate de la Creación en Seis Días* (Eugene, Ore.: Wipf & Stock, 2002), 52–53.

26. Una asombrosa observación hecha por el economista Thomas Sowell resalta en un contexto diferente el problema que estamos considerando en la apologética. Sowell dijo que nunca le deberías de preguntar a un economista, "¿Cómo estás?" Ya que te respondería: "¿Comparado con qué?" Las evaluaciones requieren de un estándar de medida.

de tal forma que "patrones" específicos puedan ser declarados "hermosos." Como ya se ha señalado, el no puede siquiera explicar la auto conciencia humana para que la belleza pueda ser experimentada racionalmente, discutida inteligiblemente y apreciada estéticamente. ¿"Aprecia" una hermosa puesta de sol un ornitorrinco?

Además, la belleza sólo puede ser apreciada en la mente. Si no existe un estándar objetivo o un valor de la belleza, se convierte simplemente en una experiencia subjetiva, arbitraria y emotiva. Aunado a esto, la cosmovisión naturalista prevaleciente no puede explicar los valores de la estética en el hombre debido a que la apreciación de la belleza no tiene valor de supervivencia de acuerdo con las exigencias de la evolución.

Pero en la cosmovisión Cristiana, el Dios de la Escritura creador de todo (Génesis 1; Nehemías 9:6; Juan 1:3), que todo ordena (Salmos 115:3; 135:6; Daniel 4:35; Mateo 5:45) es el estándar final de evaluación (Proverbios 15:3; Eclesiastés 3:17; 12:14; Isaías 45:5–6, 21; 46:9). Él crea un mundo de orden que puede exhibir los patrones de belleza de los hechos. El hombre es creado como una creatura racional a la imagen de Dios así que puede discernir estos patrones de belleza, distinguirlos de aquellos que carecen de belleza (Filipenses 4:8).

Ética. Ahora tú y tú amigo incrédulo están manejando camino a casa después del concierto. Enciendes el radio y escuchan una angustiante noticia acerca de un acto atroz de abuso infantil. Tú amigo no Cristiano expresa su indignación con este acto, quejándose de que esto es una terrible tragedia. Una vez más tú te pones en su cosmovisión.

En tu esfuerzo apologético completo, debes insistir que el incrédulo sea consistente cuando se para en su posición. El problema fundamental con la incredulidad es que *no puede* ser consistente. Como Van Til ha argumentado, la cosmovisión del incrédulo se colapsa en lo absurdo y lo incoherente.

¿Cómo es que las cosas que tanto el incrédulo como el creyente tienen en común pueden ser verdad? Por ejemplo, ¿cómo pueden ambos estar de acuerdo en que torturar a los niños está mal? Recuerda el desafío de la clave apologética: "¿Qué cosmovisión le da sentido a eso? ¿Qué red de presuposiciones?"

Cuando hablas de abuso infantil con un amigo no Cristiano, ambos están de acuerdo en que está mal. Pero él no puede declarar que eso está completamente mal en una cosmovisión basada en el relativismo y en el azar. Las evaluaciones morales requieren de un estándar absoluto que la cosmovisión incrédula no puede producir desde la perspectiva de un universo azaroso.

¿Por qué alguien se aprovecharía de un niño?

Supongamos que tu discusión te lleva a hablar del problema de la opresión a los pobres. Tal vez tu amigo declare que eso es inmoral. Para estas alturas, ya conoces el desafío apologético. Pregúntale: "¿Qué perspectiva de la realidad, el conocimiento y la ética hace que esta posición sea significativa?" Es decir, en la cosmovisión evolutiva (ateísmo materialista) debemos hacer esta pregunta: "¿Qué es el hombre?" ¿Es sólo un animal avanzado? El físico Stephen Hawking declaró: "Somos solo una raza avanzada de monos en un planeta menor de una estrella promedio" (*Der Speigel*, 1989). ¿Es él el resultado del desarrollo primordial del lodo que por azar creó una creatura complicada y auto consciente que conocemos como "hombre")? Pero, ¿cómo puede esta visión tener sentido al condenar la opresión del pobre? De hecho, si la evolución es verdad, entonces vivimos en un mundo de supervivencia del más fuerte y de sálvese quien pueda. Estamos aquí arañando nuestro camino a la cima, venciendo a otros animales. La opresión es parte de nuestra naturaleza, parte de nuestro método de desarrollo y mejoramiento. La opresión es necesaria y por lo tanto, "buena."

Una vez más, aunque en tu cosmovisión creyente, la moralidad tiene sentido—y aún es demandada: "Él te ha declarado, oh hombre, lo que es bueno. ¿Y qué es lo que demanda el Señor de ti, sino solo practicar la justicia, amar la misericordia, y andar humildemente con tu Dios?" (Miqueas 6:8; Isaías 56:1). De hecho, Su Palabra ordena claramente: "Así dice el Señor: Practiquen el derecho y la justicia, y liberen al despojado de manos de su opresor. Tampoco maltraten ni hagan violencia al extranjero, al huérfano o a la viuda, ni derramen sangre inocente en este lugar" (Jeremías 22:3; Éxodo 22:21-24).

El Dios justo y santo de la Escritura es el estándar de moralidad perfecto, absoluto, eterno y final (Mateo 5:48; Romanos 2:5-6). El hombre está creado a Su imagen así que es en sí mismo una creatura moral (Génesis 1:26; 9:6). Él comercializa en moneda moral—aún como un pecador (Mateo 5:47; 7:11; Romanos 2:14-15; 7:7). La Biblia revela las leyes objetivas de la moralidad (Éxodo 20:1-17; Deuteronomio 5:6-21).

Si el incrédulo intenta defender su rechazo a estándares absolutos de moralidad mientras que condena tanto el abuso infantil como la opresión al pobre, puede ser que eluda el asunto de estándares morales objetivos. Muchas veces se reducirá a declarar, "Yo sólo sé que está mal." Pero entonces la moralidad se convierte en subjetiva y no puede condenar al abusador de niños, quien tampoco cree que este mal o al rico que oprime al pobre. Es el punto de vista de ellos contra el suyo.

LA RESPUESTA DEL INCRÉDULO

Una cosa que vas a escuchar del incrédulo es: "Yo soy una persona racional, buena y científica." A esto tu respuesta debe ser: "Sí, lo eres, porque vives en el universo de Dios y estás creado a Su imagen." Debes mostrarle que se ha engañado a sí mismo acerca de la realidad al negar al Creador y Gobernador del universo. La meta de la incredulidad es el intento de Adán de escapar de la voz de Dios.

El incrédulo en realidad utiliza la cosmovisión Cristiana sin reconocerla. Tú le puedes decir: "Tú sabes que estás cosas son verdad, de otra manera no serías capaz de darle sentido a nada. Estás suprimiendo la verdad con injusticia." Después el se engañaría a si mismo acerca de su propio engaño. Esto quizás lo endurezca más—a menos que el Espíritu Santo intervenga.

Debes comprender que el incrédulo no es en sí mismo un sistema de pensamiento, es una persona. Por esta razón, él no es fiel a su propio sistema de pensamiento. Debemos desafiar su inconsistencia con la cosmovisión Cristiana, mostrándole la imposibilidad de lo contrario.[27]

COSMOVISIONES Y HECHOS

Recordando que debemos pensar holísticamente en la moda de una cosmovisión, nos ayuda a darnos cuenta que aún las experiencias mundanas le traen problemas al incrédulo—si trata de operar consistentemente con su cosmovisión. Considera lo siguiente:

> Las creencias que la gente sostiene están siempre conectadas a *otras* creencias por medio de las relaciones de significado lingüístico, orden lógico, dependencia a la evidencia, explicación causal, criterios para indexar y autoconcepciones, etc. Aseverar "Yo veo una catarina sobre una rosa" es afirmar y asumir simultáneamente un *número*

---

27. Van Til señala que el incrédulo no puede ser consistente con los supuestos de su propia cosmovisión. Si así lo fuera, su cosmovisión sería absurda mientras él "cae al vacío."

de cosas—algunas bastante obvias (p.ej. el uso de las palabras en Español, la identidad personal de alguien, un evento perceptual, las categorías de los insectos y flores, las relaciones físicas), otras más sutiles (p.ej. la lingüística de alguien, la etimología y la competencia botánica, la normalidad de los ojos y el tallo cerebral, las teorías de la refracción de la luz, gramática y semántica compartida, la realidad del mundo externo, las leyes de la lógica, etc.)[28]

En conferencias grabadas en otros lugares acerca de argumentos transcendentales, existen muchos ejemplos útiles de como el incrédulo ve las cosas de manera diferente. Con Cristo podemos demandar del incrédulo: "Considerar los lirios" (Lucas 12:27). El incrédulo está obstaculizado—en su sistema. Una simple flor muestra el poder explicativo del teísmo Cristiano contra el anti teísmo.

1. El incrédulo no puede explicar lo material. No puede entender el origen de la flor, darle sentido a su composición material. ¿De dónde viene? ¿Cómo explica el Bing Bang la flor?

2. No puede explicar la inducción. Es decir, es incapaz de explicar la historia de la flor y su desarrollo, debido a que su sistema es materialista y el proceso de inducción no lo es.

3. No puede responder por la lógica. No puede explicar la concepción de la flor, lo cual requiere de la lógica para poder siquiera hablar acerca de las flores, en donde se requiere de los universales de las "flores" y la "tierra." (Ver Capítulo 11 para la discusión de los universales.)

4. No puede explicar los valores. No puede responder por medio de juicios de valor acerca de las flores. No puede explicar los valores de estética ni ética.

5. ¿Qué hacemos con las flores? El Cristiano la ve como un reflejo de la gloria de Dios y le recuerda su obligación moral de

---

28. Bahnsen, *Siempre Preparados*, 216.

alabar a Dios. El incrédulo puede simplemente pisarla como si no tuviera valor alguno—*si* sigue su propia cosmovisión de manera consistente.

6. No puede explicar la adaptación de la flor al medio ambiente. ¿Por qué se relaciona con algo más en un mundo aleatorio? ¿Por qué pueden las cosas externas a mí persona ser apropiadas para mis propósitos?

7. No puede explicar la descripción de la "flor." En un universo azaroso de aleatoriedad fundamental, no puede explicar la unidad, diferenciación y clases de las cosas para poder explicar que quiere decir con "flor."

8. No tiene manera de explicar nuestra consciencia de las flores. Somos autoconscientes, la flor no. ¿Cómo sucede esto ya que no soy más que materia en movimiento?

Así es que, en tú iniciativa apologética, debes demostrar que sólo el Cristianismo es racional. Para resumir:

> Las cosmovisiones que difieren se pueden comparar unas con otras en términos de la importante pregunta filosófica acerca de las "precondiciones de la inteligibilidad" para asuntos tan importantes como la universalidad de las leyes de la lógica, la uniformidad de la naturaleza y la realidad de los absolutos morales. Podemos examinar una cosmovisión y preguntar si representa la naturaleza, el hombre, el conocimiento, etc., si provee de una perspectiva en términos bajo los cuales puedan tener sentido la lógica, la ciencia y la ética. Si no se comporta con las prácticas de la ciencia natural para creer que todos los eventos son aleatorios e impredecibles, por ejemplo. Si no se comporta conforme a las demandas de honestidad de la investigación científica, si ningún principio moral expresa algo sino nada más una preferencia personal o sentimiento. Aún más, si existen contradicciones internas en la cosmovisión de una persona, esta no provee de las precondiciones para darle sen-

tido a la experiencia humana. Por ejemplo, si los dogmas políticos de alguien respetan la dignidad humana de hacer sus propias elecciones, mientras que las teorías psicológicas de otro rechazan el libre albedrío del hombre, entonces existe un defecto interno en la cosmovisión de la persona.[29]

En los capítulos finales, ahondaremos en estos problemas para el incrédulo, lo que nos dará mucho material que contemplar. Debes reconocer la idea fundamental en todos los encuentros apologéticos: Tú estás preguntando qué cosmovisión puede resolver las cuestiones fundamentales de cómo pensamos y vivimos en el mundo. Le concedes al incrédulo la oportunidad de responder al desafío. Después le presentas los fundamentos Cristianos que por sí solos le pueden dar significado a la experiencia humana.

3.0 PREGUNTAS PLANTEADAS

Intenta contestar las siguientes preguntas por ti mismo antes de ver el texto o consultar la **Clave de Respuestas.**

1. ¿Qué pasaje específico de la Biblia establece la estructura doble del desafío apologético al incrédulo?

2. ¿Qué quiere decir la Biblia cuando habla de un "necio"?

3. ¿Cuáles son los dos aspectos particulares del desafío apologético bíblico a la incredulidad? Explica brevemente cada uno de estos dos pasos de la apologética.

4. ¿En qué circunstancias limitadas debes adoptar la cosmovisión del incrédulo?

5. ¿Por qué debes evitar discutir que el Cristianismo es la "mejor" posición que se deba tener? ¿De qué debes

---

29. Bahnsen, *Siempre Preparados,* 121.

discutir en lugar de eso?

6. En el análisis final, ¿qué frase del Dr. Van Til encapsula la prueba bíblica de Dios, mostrando la esencia misma de nuestro argumento?

7. ¿Qué quiere decir cuando hablamos de las "precondiciones de inteligibilidad?

8. ¿Cómo es que nuestra autoconciencia es un argumento para la existencia de Dios?

9. Explica cómo es que la cosmovisión Cristiana establece la lógica mientras que la no cristiana no lo puede hacer.

10. ¿Cómo le responderías a alguien que afirma usar el "método científico," el cual asevera que todo el conocimiento viene por medio del análisis de la observación a través de la experiencia sensorial?

11. ¿Cómo mostrarías la futilidad de la incredulidad cuando el incrédulo declara que el abuso infantil y la opresión del pobre están moralmente mal?

12. ¿Cómo puede ser usada una flor para mostrar la incoherencia de la cosmovisión no Cristiana?

4.0 APLICACIÓN PRÁCTICA

1. Busca ya sea en internet o en una Enciclopedia, artículos acerca del "Big Bang." Extrae de estos artículos citas que establezcan el azar como la fuente del Big Bang, el cual produjo toda la realidad. Guárdalas en tu archivo de apologética.

2. Existen dos grupos muy sonados de creacionistas

evangélicos, muy conocidos en Estados Unidos: El Instituto de Investigación de la Creación (www.icr.org) y "Respuestas en Génesis" (www.answersingenesis.org). A pesar de que ambos sostienen el mismo entendimiento de la Escritura y la creación, difieren en su método apologético. Ve en línea a ambos sitios y lee alguno de sus artículos para ver si descubres cuál es más compatible con la Apologética Presuposicional.

3. Platica con un amigo incrédulo acerca de la autoconciencia y de donde cree que esta se deriva. Discute con el los fundamentos Cristianos para la autoconciencia humana.

4. Platica con un amigo incrédulo acerca del método científico. Pregúntale si piensa que todo el conocimiento viene a través de la evidencia empírica. Desafíalo con los problemas de este punto de vista.

5. Navega en internet, busca y lee algunas reseñas de arte. Observa si puedes señalar el supuesto de un estándar de belleza mientras que en ese mismo supuesto encuentras indicadores sutiles de una negación de la cosmovisión Cristiana.

6. Lee las editoriales y las cartas al editor en tu periódico local. Encuentra un artículo o carta que trate tanto de desechar el Cristianismo y de afirmar una posición moral en particular. Utilizando el material de nuestras lecciones, formula una carta breve exponiendo la futilidad de declarar un punto de vista moral mientras que se anula el Cristianismo. Envíala al periódico.

7. Utilizando esta lección elabora un estudio de una lección Bíblica ilustrando la apologética Cristiana. Pregúntale a

tu pastor si la revisaría contigo, después ve si es posible que la enseñes en una clase de escuela dominical.

8. Considera tomar un curso en línea de apologética de la perspectiva de una Apologética Presuposicional. Hay muchos cursos disponibles a través del Centro de California del Sur para Estudios Cristianos.

5.0 LECTURAS RECOMENDADAS

Aniol, Scott, "La Búsqueda de la Belleza del Creyente": http:// religiousaffections.org/articles/articles-on-aesthetics/the_believers_ pursuit_of_beauty_conclusions_from_adler/, consultado el 5-31-13

Bahnsen, Greg L., "Orígenes, Revelación y Ciencia": http://www.cmfnow. com/articles/pa001.htm, consultado el 5-31-13

Finnamore, David J., "Belleza, Sabiduría y Verdad": http://www. elvenminstrel.com/kontext/beautywisdomtruth.htm, consultado el 5-31-13

Hodges, John Mason, "La Estética y el Lugar de la Belleza en la Adoración: http://www.biblicalstudies.org.uk/pdf/ref-rev/09-3/9-3_hodges.pdf, consultado el 5-31-13

Sarfati, Jonathan "Amando a Dios con Toda Tu Mente: Lógica y Creación": http://creation.com/loving-god-with-all-your-mind-logic-and-creation, consultado el 5-31-13

"Los Argumentos de la Estética para la Existencia de Dios": http://www. quodlibet.net/articles/williams-aesthetic.shtml, consultado el 5-31-13

"La Cosmovisión Cristiana, la Cosmovisión Atea y las Leyes de la Lógica": http://carm.org/christian-worldview-atheist-worldview-and-logic, consultado el 5-31-13

"Apologética Presuposicional": http://carm.org/presuppositional-apologetics, consultado el 5-31-13

CAPÍTULO 9

EL PROBLEMA DE LOS ABSOLUTOS DE LA MORAL

"Porque todos nosotros debemos comparecer ante el tribunal de Cristo, para que cada uno sea recompensado por sus hechos estando en el cuerpo, de acuerdo con lo que hizo, sea bueno o sea malo" (2 Corintios 5:10).

En el capítulo anterior nos enfocamos en el bosquejo bíblico de tú defensa apologética de la fe Cristiana y tu desafío filosófico al incrédulo. Señalamos que Proverbios 26:4–5 establece el método básico para la apologética Cristiana. Nos advierte del "necio" y del peligro de adoptar su cosmovisión (siendo el "necio" alguien que no cree en Dios). Del lado positivo, este pasaje te encamina a pararte en tus propios supuestos Cristianos, no cediendo a la tentación de la metodología de los incrédulos. Del lado negativo, te anima a atacar la cosmovisión del incrédulo, exponiendo su futilidad parándote momentáneamente en ella, por el bien de la discusión. Te encamina a (1) presentar tu cosmovisión en su plenitud y (2) criticar la no Cristiana en su vacío. También de manera breve, introdujimos varios ejemplos del método presuposicional indirecto para defender la existencia de Dios. Cada uno de estos extraídos de situaciones de la vida más bien mundanas. Nuestra lección rápidamente estudió algunas de las bases para establecer el desafío de la cosmovisión considerando la experiencia humana, la racionalidad, la estética y la ética. Pudiste ver como cualquier "hecho" puede ser usado para demostrar la existencia de Dios debido a la "imposibilidad de lo contrario."

En los capítulos restantes, expondremos los problemas fundamentales en la cosmovisión no Cristiana. En el que la parte negativa de una apologética de dos partes incluye criticar internamente la cosmovisión del incrédulo, esto será muy importante que sea comprendido. El incrédulo necesita ser desafiado para dar una explicación racional de su perspectiva de las demandas de la vida y de la moral que les hace a otros. A través de la persuasión y la discusión razonada, necesitarás forzarlo a explicar el fundamento que el afirma es la que sostiene su cosmovisión. En este capítulo estamos considerando el problema de los absolutos de la moral.

1.0 PREOCUPACIONES CENTRALES

Hemos discutido ya el problema de la moral de los absolutos varias veces. Las preocupaciones morales son inevitables en la vida humana. Encontrarás que cada vez que te abstienes de golpear a tu vecino, él estará agradecido por tu contención moral. Y ¿qué sería de la sociedad si "cada uno hacía lo que le parecía bien ante sus propios ojos" (Jueces 17:6; 21:25)? Todos tendríamos miedo de salir en público—o aún de quedarnos en casa con miembros de la familia moralmente impredecibles. Todo momento de despertar en la vida incluye desafíos morales mientras que preferimos escoger una acción sobre otra. No somos animales que simplemente reaccionamos a nuestro medio ambiente por instinto. Somos creaturas morales "soberanamente" interactuando con nuestro ambiente social de acuerdo a consideraciones morales y racionales.

LA INFLUENCIA HUMANISTA

Probablemente estés también consciente de muchos de los enfoques peculiares de la moralidad que están siendo noticia hoy. Por ejemplo, considera "los derechos de los animales". Los activistas de los derechos de los animales no sólo protestan en contra de la tortura perversa de las mascotas hecha por diversión o por las mortales peleas de perros por deporte. Tampoco están simplemente tratando de preservar las "especies en peligro" de extinción. Los derechos de los animales son ahora asuntos legales y políticos que han generado una "Fundación de Defensa Legal de los Animales," el "Frente de Liberación Animal," una "*Enciclopedia en Internet de Filosofía de los Derechos de los Animales* y más. Muchos otros censuran el "especismo" (elevar al hombre encima de los animales, de todas las cosas), lamentando "chauvinismo humano," "supremacía humana" y "antropocentrismo."[1]

Un sitio web de derechos de los animales presenta un artículo titulado "la Libertad es un Derecho Básico de los Animales." Este empieza con estas palabras: "Este artículo se trata del rol central que la libertad juega en nuestro sentido de justicia. De acuerdo a Ruut Veenhoven, un investigador holandés sobre la felicidad, este es el factor más importante al buscar la felicidad. ¿Debería

---

1. Kyle Ash, "Derechos Internacionales de los Animales: Especismo y Dignidad Humana Excluyente," *Revista de la Ley Animal*, Universidad Estatal de Leyes de Michigan (11), 195ff. (http://www.animallaw.info/journals/jo_pdf/vol11_p195.pdf, consultado el 5-31-13).

ser esto diferente para los animales?"² En *La Pregunta Animal*, Paola Cavalieri discute acerca del argumento moral moderno de que "su misma lógica se extiende a los animales no humanos como seres a quienes se les deben derechos morales y legales básicos y que, como resultado de esto, los derechos humanos no son humanos después de todo."³

Muchos grupos vegetarianos argumentan la inmoralidad de comer animales.⁴ Otros censuran vestirse con abrigos de pieles o zapatos de piel como parte de la destrucción de la vida animal.⁵ Y, por supuesto, que estás familiarizado con los ambientalistas extremos que pueden detener la construcción de presas y perforaciones para petróleo. Hace unos años atrás un pez Dardo de Caracol de aproximadamente 10 centímetros "en peligro de extinción" detuvo la construcción de la Presa Tellico en el Río Tennessee, siendo una noticia internacional durante meses. Recientemente se desató un debate acerca de si el gobierno federal debería permitir una perforación de petróleo en el Refugio Nacional de Vida Salvaje del Ártico en Alaska.

Pero el problema que ha sido más ampliamente difundido y que es más peligroso hoy en día es la negación de los estándares

---

2. "La Libertad es un Derecho Animal Básico" del sitio web de Libertad Animal: http://www.animalfreedom.org/english/opinion/freedom.html, consultado el 5-31-13
3. Paola Cavalieri, *La Pregunta Animal: Por qué los Animales no Humanos Merecen Derechos Humanos* (Oxford: Oxford University Press, 2005), copia de la contraportada.
4. La Biblia permite claramente comer carne (Génesis 9:3; 12:4; Deuteronomio 12:15; Marcos 14:12; 1 Corintios 10:25).
5. En el Edén después de la Caída de Adán, Dios mismo le hizo a Adán y a Eva "túnicas de pieles" de los animales (Génesis 3:21).Él también requirió pieles de animales para el Tabernáculo (25:5; 26:14; 35:7). El profeta más grande del antiguo pacto era Juan el Bautista (Mateo 11:11), quien era un mensajero especial de Dios (Mateo 11:10). Él vestía pelo de camello y ropa de piel (Mateo 3:4; Marcos 1:6).

de la moral absoluta y como consecuencia natural, condenar a los Cristianos por aferrarse a morales absolutistas. Tú estás muy consciente de que tus valores morales Cristianos son desafiados en todos lados. Tan sólo piensa en tus compromisos pro-vida (Éxodo 20:13; 21:22–23) y toma en cuenta el fuerte escándalo sobre el nombramiento de jueces conservadores en los distintos tribunales en los Esta dos Unidos. O pides la santidad de las relaciones sexuales en el matrimonio (1 Corintios 6:9; Gálatas 5:19; Hebreos 13:4) y debes soportar la burla de ser "puritano." O condenas la conducta homosexual (1 Corintios 6:9; 1 Timoteo 1:10) y eres dado de baja por oponerte a los derechos de la privacidad. Estos son algunos pocos de los desafíos morales que los Cristianos enfrenten en nuestro mundo relativista.

La cuestión de los valores morales es un componente importante en el desafío del Cristiano al incrédulo. Debes *siempre* recordar que tu conflicto con él es al nivel de la *cosmovisión*. Y que fuiste enseñado en un capítulo anterior que la *cosmovisión* involucra necesariamente tres componentes clave: la metafísica, la epistemología y la ética.

EL ÉNFASIS DEL INCRÉDULO

Ahora consideremos los pormenores del relativismo moral que infectan nuestra cultura hoy. En cada una de las citas de abajo, los énfasis son míos y no se encuentran en los documentos originales. El tercer punto del *Manifiesto Humanista III* (1973) asevera rotundamente una moralidad que niega a Dios, es relativista y autónoma:

> Nosotros afirmamos que *los valores morales obtienen su fuente de la experiencia humana*. La Ética es *autónoma y situacional no* necesitando de *sanciones teológicas o ideológicas*. La Ética se deriva de la necesidad y el interés humano. Negar esto distorsiona toda la

base de la vida. La vida humana tiene significado porque nosotros creamos y desarrollamos nuestros futuros. La felicidad y la realización creativa de necesidades y deseos humanos, individuales y disfrutados de manera compartida, son temas continuos del humanismo. Nos esforzamos por la buena vida, aquí y ahora.

El investigador francés Emile Durkheim (1858–1917) fue una figura importante en el desarrollo de la sociología "científica" moderna. Él expresó el relativismo moral muy bien:

En la actualidad, ya no se puede sostener por más tiempo, que exista una sola moralidad, que sea válida para todos los hombres en todos los tiempos y en todo lugar . . . El propósito de la moralidad practicada por una persona es capacitarlo para vivir; por consiguiente, la moralidad cambia con las sociedades. No existe sólo una moralidad, sino muchas y existen tantas como los tipos sociales que existen. Y *como nuestra sociedad cambia, así cambiará nuestra moralidad.*

Una publicación reciente de una adolescente acerca de costumbres sexuales y enfermedades de transmisión sexual se titula "La Búsqueda de la Excelencia." En una parte dice:

Muy temprano en la vida, estarás expuesto a diferentes sistemas de valores de tu familia, la iglesia o la sinagoga y de tus amigos . . . *Depende de ti decidir tu propio sistema de valores para construir tu propio código ético*

. . . Tendrás que aprender que es lo correcto para ti a través de la experiencia . . . *Sólo tú puedes decidir* lo que es correcto y cómodo para ti.

¡Ora para que ningún caníbal lea esto! La Enciclopedia de Internet *Wikipedia* tiene un rubro en "Relativismo Moral." En una parte dice:

En la filosofía, el relativismo moral es la posición *de que las proposiciones morales o éticas no reflejan verdades morales absolutas y universales sino que en lugar de eso son preferencias personales o históricas, culturales y sociales,* y donde no existe un estándar en particular por medio del cual se acceda a la verdad de la proposición ética. Las posiciones relativistas muchas veces ven los valores morales como aplicables sólo dentro de ciertos límites culturales o dentro del contexto de preferencias individuales.

Aldous Huxley, en su novela *Fines y Medios*, presentó lo siguiente:

El filósofo que no encuentra significado en este mundo no esta preocupado solamente con un problema de metafísica pura; también está preocupado en probar que *no hay una razón válida del porque en lo personal* no debiera hacer lo que quiere hacer.

Para mí, y sin lugar a dudas, para la mayoría de mis contemporáneos, la filosofía sin sentido era esencialmente un instrumento de liberación. La liberación que nosotros deseamos era simultáneamente una liberación . . . de algún sistema de moralidad. Nos oponemos a la moralidad porque esta interfiere con nuestra libertad sexual; nos oponemos a los sistemas político y económico porque son injustos. Los partidarios a estos sistemas afirman que de alguna manera ellos personificaban el significado (un significado Cristiano, ellos insistían) del mundo. Sólo había un método simple admirable de refutar a esta gente y al mismo tiempo justificarnos a nosotros mismos en nuestra rebeldía política y erótica: *nosotros podíamos negar que el mundo tuviera algún significado.*[6]

El Humanista Max Hocutt dice que los seres humanos "pueden, hacen e inventan sus propias reglas . . . La moralidad no

---

6. Aldous Huxley, *Fines y Medios* (London: Chatto & Windus, 1937), 272, 273.

es algo que se descubre; es algo que se hace."⁷ Con respecto a la evolución y la ética, hemos aprendido que:

> La posición de los evolucionistas modernos es que... *la moralidad es una adaptación biológica* no menos que nuestras manos, pies y dientes. Considerado como un conjunto de afirmaciones justificables racionalmente acerca de algo objetivo, la ética es una ilusión. Yo aprecio que cuando alguien dice "Ama tu prójimo como a ti mismo," ellos piensen que se refieren por encima y más allá de sí mismos. La moralidad es tan sólo una ayuda para sobrevivir y para la reproducción... y *cualquier significado más profundo es* ilusorio.⁸

Aún el campo de la medicina es susceptible al relativismo en el área de la moralidad. Nuestro texto de ética moral establece:

> Es seguro que algunos tengan *severas dudas* de que nosotros tenemos a nuestra disposición una teoría ética normativa firmemente articulada que nos proporciona un conocimiento sistemático del bien y el mal, lo correcto y lo incorrecto, de tal forma que pudiera brindar una confianza ética de que ellos tienen una habilidad moral que les capacita para trazar el camino de la ética aplicada.⁹

El Profesor de Filosofía de la Universidad de Stanford, Richard Rorty, sucintamente establece en su libro: "La Hermenéutica, Estudios Generales y Enseñanza": "Decir que realmente existen valores objetivos por ahí, que existe una realidad moral que le corresponda, parece tan *inútil* como decir que Dios está de nuestro lado. El filósofo existencialista Jean-Paul Sartre escribe:

---

7. Max Hocutt, "Hacia una Ética de Alojamiento Mutuo," en *Ética Humanista*, ed. Morris B. Storer (Buffalo: Prometheus, 1980), 137.
8. Michael Ruse, "Teoría de la Evolución y Ética Cristiana," en *El Paradigma Darwiniano* (London: Routledge, 1989), 262–269.
9. Kai Neilson, "Ser Escéptico a la Ética Aplicada," en Clínica Médica Ética: *Exploración y Evaluación*, eds. Terrence F. Ackerman y Glenn C. Graber, et al. (Lanham, MD: University Press of America, 1987), 100.

El existencialista, por el contrario, piensa que es muy angustiante que Dios si exista, porque toda posibilidad de encontrar valores en un cielo de ideas desaparece juntamente con Él; ya no puede existir el Bien *a priori*, ya que no hay una conciencia infinita y perfecta para pensarlo. En ningún lugar está escrito que el Bien exista, que debamos ser honestos, que no debamos mentir; porque el hecho es que nosotros estamos en un plano en donde sólo hay hombres. Dostoevsky dijo, "Si Dios no existiera, entonces todo sería posible." Este es el punto de partida específico del existencialismo. De hecho, *todo es permisible si Dios no existe* y como resultado el hombre está abandonado, porque ni dentro de sí o fuera encuentra algo a que aferrarse. Él no puede empezar a crear excusas para sí mismo.[10]

De acuerdo al Profesor de leyes de la Universidad de Yale, el agnóstico Arthur Allen Leff, con el surgimiento de una filosofía empirista de la ley

Muy probablemente condicionándola en el hecho, el conocimiento del bien y el mal, como un sujeto intelectual, estaba siendo *destruido sistemática y efectivamente*. El pantano histórico por el cuál el andar ético guiaba, fue abolido en los primeros años de este siglo (no por primera vez, pero si muy claramente esta vez); *el pensamiento normativo salió arrastrándose del pantano y murió en el desierto*. Surgieron un gran número de escuelas de ética—axiológica, materialista, evolutiva, intuicionista, situacional, existencial y muchas más—pero todas ellas sufrieron el mismo destino: ya sea que fueron vistas como las premisas finales de algunas intuiciones (reforzadas o no por el recuento de la nariz de aquellos que aparentemente tienen las mismas intuiciones) o fueron más arbitrarias que aquellas basadas solamente en alguna premisa de

---

10. Jean-Paul Sartre, "Existencialismo," trad. Bernard Frechtman, en *Existencialismo y Emociones Humanas* (New York: Cita del, 1957), 23. Citado en Ed. L. Miller, *Preguntas que Importan: Una Invitación a la Filosofía*, 3rd ed., (New York: McGraw-Hill, 1992), 396.

"por el bien de la discusión." Voy a poner la situación actual tan claramente como sea posible: *No existe hoy una forma de "probar" que quemando a bebés con napalm es malo* excepto imponiéndola (con una voz cada vez más fuerte) o al definirla de esa manera, al inicio del juego de alguien y después deslizándola en un susurro como una conclusión. Ahora bien, este es un hecho de la vida intelectual moderna y se conoce, dolorosamente, como una de pocas que al mismo tiempo horroriza y es banal.[11]

Es innecesario decir, que el filósofo de la Universidad de Toronto, John Rist, señala que es "ampliamente aceptado que hay una crisis en el debate Occidental contemporáneo acerca de los fundamentos éticos."[12] Este ha sido impactado por el compromiso científico occidental al materialismo, el cual está bien expresado por el reconocido evolucionista bio-ético, Peter Singer: "Nosotros somos animales evolucionados y atestiguamos la evidencia de nuestra herencia, no sólo en nuestra anatomía y en nuestro adn, sino también en nuestro comportamiento."[13]

El filósofo ateo Bertrand Russell capto la esencia de la ética materialista: "Impotente y breve es la vida del hombre; sobre él y toda su raza, la lenta y segura perdición cae de forma despiadada y obscura. *Ciego al bien y el mal, sin temor a la destrucción, materia omnipotente rueda en su camino implacable.*"[14]

Aún quienes niegan los absolutos morales tienen al menos una moral absoluta: "No debes creer que hay absolutos morales.

---

11. Arthur Allen Leff, "Análisis Económico de la Ley: Un poco de Realismo acerca del Nominalismo," *Virginia Law Review* (1974), 454–455.
12. John Rist, *Ética Real* (Cambridge: Cambridge University Press, 2003), 1.
13. Peter Singer, *Un Izquierdista Darwiniano: Política, Evolución y Cooperación* (New Haven, CT: Yale University Press, 2000), 11.
14. Bertrand Russell, *¿Por qué Yo No Soy Cristiano? Y Otros Ensayos sobre la Religión y Temas Relacionados*, ed. Paul Edwards (New York: Simon and Schuster, 1957), 115.

Debes creer que no hay moralidad." En realidad, *ellos contradictoriamente tienen una moralidad acerca de la no moralidad.* Ellos dicen tú *debes* ("debes" implica una obligación moral o un deber) creer que no hay absolutos morales. Esto está ilustrado por el profesor de ética, comprometido con el relativismo moral y la negación de los absolutos morales, quien demandará absolutamente que sus estudiantes no copien en los exámenes.

Este es el punto de vista moral del hombre caído. Como has aprendido del análisis de la cosmovisión, las cosmovisiones necesariamente involucran las consideraciones metafísicas, epistemológicas y éticas. Por lo tanto, la razón por la que aquellos quienes demandan morales no absolutas están envueltos en una contradicción propia, es porque *los absolutos morales son ineludibles.*

¿Cómo es que el mundo del incrédulo le da sentido a los absolutos morales? ¿Puede darle sentido a eso? La respuesta viene con un rotundo, "¡No!" El no Cristiano no puede darle sentido a los absolutos morales, aún a su propio relativismo absolutista. Nosotros debemos desafiar al incrédulo: "¿Qué cosmovisión le de sentido a nuestra experiencia humana? ¿Cuál hace que la experiencia humana sea inteligible?" Nosotros queremos demandar del incrédulo la manera en la que puede hacer juicios acerca del bien y el mal en el mundo.

¿Cuáles son las opciones para el no Cristiano? Él no acepta la Palabra de Dios como la autoridad para determinar lo moralmente bueno, así que ¿qué define lo "bueno" para él?

El Cristiano tiene obviamente nociones de lo correcto y lo incorrecto. Desde el fundamento mismo de nuestra cosmovisión está el Dios moral, personal y eterno quien claramente y soberanamente se revela a Sí mismo tanto en la naturaleza como en la Escritura, de este modo nos muestra el carácter inalterable de lo bueno. Jesús desafía al joven rico con su entendimiento de lo "bueno" al declararle: "Ninguno hay bueno, sino sólo uno, Dios." (Marcos 10:18).[15] El carácter mismo de Dios es el fundamento de nuestra perspectiva ética.

EL PROBLEMA DEL INCRÉDULO

La respuesta estándar que define lo "bueno" sigue dos perspectivas: lo Bueno es lo que evoca aprobación o es lo que cumple un cierto propósito. Involucrémonos en una crítica interna de estos dos enfoques éticos.

Lo Bueno es lo Que Evoca Aprobación

En esta perspectiva encontramos dos formas de la ética de aprobación evocativa: (1) Lo Bueno es lo que evoca la aprobación *social*; (2) lo Bueno es lo que evoca aprobación *personal.* Es decir, el bien está definido o por la sociedad o por el individuo. Consideremos las dos formas de este enfoque:

1. *Lo Bueno es lo que evoca aprobación* social. Un artículo en internet resume esta ética de aprobación social de una forma que muestra el problema inherente en el relativismo moral:

El relativismo cultural mantiene que los estándares morales difieren de una cultura a otra. Este dice que el bien y el mal son relativos a la cultura. Lo que es "bueno" es lo que esta "socialmente aprobado" en determinada cultura. El relativismo cultural sostiene que lo "bueno" significa lo que es "socialmente aprobado" por la mayoría en una cultura específica. Esto significa que

---

15. Cuando Cristo le responde, "¿Por qué me llamas bueno? Nadie es bueno sino Dios," no está diciendo que Él (Cristo) en sí mismo no sea bueno (lo que implicaría que Él no es Dios encarnado). Él esta buscando ver si el joven sabe que es "bueno" y quien es Jesús. Esta es una pregunta retórica designada a ver si el hombre rico se sometería a Su autoridad. Trágicamente, el joven dejó a Jesús, prefiriendo su riqueza en lugar de la autoridad de Cristo.

cualquiera que nazca en una cultura en particular se espera que siga los códigos morales de esta cultura porque estos ya existían. Además, el relativismo cultural mantiene que hay diferentes formas de aplicar los principios éticos básicos de una cultura a otra.

En esta perspectiva surge una dificultad: Si la aprobación social define lo bueno, nosotros debemos preguntar a donde nos lleva esto. Cuando vemos la historia de la cultura humana descubrimos muchas culturas involucradas en prácticas moralmente censurables. Si lo bueno es determinado por la sociedad, entonces no podemos condenar prácticas tales como el genocidio, el canibalismo, los sacrificios humanos, el infanticidio, la pederastia, la inmolación de la viudez o suicidios comunitarios, por nombrar algunos pocos problemas.

Genocidio. Sociedades completas han caminado junto con la opresión a los Judíos, dando lugar a lo que conocemos como antisemitismo en general y al holocausto Alemán en particular. La oración "La Sociedad completa ha caminado junto con la opresión a los Judíos" es coherente y tiene sentido. Pero si lo bueno es lo que evoca la aprobación social, entonces por definición se vuelve imposible criticar una sociedad por lo que hace, aún por quemar a judíos y matarlos en campos de concentración. El artículo de *Wikipedia* acerca del genocidio señala que "En el siglo pasado, juergas de matanzas deliberadas a gran escala de grupos completos de personas han ocurrido en lo que ahora es el Imperio Otomano, Namibia, la República Democrática del Congo, la Unión Soviética por ejemplo la hambruna forzada por Stalin en las granjas de Ucrania, el asesinato de Mao de 20 a 60 millones de chinos, Camboya, Ruanda y Sudán."

Canibalismo. Algunas sociedades han practicado el canibalismo (también llamado "antropofagia"[16]). La literatura de las civ-

---

16. Antropofagia se deriva del compuesto de dos palabras en griego: *an-*

ilizaciones chinas antiguas habla ampliamente del canibalismo. Los exploradores europeos descubrieron que el Imperio Azteca en México estaba practicando el canibalismo. No hace mucho tiempo el canibalismo existió entre los aborígenes de la región de Arnhem Land, en el lejano norte del Territorio de Australia. De acuerdo a los antropólogos, la tribu Korowai Papua del sureste y la tribu Fore de Nueva Guinea son culturas caníbales todavía hoy en día.

De acuerdo a investigaciones genéticas recientes del *National Geographic*, "Los marcadores genéticos comúnmente encontrados en los humanos modernos por todo el mundo podrían ser evidencia de que nuestros primeros antepasados eran caníbales, de acuerdo a una nueva investigación." Los científicos sugieren que aún en la actualidad muchos de nosotros cargamos un gen que evolucionó como una protección en contra de una enfermedad del cerebro que podía ser esparcida por comer carne humana."[17]

Sacrificio Humano. El sacrificio humano es otra práctica cultural con implicaciones morales fuertes. De acuerdo al artículo de *Wikipedia*: "El sacrificio Humano era practicado en muchas culturas antiguas. Las víctimas eran asesinadas mediante ritos en una forma en la que se suponía agradaban y mitigaba a los dioses o espíritus. En raras ocasiones los sacrificios humanos siguen sucediendo hoy." Esta práctica era conocida entre los antiguos fenicios, cartagineses y chinos, los primeros medievales celtas, vikingos y entre las sociedades Azteca, Maya e Inca.

Infanticidio. La práctica de infanticidio ha sido ampliamente experimentada en las sociedades humanas. El artículo de *Wikipe-*

---

thropos ("hombre, humano") y *phagein* ("comer").

17. John Roach, "¿El Canibalismo Normal Para losPrimeros Humanos?" *National Geographic News* (4/10/03): http://news.nationalgeographic.com/news/2003/04/0410_030410_cannibal.html, consultado el 5-31-13.

dia acerca del "Infanticidio" comenta:

> El Infanticidio era común en todas las culturas antiguas bien estudiadas, incluyendo aquellas del antiguo Grecia, Roma, India, China y Japón. La práctica del infanticidio ha tomado muchas formas. Sacrificios de niños a figuras o fuerzas sobrenaturales, tales como la alegada práctica en la antigua Cartagena, es una forma; sin embargo, muchas sociedades sólo practicaban un infanticidio simple y consideraban los sacrificios de niños como moralmente repugnantes. El fin de esta práctica de infanticidio en el mundo occidental coincidió con el surgimiento del Cristianismo como la religión más importante. Sin embargo, la práctica nunca fue erradicada completamente y aún continua hoy en áreas de extrema pobreza y sobrepoblación, tales como en partes de China y la India. Los infantes femeninos, antes y ahora, son particularmente vulnerables.

El artículo continúa hablando de la práctica en la cultura Romana alta, la consentida del humanismo moderno:

> La civilización romana clásica puede servir como ejemplo de ambos aspectos. En algunos periodos de la historia romana era una práctica tradicional para un recién nacido ser traído al *pater familias,* al patriarca de la familia, quien decidiría entonces si el niño se quedaría y sería criado o se le dejaría expuesto a la muerte.

Abuso sexual infantil. Las antiguas sociedades griega y romana se involucraban en la "pederastia." Esto alienta prácticas que la mayoría de los americanos considerarían sin importancia pero el abuso sexual a menores y los estándares éticos Cristianos condenan abiertamente. De acuerdo a *Wikipedia*:

> La Pederastia, como la idealizaban los antiguos griegos, era una relación y un lazo entre un niño adolescente y un hombre adulto fuera de su familia inmediata. En un sentido más amplio se refiere al amor erótico entre hombres adolescentes y adultos. La

palabra se deriva de la combinación de *paidi* (griego para "niño") con *erastis* (griego para "amante"; *Eros*). En esas sociedades donde la pederastia prevalece, aparece como una forma de una práctica abierta de bisexualidad masculina. En la antigüedad, la pederastia era practicada como una institución educativa y moral en la Grecia y Roma antiguas. Otras formas de esta eran comunes y también se encontraba entre los celtas (de Aristóteles, *Política*, II 6.6. *Entonces*. XIII 603a) y entre los persas (de Herodoto 1.135). Más recientemente, fue difundida en Toscana y el norte de Italia durante el Renacimiento. Fuera de Europa, era común en el Japón pre moderno hasta la restauración meiji, en Mogol India hasta la colonización británica, entre los aztecas antes de la conquista española de México y en China y Asia Central hasta principios del siglo 20. La tradición pederasta persiste en la actualidad en ciertas áreas de Afganistán, el medio este, África del Norte y Melanesia.

Aún en la actualidad en Estados Unidos la "Asociación Norteamericana de Amor Hombre/Niño" defiende el amor libre entre adultos y niños. En su sitio web puedes encontrar un artículo que dice: "La pederastia es la forma principal que la homosexualidad masculina ha adquirido por toda la civilización occidental—y ¡no sólo en el Oeste! La Pederastia es inseparable de los puntos más altos de la cultura occidental—la antigua Grecia y el Renacimiento."[18]

La inmolación de la viudez. La práctica de *sati* en la cultura hindú es generalizada. El Hinduismo es la tercera religión más grande del mundo, con 900 millones de adeptos. La costumbre de un funeral hindú en la actualidad, normalmente involucra la práctica *sati*, en donde la viuda se inmola a sí misma en la hoguera del funeral de su marido. La expectativa es tan fuerte que existe evidencia de que se les obliga a las viudas a quemarse a sí mismas

---

18. David Thorstad, "Pederastia y Homosexualidad": http://nambla.org/pederasty.html, consultado el 5-31-13.

vivas, aún cuando ellas no lo quieran hacer. Esta práctica data de alrededor del año 500 d.c. y fue ampliamente practicada en tiempos pre modernos.

Suicidios Comunitarios. La práctica India de *jauhar* se llevaba a cabo en tiempos medievales. De acuerdo a *Wikipedia*, "La práctica de *jauhar*, sólo conocida en Rajastán, era un suicidio colectivo de una comunidad. Este consistía en una inmolación masiva de mujeres y algunas veces también de niños, los ancianos y los enfermos, al mismo tiempo que sus hombres de guerra morían en la batalla."

Pero aún incrédulos que niegan los estándares de moral absoluta, critican estas y otras sociedades por su conducta moral. Ellos hablan de sociedades que son humanas o inhumanas, que son bélicas o pacíficas, que son puritanas o tolerantes sexualmente. Mientras que censuran los estándares de moral absoluta del Cristianismo, los incrédulos no obstante hacen evaluaciones morales de las sociedades. Estas evaluaciones sin embargo, no tienen sentido si lo bueno es cualquier cosa que evoca la aprobación social y si no existe un estándar moral definitivo.

Además, normalmente pensamos que las cosas evocan aprobación porque ellas no son buenas en sí mismas. Normalmente no pensamos en evocar aprobación a aquello que constituye la bondad. ¿Por qué *es* que una acción en particular evoca la aprobación de la sociedad? La teoría de la ética propia de los no Cristianos no tiene sentido, dada su perspectiva ética filosófica, dada su insostenible cosmovisión.

Si los incrédulos en esta escuela de ética argumentan que lo bueno es intuido, entonces surge otro problema: No puedes discutir acerca de lo bueno—tú simplemente intuyes lo que es bueno. Una vez más, no puedes tener una discusión racional acerca de lo correcto y lo incorrecto, porque no tienes forma de resolver las diferencias de opinión. Esto reduce la moralidad a una preferencia subjetiva que no une a nadie, ni siquiera el subjetivista que puede cambiar su punto de vista en cualquier momento. De hecho, tú no tienes una forma predecible de decir que la intuición de una persona acerca de lo bueno es buena en sí. Terminas teniendo que intuir que tu intuición es correcta, después intuir que tu intuición acerca de tu intuición es correcta. Y continuar así en una regresión infinita que es el resultado de no tener un estándar absoluto y auto verificable. Así es que, en este enfoque de la ética no puedes criticar a ninguna sociedad.

2. *Lo Bueno es lo que evoca aprobación* personal. El enfoque de aprobación personal a la moralidad termina en una teoría emotiva de la ética: El bien y el mal son sólo expresiones de nuestras respuestas emocionales. El bien y el mal realmente no describen nada. Esta escuela de pensamiento ético afirma que los juicios morales no pueden ser considerados ni falsos ni verdaderos. Esto es debido a que sus expresiones son una preferencia subjetiva individual o de una sociedad.

Todos hemos escuchado la declaración de: "Es bueno ayudar a los huérfanos." Nota que esta declaración no es la misma cuando la dice Teo de cuando la dice Memo. Cuando Teo la asevere, simplemente significa: "A Teo le gusta ayudar a los huérfanos." Cuando Memo la asevere, simplemente significa: "A Memo le gusta ayudar a los huérfanos." Por consiguiente, en este enfoque no tenemos una calidad objetiva o pública, sino sólo expresiones subjetivas y emocionales. En tal enfoque, la ética se vuelve imposible y subjetiva. Así es que: "Lo Bueno es lo que evoca una aprobación personal" carece de sentido.

LO BUENO ES LO QUE CUMPLE UN CIERTO PROPÓSITO

Algunos especialistas en ética argumentan que lo bueno es **tele-**

ológico, es decir, que busca un cierto propósito (*telos* = "fin" o "propósito") el cuál define la bondad. En un artículo en internet acerca de "Teleología y Ética" encontramos este punto de vista descrito:

> La idea de que el valor moral en una acción está determinado por las consecuencias de esa acción es catalogada muchas veces como consecuencialismo. Por lo general, las "consecuencias correctas" son aquellas que son más benéficas para la humanidad—estas promueven la felicidad humana, el placer humano, la satisfacción humana, la supervivencia humana o simplemente el bienestar general de todos los humanos. Cualesquiera que sean las consecuencias, se cree que aquellas consecuencias son intrínsecamente buenas y de valor, y que es por eso las acciones que llevan a esas consecuencias son morales mientras que las acciones que te alejan de ellas son inmorales.[19]

Pero examinemos las falacias en este sistema ético. Si lo bueno es lo que cumple propósitos escogidos, esto lleva a ciertas consecuencias. El utilitarismo enseña que lo bueno es lo que produce la mayor felicidad para el mayor número. Los hedonistas enseñan que nuestra propia felicidad individual y bienestar son las metas de lo bueno. Pero en ambos casos, si lo bueno es conducente a lo que escogiste, la pregunta es: ¿Cómo es que lo bueno es el propósito al que se supone que los "medios para el fin" se dirigen? Cuándo el utilitario dice que lo bueno es para el mayor número, debemos preguntar: "¿Por qué es el mayor número determinante para lo bueno?" Esto asume que el propósito es en sí bueno. Pero ¿cómo sabes que *eso* es bueno? Además, cuando una cultura entera acepte que cierto propósito es "bueno" (tal como comerte a tu enemigo vencido), ¿cómo podemos declarar que ese fin es

---

[19]. Austin Cline, "Teleología y Ética: Acciones y Consecuencias" en el sitio About.com: http://atheismabout.com/library/FAQs/phil/blfaq_phileth_teleo.htm, consultado el 5-31-13.

malo?

Entonces nosotros nos debemos preguntar que queremos decir con la palabra "bueno" en estos puntos de vista. El incrédulo sabe en lo profundo de su corazón que lo bueno es lo que corresponde con la actitud de Dios hacia las cosas y que lo malo es lo que es contrario a la actitud de Dios. Los incrédulos usan el lenguaje del bien y el mal de formas absolutas y después buscan una teoría para cubrirlo. Pablo expone la fuente verdadera de la consciencia moral del hombre cuando escribe de los gentiles incrédulos que "cuando los gentiles, que no tienen la ley, cumplen por instinto los dictados de la ley, ellos, no teniendo la ley, son una ley para sí mismos. Porque muestran la obra de la ley escrita en sus corazones, su conciencia dando testimonio, y sus pensamientos acusándolos unas veces y otras defendiéndolos" (Romanos 2:14-15).

En nuestro enfoque apologético a la ética, necesitamos seguir el ejemplo de Pablo en Areópago. En Atenas el declara: "Encuentro que son muy supersticiosos. Este dios que no entienden, ahora yo lo proclamo." Esto es efectivamente lo que nosotros necesitamos hacer con el incrédulo para que él pueda encontrar un fundamento verdadero para su ética.

2.0 OBSERVACIONES EXEGÉTICAS

La pregunta acerca de un estándar absoluto para la ética es un aspecto importante para la cosmovisión Cristiana. Ahora debes comprender la futilidad de los sistemas éticos incrédulos que carecen de un estándar absoluto. La aplicación de la ley de Dios a la ética moderna es esencial para el acercamiento de la apologética Cristiana. Un pasaje de la Escritura importante donde Pablo señala el estándar absoluto de la moralidad y su aplicación en el nuevo pacto es 1 Timoteo 1:8-11. Aquí él habla de la ley de Dios del Antiguo Testamento:

> Pero nosotros sabemos que la ley es buena, si uno la usa legítimamente. Reconozcamos esto: que la ley no ha sido instituida para el justo, sino para los transgresores y rebeldes, para los impíos y pecadores, para los irreverentes y profanos, para los que matan a sus padres o a sus madres, para los asesinos, para los inmorales, homosexuales, secuestradores, mentirosos, los que juran en falso, y para cualquier otra cosa que es contraria a la sana doctrina, según el glorioso evangelio del Dios bendito, que me ha sido encomendado.

Debemos notar varias verdades importantes contenidas en esta declaración. Primero, que la ley de Dios es "buena." Él establece también esto en Romanos 7:12 donde leemos: "Así que la ley es santa, y el mandamiento es santo, justo y bueno." De hecho Pablo confiesa que el no habría conocido el "pecado" si no fuera por la ley de Dios: "Porque yo no hubiera sabido lo que es la codicia, si la ley no hubiera dicho: No codiciaras" (7:7).

La razón por la que la ley es "buena" es porque está arraigada en el carácter mismo de Dios. Cuando estudiamos las representaciones Escriturales del carácter de la Ley de Dios, rápidamente descubrimos que los mismos atributos morales que se le aplican son también usados al referirse de Dios mismo:

- Dios es bueno (Marcos 10:18; Salmos 143:10)—la Ley es buena (Deuteronomio 12:28; Salmos 119:68; Romanos 7:12, 16; 1 Timoteo 1:8).

- Dios es recto (Deuteronomio 32:4; Esdras 9:15; Salmos 116:5)—la Ley es recta (Deuteronomio 4:8; Salmos 19:7; Romanos 2:26; 8:4).

- Dios es justo (Deuteronomio 32:4; Salmos 25:8, 10; Isaías 45:21)—la Ley es justa (Proverbios 28:4–5; Zacarías 7:9–12; Romanos 7:12).

- Dios es santo (Isaías 6:3; Apocalipsis 15:4)—la Ley es santa (Números 15:40; Romanos 7:12).
- Dios es perfecto (2 Samuel 22:31; Salmos 18:30; Mateo 5:48)—la Ley es perfecta (Salmos 1:25; Santiago 1:25).

Por consiguiente, la ley de Dios refleja el carácter de Dios que es lo que define lo "bueno.". Lo bueno no es algo fuera de Dios con lo que Dios mismo debe medirse. Ni es lo que es por la determinación soberana de Dios (porque entonces Él podría cambiar algunas nociones de "bueno"). Más bien, lo bueno es lo que refleja Su propio carácter interno y por lo tanto, es lo que nos es revelado objetivamente en Su Palabra, particularmente en Su santa ley.

En segundo lugar, no se puede abusar de la ley de Dios. "La ley es buena, si se usa legítimamente." Los estándares de moral absoluta pueden ser abusados por medio de una aplicación *pecaminosa*. El ejemplo clásico del abuso de la ley de Dios lo encontramos en el Nuevo Testamento registrado de los fariseos, quienes buscaban usar la ley de Dios para sobajar a otros y enaltecerse ellos (Mateo 6:5; 23:2–4; Lucas 18:10–11).

En tercer lugar, la ley de Dios no es opresiva. La imputación moderna, de que los Cristianos que siguen la ley de Dios son "puritanos," muestra el odio del incrédulo a la ley de Dios en que usa un término que es una recomendación (puro) de manera despectiva (opresiva). Debemos buscar ser "puritanos" (es decir, puros) en nuestros valores morales. La ley no es una restricción sobre aquellos que actúan rectamente, sino sólo sobre aquellos que hacen obras malas: "La ley no ha sido instituida para el justo, sino para los transgresores y rebeldes" (1 Timoteo 1:9).

Los principios absolutos de la moralidad están diseñados para frenar los deseos malos del corazón del pecador. La ley de

Dios condena el "bien para la sociedad" de aquellas culturas que practican el genocidio, canibalismo, sacrificio humano, infanticidio, pederastia, inmolación de viudez o suicidios comunitarios—y los males más mundanos de nuestra propia cultura.

En cuarto lugar, la ley de Dios esta destinada a todo el mundo. Esto es verdad aún hoy en esta era del Nuevo Pacto. Nosotros sabemos que Pablo está hablando de la ley de Dios como fue expresada específicamente en la ley de Moisés, porque el siempre elogia la ley de Moisés (Romanos 2:13, 23; 7:7, 12; 13:8, 10). En el Antiguo Testamento vemos que la ley de Moisés es, de hecho, la ley de *Dios* porque se refiere repetidamente a ella como "Su ley," "Mi ley," "la ley de Dios."[20] De hecho, Pablo define el amor por medio de guardar la ley de Moisés en nuestra relación con otros (Romanos 13:8, 10; Gálatas 5:14), al igual que Jesús (Mateo 22:36–40) y Santiago (Santiago 2:10).

Pablo, conocido en el Nuevo Testamento como el apóstol a los gentiles y a los incircuncisos (Romanos 15:16; Gálatas 2:9; Efesios 3:8), no obstante, confirmó la Ley "Judía" de Moisés como un ideal ético del pueblo de Dios. Cuando le escribió a la iglesia en Roma, se estaba dirigiendo a la iglesia gentil (Romanos 1:13; 15:12; 16:4). A pesar de esto el pudo escribir: "Así que la ley es santa, y el mandamiento es santo, justo y bueno ... Porque sabemos que la ley es espiritual" (Romanos 7:12, 14). Y esto estaba bien en la era del Nuevo Pacto. Inclusive, les declara absolutamente a estos gentiles la continua relevancia de la ley:

- Ahora bien, sabemos que cuanto dice la ley, lo dice a los que están bajo la ley, para que toda boca se calle y *todo*

---

20. Deuteronomio 30:10; Josué 24:26; 2 Reyes 10:31; 17:13; 21:8; 1 Crónicas 22:12; 2 Crónicas 6:16; 31:21; Esdras 7:6, 12, 14, 21; Nehemías 8:8, 18; 9:3; 10:28, 29; Salmos 78:1; 81:4; 89:30; 119:34, 77, 92, 97, 109, 174; Isaías 1:10; Jeremías 6:19; 9:13; 16:11; 22:26; 26:4; 31:33; 44:10; Daniel 6:5; Oseas 4:6; 8:1.

el mundo sea hecho responsable ante Dios (Romanos 3:19).

- ¿Anulamos entonces la ley por medio de la fe? ¡De ningún modo! Al contrario, *confirmamos la ley* (Romanos 3:31).

Pablo declara terminantemente que el promover la ley de Dios es una característica de la "sana doctrina" y es "según el glorioso evangelio del Dios bendito" que le había sido encomendado a él (1 Timoteo 1:10–11). También debemos recordar el estudio previo sobre la declaración de Pablo acerca de la inspiración: "Toda Escritura es inspirada por Dios y útil para enseñar, para reprender, para corregir, para instruir en justicia, a fin de que el hombre de Dios sea perfecto, equipado para toda buena obra" (2 Timoteo 3:16–17). Esto declara necesariamente a la ley de Dios (una gran porción de la Escritura) como "útil" para "instruir en justicia."

Como cristianos tenemos un Dios santo, inmutable y absoluto quien ha revelado su ley santa, inmutable y absoluta para proveer un fundamento santo, inmutable y absoluto para nuestra perspectiva ética y nuestra conducta moral. El no Cristiano puede no respetar estándares morales porque no tiene fundamentos para ellos. No puede si quiera declarar incorrecto atrocidades tales como el genocidio, canibalismo, sacrificio humano, infanticidio, pederastia, inmolación de la viudez o suicidios comunitarios.

3.0 PREGUNTAS PLANTEADAS

Intenta contestar las siguientes preguntas por ti mismo antes de ver el texto o consultar la **Clave de Respuestas**.

1. ¿Por qué la moralidad es un tema importante al defender

la existencia de Dios?

2. Enlista algunas posiciones de moral extrema en el mundo moderno que ayudan a mostrar lo absurdo del intento de establecer la ética sin tomar en cuenta a Dios.

3. Expresa tres posiciones morales por las que los cristianos modernos son denunciados, mostrando la antítesis entre la cosmovisión cristiana y la no cristiana.

4. Define que quisimos decir con "relativismo ético."

5. ¿Cuál es la contradicción involucrada al afirmar que nadie debe declarar valores morales absolutos?

6. ¿Cuál es el desafío apologético estándar que hacemos en contra del incrédulo? Replantea ese desafío para utilizarlo en el debate sobre los absolutos de la moral.

7. ¿Cuál es el estándar absoluto para lo bueno en la cosmovisión cristiana?

8. Una escuela de ética de los incrédulos afirma que lo "bueno" es lo que evoca aprobación. Explica esta posición, siendo cuidadoso en señalar las dos divisiones en este enfoque.

9. Expresa cinco prácticas históricas reprobables que se han llevado a cabo en diferentes sociedades y que muestran lo absurdo del punto de vista que lo bueno es lo que evoca aprobación social.

10. ¿Cuál es el problema al declarar que los valores éticos son intuidos?

11. ¿Cómo responderías a la afirmación de que lo bueno es lo que evoca una aprobación personal?

12. ¿Cómo responderías a la afirmación de que lo bueno es lo que cumple con un propósito deseado?

13. Defiende desde las escrituras la afirmación de que la ley de Dios es nuestro estándar revelado del absoluto de lo bueno.

4.0 APLICACIÓN PRÁCTICA

1. En nuestro estudio mencionamos siete ejemplos de maldad que se han estado considerando como algo bueno por todas las sociedades. Trata de dar tres ejemplos más.

2. Pregúntale a un amigo incrédulo si cree que la moralidad es relativa de una cultura a otra. Pregúntale como sobre esas bases podría condenar la matanza de Hitler de los judíos.

3. Trata de pensar en expresiones comunes que indican el relativismo moral. Por ejemplo, escuchamos a la gente decir: "A cada uno lo suyo"; "Diferentes estilos para diferentes personas"; "No me puedes imponer tu moralidad." ¿Qué otras frases relativistas se te ocurren?

4. Busca la palabra "ley" en el Nuevo Testamento. Haz una lista de los versículos que hablan de la ley de Dios como admirable. Escoge uno de esos versículos como tu versículo base (un versículo fácil de recordar), después al margen de la Biblia en ese versículo anota todas las afirmaciones positivas de la ley de Dios.

5. Haz una lista de aquellos pasajes que hablan de la ley de Dios en una forma negativa. Explica como pueden ser

explicados estos versículos a la luz de la recomendación general de la ley de Dios en la Escritura.

6. Ve al sitio Covenant Media Foundation o al sitio American Vision y busca artículos sobre la ley de Dios. Prepara una lección de estudio Bíblico de 40–45 minutos promoviendo la aplicabilidad moderna de la ley de Dios y preséntala en un estudio Bíblico.

7. Ve al internet y busca sitios web que promuevan el relativismo moral. Lee algunos artículos que defienden este punto de vista. Escribe un trabajo de cinco hojas respondiendo a dos o tres de sus argumentos principales.

8. Encuentra artículos en nuestra sección de abajo de "Lecturas Recomendadas." Imprímelos y guárdalos en una carpeta. Empieza a coleccionar artículos que ilustren ya sea lo absurdo del relativismo moral o afirmen el valor de las morales absolutas del Cristiano. Guarda esta carpeta para que en el futuro añadas más artículos.

9. Lee y has una crítica de lo que escribe John Corvino en "¿Qué es lo que está Moralmente Incorrecto con la Homosexualidad?" (http:// www.indegayforum.org/authors/corvino/)

5.0 LECTURAS RECOMENDADAS

Copan, Paul, "El Argumento Moral para la Existencia de Dios": http:// www.4truth.net/fourtruthpbgod.aspx?pageid=8589952712, consultado el 5-31-13

DeMar, Gary, "Matrimonio Homosexual y el Fin del Oeste": http:// americanvision.org/1374/homosexual-marriageend-of-west/, consultado el 5-31-13

"Relativismo Ético": http://carm.org/ethical-relativism, consultado el 5-31-13 Groothius, Douglas, "Confrontando el Desafío del Relativismo Ético":

http://www.equip.org/articles/confronting-the-challenge-of-ethical-relativism/, consultado el 5-31-13

CAPÍTULO 10

LA UNIFORMIDAD DE LA NATURALEZA

"Mientras la tierra permanezca, la siembra y la siega, el frío y el calor, el verano y el invierno, el día y la noche, nunca cesarán" (Génesis 8:22)

CONTINUANDO EN NUESTRO estudio de las dinámicas de defender la cosmovisión Cristiana, debemos recordar los problemas serios de cuatro áreas importantes con respecto a la cosmovisión: la moralidad, la uniformidad de la naturaleza, los universales y las leyes, y la dignidad humana. Las complicaciones en estas áreas reducen la cosmovisión incrédula a la absurda irracionalidad. Por eso, es importante que comprendas estos asuntos para que puedas hacer una crítica interna de la cosmovisión no Cristiana, que es un camino en la apologética de doble camino de la Escritura (ver Capítulo 8). Recuerda que el argumento para la fe Cristiana es: "la imposibilidad de lo contrario." Esta imposibilidad debe ser demostrada al incrédulo.

En el capítulo pasado nos enfocamos en el primer punto que

nos ocupa: el problema de los absolutos de la moral. Mostramos que el sistema incrédulo es confundido por las contradicciones internas y por la inhabilidad de justificar racionalmente los estándares morales. Debido a que Dios nos creó como creaturas sociales (Génesis 2:18) que vivimos en un mundo lleno de personas, nos lleva a depender absolutamente en una moralidad básica compartida para que tú "sabrás que tu tienda está segura, porque visitarás tu morada y no temerás pérdida alguna" (Job 5:24). De otra manera, tendríamos miedo de lo impredecible del mundo social y no seríamos capaces de funcionar para nada en él (Proverbios 1:16; Salmos 55:1-8; 71:4; 140:1-5; Isaías 57:20-21; 59:7-14).

Vimos que la cosmovisión Cristiana establece un fundamento firme para la ética: el carácter del Dios de la Escritura justo y absoluto. Dios no sólo provee el fundamento para la ética sino que revela el estándar de esta en la Escritura. Como siempre, debes reconocer que la idea fundamental en todo encuentro apologético es: Tú le concedes al incrédulo la oportunidad de responder al desafío. Después le presentas el fundamento Cristiano que por sí solo le puede dar sentido a la experiencia humana.

En este capítulo nos moveremos a la segunda consideración: el problema de la uniformidad de la naturaleza.

1.0 PREOCUPACIONES CENTRALES

La uniformidad de la naturaleza es un tema crucial en la metafísica que provee de un sistema mundial en el que podemos prácticamente vivir nuestras vidas, además de participar en la investigación científica. Pero el no Cristiano tiene un problema explicando la uniformidad de la naturaleza. Veamos como sucede esto. Mientras que en el capítulo anterior lidiamos con temas morales, en este lidiaremos con la uniformidad de la naturaleza que involucra asuntos científicos.

UNIFORMIDAD DEFINIDA

Como lo señalamos brevemente en un capítulo anterior, vivimos en lo que llamamos "universo." La idea de un *uni*-verso encierra a todas las cosas creadas colectivamente. Esta palabra "universo" se deriva de *unus*, la palabra en latín "uno" y *versus* es del latín "convertir," lo que significa "convertirse en uno," es decir, de muchas partes. El que vivamos en un *uni*verso indica que existimos en un sistema ordenado, unificado y único que está compuesto de muchas partes diversas.

Estas partes funcionan juntas como un sistema predecible, racional y completo. Nosotros no vivimos en un "multiverso." Un multiverso sería un surtido aleatorio, totalmente fragmentado y desunido de hechos desconectados y no conectables. Estos hechos no conectables serían esparcidos sin sentido en una confusión caótica y un desorden final.

La idea de un universo esta ligada necesariamente con el principio científico de la uniformidad de la naturaleza. La *uni*formidad del *uni*verso predice que lo que sucede en un determinado tiempo en el mundo material, ocurrirá otra vez bajo condiciones suficientemente similares. Es decir, que las mismas causas materiales bajo las mismas condiciones materiales producirán los mismos resultados materiales. La uniformidad de la naturaleza, por lo tanto, implica dos verdades importantes que la componen:

1. La uniformidad es válida en todo lugar. El carácter del universo material es tal que funciona de acuerdo a una regularidad discernible. Las leyes naturales que operan en un lugar del universo operaran uniformemente por todo el universo, de tal manera

que la misma causa física producirá bajo circunstancias similares el mismo resultado físico en donde sea.

2. La uniformidad es válida en todo tiempo. Podemos esperar que el futuro sea como el pasado en tanto que las leyes naturales no cambien con el tiempo. Por consiguiente, aún los cambios en el universo provocados por eventos super masivos como la explosión de supernovas, la colisión de galaxias y demás, son predecibles, siendo gobernados por la ley natural. Estas leyes mantienen la verdad en todo tiempo, desde el pasado hasta el futuro.

LA IMPORTANCIA DE LA UNIFORMIDAD

La ciencia es absolutamente dependiente de esta uniformidad porque sin ella no puede inferir eventos pasados lo que se puede esperar bajo circunstancias parecidas en el futuro. La ciencia física requiere absolutamente de la habilidad de predecir la acción futura de entidades materiales. La experimentación científica, teorizar y predecir serían imposibles donde hubiera naturaleza no uniforme. La investigación científica sólo es posible en un sistema unido, coherente, racional y ordenado.[1]

Si la realidad fuera accidental y desordenada, no tendríamos leyes científicas básicas gobernando y controlando varios fenómenos. Por ejemplo, los laboratorios médicos hacen

---

[1] Como algo aparte, debemos señalar que concebida correctamente, la uniformidad de la naturaleza y las operaciones de la ciencia no excluye la posibilidad de los milagros de Dios. La ley científica de la uniformidad es un principio *universalista*, no uno particularista. Los milagros, por definición, son una intervención *poco común* en la naturaleza, particular y divina, que apropiadamente se les llama en la Escritura "señales" o "maravillas" debido a su ley natural invalidada. Es decir, aunque Dios puede ocasionalmente anular la ley natural a través de una intervención milagrosa en casos individuales limitados, estas son *excepciones* raras de la operación abrumadoramente universal de la ley natural. Si no hubiera uniformidad, no podrían haber milagros ya que todo sería sorprendentemente maravilloso e impredecible.

experimentos controlados para crear procedimientos y medicamentos que curen y prevengan enfermedades, y demás. Nuestro programa espacial no podría utilizar las leyes de la gravedad para proporcionar ayuda para impulsar las sondas interplanetarias.[2] Todas las ramas de la ciencia aprenden de las experiencias pasadas para que ese conocimiento ayude a controlar experiencias futuras.

Y claro está que también nuestro diario vivir sería inconcebible sin la uniformidad. No tendríamos para nada unidad ni en la experiencia ni en el pensamiento. Esto es verdad al nivel más mundano de la vida diaria, en cosas tales como caminar, andar en bicicleta o manejar un carro. Estas experiencias comunes dependen de la uniformidad. Cuando pones con éxito un pie enfrente del otro y te inclinas hacia adelante, esperas moverte a cierta distancia sobre la superficie de la tierra, no volverte un pulpo o convertirte en una fórmula matemática.

Todos asumen la uniformidad de la naturaleza, de otra forma no podríamos saber que la gravedad nos mantiene en la superficie de la tierra, que la inercia podría provocar que estuviéramos en reposo hasta que una fuerza se aplicara, que el sol saldría mañana, que comer le daría energía a nuestros cuerpos y así sucesivamente. Las leyes de la naturaleza son consideradas por los científicos como una verdad (nunca son contradichas), universales (aplican en todo el universo), absolutas (nada las altera) y sencillas (pueden ser expresadas por fórmulas matemáticas).

---

2. Para un vistazo, complicado y alucinante de las matemáticas, necesario para guiar la prueba Cassini Huygens a través de varios impulsos gravitacionales planetarios para poder alcanzar su destino en la luna de Saturno, Titán, ve: "Orbitas Gravitacionales: Asistencia Gravitacional de los Planetas" en http://www.bogan.ca/orbits/gravasst/gravasst.html, consultado el 6-3-13. Estos cálculos complejos emplean y adaptan las tres leyes del movimiento planetario de Johannes Kepler (1571–1630).

Si viviéramos en un multiverso todos y cada uno de los hechos necesariamente se sostendrían solos, completamente desconectados de otros hechos, sin formar un sistema en conjunto. Como consecuencia, nada podría estar organizado y relacionado en una mente porque ningún hecho se podría relacionar con cualquier otro. Por lo tanto, la ciencia, la lógica y la experiencia necesariamente requieren de uniformidad como un principio del mundo natural.

EL PROBLEMA DE LA UNIFORMIDAD

Ahora bien, el problema que surge para el incrédulo es en *explicar* la uniformidad de la naturaleza. Debido a que el incrédulo está tan enamorado de la ciencia y del método científico, este es un buen lugar para demostrar la crisis de su cosmovisión. Debes presentar tu desafío estándar apologético al incrédulo: "¿Qué cosmovisión esperaría de manera razonable que las conexiones al azar funcionaran uniformemente en todo el universo o que el futuro será como el pasado?" Nosotros estamos preguntando, en otras palabras, ¿qué cosmovisión hace que la experiencia humana sea inteligible y que la ciencia sea posible? Todas las personas sanas asumen la uniformidad, pero sólo la cosmovisión Cristiana puede *explicarla*.

Los incrédulos afirman: "Nosotros sólo conocemos las cosas basados en la observación y la experiencia. Nosotros sólo conocemos las cosas que son el resultado de experiencia de los sentidos en el mundo material." Pero el problema surge: Nosotros no tenemos experiencia del futuro, porque aún no sucede. Por lo tanto, en este método científico basado en la experiencia,

¿cómo podemos predecir que el futuro será como el pasado de tal forma que podamos esperar que los experimentos científicos sean válidos?

El incrédulo intentará responder: "Nosotros sabemos que el futuro será como el pasado porque nuestra experiencia pasada del resultado del futuro siempre ha sido así." Pero esta declaración todavía sólo nos habla del pasado, no de un acercamiento al futuro que nosotros debamos anticipar ahora.

Además, no puedes esperar que el futuro sea como el pasado separado del punto de vista de la naturaleza de la realidad que nos informa que los eventos son controlados de manera uniforme, como por Dios en el sistema Cristiano. Aún el renombrado filósofo ateo Bertrand Russell (1872–1970) admitió que el principio de la inducción (de que podemos tomar las experiencias pasadas y proyectarlas en el futuro, de que podemos conocer el futuro obteniendo conocimiento del pasado) tiene un fundamento en la observación y en la experiencia de los sentidos. Por lo tanto, no tiene un fundamento "científico." Con todo, toda la ciencia formal y toda la experiencia humana racional asumen la uniformidad. La declaración exacta de Russell es la siguiente:

> Se ha discutido que nosotros tenemos la razón de saber que el futuro se va a parecer al pasado, porque lo que era el futuro se ha convertido constantemente en el pasado y siempre se ha encontrado que se parezca al pasado, así que nosotros realmente tenemos experiencia del futuro, a saber de los tiempos que antes eran el futuro, que podemos llamar los futuros pasados. Pero tal argumento plantea realmente la pregunta en cuestión. Nosotros tenemos experiencia en futuros pasados, pero no en futuros-futuros y la pregunta es: ¿Se parecerán los futuros-futuros a los pasados futuros? Esta pregunta no será contestada por un argumento que parta de los futuros pasados solamente. Por lo tanto, nosotros tenemos todavía que buscar algún principio que nos permita saber que el futuro seguirá las mismas leyes del pasado.

Los principios generales de la ciencia, como el de la creencia en el reino de la ley y la creencia de que todo evento debe tener una causa, son tan completamente dependientes del principio de inducción como lo son las creencias del diario vivir. Todos estos principios generales se creen porque la humanidad ha encontrado innumerables instancias de su verdad y no ha encontrado instancias de su falsedad. Pero esto no ofrece evidencia para su verdad en el futuro a menos que el principio de inducción sea asumido.

Así que todo el conocimiento que, sobre una base de la experiencia nos dice algo acerca de lo que no es experimentado, está basado en una creencia que la experiencia no puede ni confirmar ni refutar, sin embargo, por lo menos en sus aplicaciones más concretas, parece estar tan firmemente arraigado en nosotros como muchos otros de los hechos de la experiencia. La existencia y la justificación de tales creencias—por el principio de inducción, como lo veremos, no es el único ejemplo— plantea algunos de los más difíciles y más debatidos problemas de la filosofía.[3]

Finalmente, Russell termina cayendo en el subjetivismo cuando reconoce que no puede explicar el mundo objetivo como es:

En la **ontología**,[4] yo empiezo por aceptar la verdad de la física... Los filósofos pueden decir: ¿Qué justificación tienes para aceptar la verdad de la física? Yo les contesto: simplemente una base de sentido común... Yo creo (aunque sin buenas razones) en el mundo de la física así como en el mundo de la psicología... Si hemos de sostener que conocemos cualquier cosa del mundo externo, debemos aceptar los criterios del conocimiento científico. Ya sea que... un individuo decida aceptar o rechazar estos criterios, es un asunto puramente personal, no susceptible a ser argumentado.[5]

---

3. Bertrand Russell, *Los Problemas de la Filosofía* (Oxford: Oxford University Press, 1998), ch. 6.
4. **Ontología** es la rama de la metafísica que se ocupa de la naturaleza del ser.
5. Bertrand Russell, *Conocimiento Humano: Su Alcance y Límites* (New York: Clarion Books, Simon and Schuster, 1948), xv–xvi.

LA UNIFORMIDAD DE LA NATURALEZA

Otro filósofo de la ciencia habla de la paradoja de la inducción:

> La paradoja de la inducción es el problema de que en todo razonamiento científico formamos conclusiones, llamadas leyes, que son de una naturaleza general, sin embargo, la evidencia que tenemos para esas leyes está basada en experiencias particulares. Por ejemplo, formamos la conclusión de que los rayos de luz se curvean cuando pasan del aire al vidrio, pero nosotros sólo hemos observado un número finito de instancias de esta ley. En una reflexión más profunda vemos que no necesariamente hay una conexión entre algo que sucede una vez y la misma cosa sucediendo en circunstancias similares en otra ocasión. No estamos familiarizados con el "poder" detrás de los eventos que asegura la uniformidad de la naturaleza en todo del espacio y el tiempo.
>
> La ley general abarca un número potencialmente infinito de instancias que ninguna cantidad de observación podría posiblemente afirmar. El problema es normalmente expresado como un problema de inferencia del pasado al futuro, pero de manera estricta, este sólo es una instancia del problema; eventos no observados del pasado también están sujetos a la paradoja de la inducción— nosotros nunca podremos estar seguros de que alguna ley general ha aplicado la uniformidad incluso en el pasado. Ninguna ley general puede ser cierta.[6]

Es más, otra complicación surge para el no Cristiano: ¿Cómo sabemos con certeza que el universo es un hecho uniforme? ¿Ha investigado el hombre cada uno de los aspectos del universo desde cada una de sus más pequeñas partículas atómicas hasta la más lejana de sus galaxias y todo lo que existe en medio de eso, para que pueda hablar con autoridad? Después de todo, como Kilgore Trout hace la graciosa observación: "El universo es un

---

6. "El Problema o la Paradoja de la Inducción": http://www.blacksacademy.net/content/2929.html, consultado el 6-3-13.

lugar grande, quizás el más grande." ¿Tiene el hombre un conocimiento exhaustivo acerca de cada partícula de la materia, cada movimiento en el espacio y cada momento del tiempo? ¿Cómo sabe el hombre que la uniformidad gobierna todo el mundo y el universo completo? Como lo lamenta "La Paradoja de la Inducción": "No tenemos forma en el presente de estar seguros de que el universo es uniforme. Nosotros sólo tenemos muestras físicas de la naturaleza en nuestra propia limitada porción del universo ... [Noso]tros queremos que las leyes del universo sean tales que no las comprendemos, pero no hay una razón ofrecida del porque el universo debería ser así."[7]

Además, ya que el hombre afirma tener una experiencia de cosas externas, ¿cómo sabemos que nuestra experiencia es acertada y que se conforma actualmente a como es la realidad, para que la ciencia pueda funcionar? ¿Cómo sabemos que no somos unas mentes libres flotantes? o ¿Simplemente una mente? Nosotros vimos estos problemas en capítulos previos acerca de la metafísica y las cosmovisiones alternativas.

Este tipo de preguntas no se hacen comúnmente pero, no obstante, son de vital importancia. Este punto demuestra que todos y cada uno de los intentos de demostrar que la uniformidad en la naturaleza requiere necesariamente de un *razonamiento circular*. Para demostrar la uniformidad uno debe asumir o presuponer la uniformidad.

Si me dispongo a discutir la uniformidad del universo porque puede predecir la causa-efecto, ¿no estoy presuponiendo la uniformidad y la validez de mi experiencia? ¿Cómo puedo estar seguro que mi experiencia en la causa y efecto son una reflexión correcta de lo que realmente sucede? Es más, ¿no estoy presuponiendo la coherencia confiable y uniforme de mi propia racional-

---

7. "La Paradoja de la Inducción," 2, 7.

idad—una racionalidad que requiere de uniformidad?

La cuestión se reduce a esto: Ya que el hombre no puede conocer todo debe *asumir* o *presuponer* la uniformidad, después pensar y actuar conforme a este supuesto básico. *Como consecuencia el principio de la uniformidad no es una ley científica sino un acto de fe que subyace en la ley científica.* Así que, apegarse al principio de la uniformidad—aunque es absolutamente esencial para la ciencia y el método científico—es un compromiso intrínsecamente religioso. Aquí el problema del punto de vista fundamental de la realidad del incrédulo se colapsa en lo absurdo. Él está comprometido con la noción de que el azar explica el universo. Por ejemplo, el modelo del Bing Bang del inicio del universo "representa la suspensión instantánea de las leyes de la física, la repentina y abrupta carencia de leyes que permitieron que algo surgiera de la nada. Esto representa un verdadero milagro—trascendiendo los principios de la física."[8] Esto enseña que

> [t]oda la materia y la energía, así como el tiempo, fueron creados en el Bing Bang hace aproximadamente 10 o 20 billones de años. En otras palabras, en algún punto distante en el pasado, todo en el universo estaba concentrado en una región como un punto del espacio llamado singularidad. Por alguna razón, y los astrónomos no están seguros de por qué, esta singularidad se expandió rápidamente en una explosión, soltando toda la materia-energía y el tiempo—a este evento se le da el término de Bing Bang.[9]

El punto de vista del Bing Bang sobre el origen del universo domina a la comunidad científica de tal forma que "en la actualidad, virtualmente todos los recursos financieros y experimentales

---

8. Paul Davies, *Al Borde del Infinito* (New York: Simon and Schuster, 1981), 161.
9. "¿Qué es la Cosmología?" en el sitio de la Universidad de Dublín (www.csc.tcd.ie/~tass /HTML/Cosmology/cosm.html).

en cosmología son dedicados a los estudios del Big Bang."[10] Por todas partes leemos que: "El físico Gregory "Carta Abierta a la Comunidad Científica," *New Scientist* (Mayo 22, 2004): www.cosmologystatement.org. Debemos reconocer que el modelo del Big Bang del universo no es el único que los físicos sugieren, aunque es el más familiar y aceptado más ampliamente. Otros modelos teóricos incluyen El Cuasi-estado de Equilibrio de la Cosmología (F. Hoyle, G. Burbidge, J. V. Narlikar, Benford está aún más entusiasmado: 'Es como si la Naturaleza prodigiosa y generosa por billones de años ha arrojado variaciones en sus temas como un Picasso prolífero y descuidado. Ahora la Naturaleza encuentra que una de sus creaciones casuales ha regresado con una visión penetrante de búsqueda y con sus propios cuadros que pintar."[11]

El ganador del premio Nobel, el biólogo molecular francés, Jacques Monod lo dice sin rodeos: "El azar puro, completamente libre pero ciego, [yace] en las raíces mismas del extraordinario edificio de la evolución . . .El universo no estaba embarazado de la vida ni la biósfera con el hombre. Nuestro número salió en el juego de Monte Carlo."[12]

---

10. "Carta Abierta a la Comunidad Científica," *New Scientist* (Mayo 22, 2004): www.cosmologystatement.org. Debemos reconocer que el modelo del Big Bang del universo no es el único que los físicos sugieren, aunque es el más familiar y aceptado más ampliamente. Otros modelos teóricos incluyen El Cuasi-estado de Equilibrio de la Cosmología (F. Hoyle, G. Burbidge, J. V. Narlikar, 2000), Cosmología del Plasma (E. J. Lerner, 1991), Cosmología del Modelo Meta (T. Van Flandern, 1999), Cosmología de la Masa Variable (H. Arp, 1998), Modelo del Ciclo del Universo (A. Gulko, 1980s) y Modelo Eterométrico (P. Correa and A. Correa, 2002). Aunque todos estos tienen el mismo problema: Sin el Dios de la Escritura creándolos, el azar debe prevalecer.

11. Dinesh D'Souza, "Permaneciendo Humano: El Peligro de la Tecno-utopía" *National Review* (Enero 22, 2001).

12. Jacques Monod, *Probabilidad y Necesidad* (New York: Knopf, 1971),

El evolucionista K. Rohiniprasad comentó en "El Accidente de la Evolución Humana": "Como el biólogo de la evolución Stephen Jay Gould lo dice, los humanos surgieron del resultado contingente y fortuito de miles de eventos vinculados. Debemos reconocer humildemente el hecho de que cualquiera de estos eventos podría haber ocurrido de manera diferente y haber enviado a la historia por un camino alternativo."[13] Con respecto a cuatro giros evolutivos, continua declarando en el mismo artículo: "Es importante darse cuenta que los cuatro incidentes de arriba están totalmente sin relación y son *aleatorios*. Como cualquier otro fenómeno o catástrofe que cambió el curso de los eventos en la tierra, *la evolución biológica rodaba sin ningún plan o propósito preestablecido.*"

Desafortunadamente para la cosmología no Cristiana, el azar involucra lo aleatorio e impredecible.[14] Como la fuente de todo ser, esta socava la uniformidad de toda la realidad material, por una "singularidad" (como la predicción de los hoyos negros así como para el inicio de todo el universo) "es un punto donde las leyes físicas se rompen, donde la materia es infinitamente densa."[15]

112.

13. K. Rohiniprasad, "El Accidente de la Evolución Humana": http://sulekha.com/blogs/blogdisplayaspx?cid=3899. (Aunque el artículo existía cuando este libro fue escrito originalmente, fue removido antes de esta publicación.)
14. Los problemas presentados por la noción de un universo creado por el azar son tales que muchos filósofos y físicos están empezando a postular un número infinito de universos, hablando de multiverso en lugar de un único universo. Estos otros mundos son conocidos como universos paralelos, universos burbuja y términos como estos.
15. Byron Spice, "El equipo Pitt puede detectar ondulaciones en el espacio-tiempo provocadas por cataclismos," *Pittsburgh Post-Gazette* (Octubre 26, 1998): http://old.post-gazette.com/healthscience/19981026wave5.asp, consultado el 6-3-13

La cosmovisión incrédula requiere de fe en milagros, aún sin una razón para esos milagros. La vida surge de la no vida. La inteligencia de la no inteligencia. La moralidad de lo que es amoral. Estas son afirmaciones de fe para explicar nuestro mundo y cómo surgió. El mundo se vuelve como el comentario de introducción de Mark Twain (1835–1910) en *Las Aventuras de Huckleberry Finn:* Las personas que intenten encontrar un motivo en esta narrativa serán procesados; las personas que intenten encontrar una moral en esto serán desterrados; las personas que intenten encontrar una trama en esto serán fusilados."

Sin embargo, la uniformidad de la naturaleza es perfectamente compatible con la cosmovisión Cristiana. El Dios que gobierna soberanamente que creó todo y es absoluto nos revela en la Escritura que podemos confiar en las regularidades en el mundo natural. La Biblia enseña que el sol continuará midiendo el tiempo para nosotros en la tierra (Génesis 1:14–19; Eclesiastés 1:5; Jeremías 33:20), que las estaciones vendrán y se irán uniformemente (Génesis 8:22; Salmos 74:17), que los ciclos para plantar y cosechar pueden ser esperados (Jeremías 5:24; Marcos 4:26–29) y así sucesivamente. Debido a la regularidad gobernada por Dios en la naturaleza, la iniciativa científica es posible y aún fructífera.

2.0 OBSERVACIONES EXEGÉTICAS

Tres textos particularmente importantes son de mucha ayuda para entender la racionalidad del mundo y la coherencia de nuestra experiencia: Efesios 1:11; Colosenses 1:16–17 y Hebreos 1:3. Estos versículos explican la uniformidad de la naturaleza.

Comenzaremos con el pasaje en Colosenses como un texto muy señalado que abre el fundamento bíblico para la uniformidad. En Colosenses 1:16 aprendemos que "en Él fueron creadas todas las cosas, tanto en los cielos como en la tierra, visibles e invisibles... Todo ha sido creado por medio de Él." La forma del verbo "creó" en griego está en el tiempo perfecto, que nos habla de una acción completada en el pasado con un efecto continuo. El Señor creó el mundo tal como es y continúa existiendo como tal.

En esta breve declaración la palabra "todas" (gr. *panton*) aparece cuatro veces, enfatizando la totalidad de Su actividad creadora. No sólo eso, sino que ésta específica que las cosas "visibles *e* invisibles" fueron creadas por Él. Pablo declara enfáticamente: *Todas las cosas sin excepción—materiales y espirituales—han sido creadas por el Señor*. Es decir, el Señor es la fuente de toda la creación, no sólo de los elementos materiales sino de sus leyes invisibles. Cada aspecto de la realidad se deriva del poder creativo de Dios, no de los poderes auto creados e inherentes del azar. Después de todo, Él existe "antes de todas las cosas" como su fuente fundamental.

Además, Pablo da un punto fundamental de que todas las cosas han sido creadas no sólo "por Él" sino también "*para* Él" (Romanos 11:36; 1 Corintios 8:6). El universo no existe por sí mismo y sin considerar a Dios: el universo no es autónomo ni se explica a sí mismo. Este existe como la posesión personal de Dios y finalmente para Su gloria singular. Este tiene significado, sentido y propósito como una realidad creada por Dios y que glorifica a Dios. Este no puede entenderse correctamente apartado de Él—por eso nuestra apologética de "la imposibilidad de lo contrario."

Al continuar leyendo, descubrimos que el orden creador es *mantenido* por Jesús: "en Él todas las cosas subsisten." El verbo en griego *sunistemi* ("subsistir, mantener junto") se deriva de *histemi* ("pararse") y *sun* ("con"), así que literalmente significa "provocar que se pare junta." En griego el mundo es llamado un *kosmos*, que es el opuesto de la palabra en griego *chaos*: un lugar que es provocado a "pararse junto" en un todo armonioso.

"La unidad, orden y adaptación evidente en toda la naturaleza y la historia puede ser atribuida al Defensor y Sustentador de todo."[16] En realidad, "el orden y la regularidad de los procesos naturales y del poder de razonamiento humano resuena con esta racionalidad. En la era moderna, los físicos Newtonianos y la investigación científica de 'las leyes de la naturaleza' fueron basadas en un axioma similar."[17]

En Efesios 1:11 vemos más evidencia del propósito racional que yace debajo del universo, porque Pablo revela que Dios "obra todas las cosas conforme al consejo de Su voluntad." En lugar de que el azar y lo impersonal sean el fundamento en el universo, el Dios racional de la Escritura gobierna y controla todas las cosas según Su propio y deliberado consejo (gr. *boule*, "plan") que surge de Su determinación voluntaria y soberana. El universo no existe como un accidente. Tampoco Dios lo creó arbitrariamente. Más bien, el universo magnífico es el resultado del plan deliberado de Dios quien abarca "todas las cosas."

La oración en Hebreos complementa ambas declaraciones, la de Colosenses y la de Efesios, señalando que Él "sostiene todas las cosas por la palabra de Su poder" (Hebreos 1:3b). El verbo "sustenta" es *hupostasis* que se compone de *histemi* ("pararse") y *hupo* ("debajo"): "el que se para debajo." Él sustenta el universo no sólo por un "poder" en bruto (*dunameos* de donde se deriva "dinamita") sino por el poder gobernado por Su "palabra." La mención de Su "palabra" no sólo resalta la falta de esfuerzo por medio de la cual Él sustenta el universo (debido a Su poder absoluto), sino que habla de su racionalidad y coherencia.

Debido a que Dios creó un universo coherente y racional por

---

16. William Hendrikson, *Colosenses y Filemón* (ntc) (Grand Rapids, MI: Baker, 1964), 74.
17. James D. G. Dunn, *Las Epístolas de Colosenses y de Filemón* (nigtc) (Grand Rapids, MI: Eerdmans, 1996), 94.

medio de Su plan voluntario y soberano, y debido a que Él creó al hombre a Su imagen para que funcionara en ese mundo, vemos evidencia claramente reveladora para el fundamento de lo que los científicos llaman "la uniformidad de la naturaleza."

3.0 PREGUNTAS PLANTEADAS

Intenta contestar las siguientes preguntas por ti mismo antes de ver el texto o consultar la **Clave de Respuestas**.

1. ¿Cómo es que se relaciona la idea del "universo" con la noción de la "uniformidad de la naturaleza"?

2. Explica el significado de la uniformidad de la naturaleza utilizando dos de los elementos básicos involucrados.

3. ¿Por qué es la uniformidad de la naturaleza importante para la experiencia humana y para la ciencia?

4. Establece el desafío apologético que debes presentar al incrédulo en lo que se refiere a la uniformidad de la naturaleza.

5. El incrédulo argumenta que el método científico opera bajo las bases de la observación y la experiencia. ¿Cómo presenta esto un problema para que pueda defender su cosmovisión?

6. Responde a la afirmación de que nosotros podemos conocer cómo van a operar las cosas en el futuro porque hemos visto cómo operaron en el pasado.

7. ¿Qué problema surge en la cosmovisión del incrédulo cuando afirma que sabe que el universo es uniforme?

8. Haz una lista de algunos versículos de la Biblia que provean un fundamento para nuestro conocimiento de la

uniformidad de la naturaleza.

9. ¿Cómo mostrarías que el sistema Cristiano puede explicar fácilmente la uniformidad dela naturaleza?

4.0 APLICACIÓN PRÁCTICA

1. Busca en internet o haz una investigación en libros apropiados para descubrir los nombres de algunos de los grandes científicos Cristianos, quienes creían que Dios creó el universo. Escoge tres de ellos y lee biografías breves de sus vidas, que señalen especialmente su compromiso con la fe Cristiana y cómo alentó esto sus trabajos.

2. Elabora un estudio Bíblico sobre estos tres versículos que resaltamos en las "Observaciones Exegéticas" arriba. Preséntalo a un grupo de amigos Cristianos o en la clase de la Escuela Dominical. Tu investigación cuidadosa, tú preparación personal y tu presentación formal del material ayudará a reafirmarlo en tu mente.

3. Ve a un sitio en internet de la ciencia de la creación y busca artículos sobre la uniformidad de la naturaleza. Descarga tres de los más útiles, léelos y ponlos en un archivo para referencia futura.

4. Mientras estás en estos sitios web de la ciencia de la creación, busca los libros que ofrecen. Compra dos libros que parezcan útiles para comprender asuntos científicos desde una perspectiva bíblica. Empieza a crear tu propia biblioteca de herramientas apologéticas útiles.

5.0 LECTURAS RECOMENDADAS

Butler, Michael, "tag v. tang": http://www.reformed.org/master/index. html?mainframe=/apologetics/martin/pen896. html, consultado el 6-3-13

Bumbulis, Michael, "Cristianismo y el Nacimiento de la Ciencia": http:// www.ldolphin.org/bumbulis/, consultado el 6-3-13

Frame, John, "Una Segunda Respuesta a Martín": http://www. reformed. org/master/index.html?mainframe=/apologetics/martin/frame_ contra_martin2.html, consultado el 6-3-13

Joyce, George Hayward, "La Omnipotencia Divina": http://www3.nd.edu/ Departments/Maritain/etext/pnt13.htm, consultado el 6-3-13

"La Luz Ha Llegado: Citas en la Historia de las Contribuciones Cristianas al Progreso de la Civilización": http://www.christianciv.com/ LightHasCome.htm, consultado el 6-3-13

Morris, Henry, *Hombres de Ciencia Hombres de Dios: Grandes Científicos del Pasado Quienes Creyeron en la Biblia* (Green Forest, Ariz.: Master, 1988).

"Física, Cosmología y el Big Bang": http://www.nwcreation.net/cosmology. html, consultado el 6-3-13

Samples, Kenneth Richard, "La Alianza Histórica del Cristianismo y la Ciencia": ttp://www.reasons.org/articles/the-historic-alliance-of-christianity-and-science, consultado el 6-3-13

CAPÍTULO 11

EL PROBLEMA DE LOS UNIVERSALES

"Dios no es Dios de confusión"
(1 Corintios 14:33a).

Hemos visto los problemas agobiantes inherentes a la cosmovisión incrédula. Esto es importante que lo comprendas debido al método de dos partes de la apologética bíblica. No sólo tienes que dar el paso positivo al presentar la verdad que la cosmovisión Cristiana afirma, sino que también debes confundir negativamente al incrédulo al involucrarte en una crítica interna de su cosmovisión. Debes mostrarle que no puede explicar la realidad tal y como es. De cierta forma, tu trabajo positivo y negativo tiene el efecto evangelístico de contarle del cielo y de advertirle del infierno. Tú estás, como Cornelius Van Til lo dice, demostrando "la imposibilidad de lo contrario." Tú estás mostrando que sin la cosmovisión Cristiana el hombre no puede explicar de forma racional nada de la vida humana, la experiencia o la razón. En nuestros últimos dos capítulos, señalamos dos dificultades monumentales al enfrentar al no Cristiano: el problema de los absolutos de la moral y el problema de la uniformidad de la naturaleza. Sin los principios morales seríamos reducidos a vivir como animales en un mundo temeroso que se defiende con "uñas y dientes." Sin la uniformidad de la naturaleza no podríamos disfrutar de la vida práctica o involucrarnos en la investigación científica. Como siempre, el problema del incrédulo es que al negar la existencia de Dios está afirmando el azar como el telón de fondo del universo. Pero en un universo azaroso el hombre no puede explicar los principios de la moralidad ni las leyes de la naturaleza. Tampoco, como lo veremos, las leyes de la lógica.

1.0 PREOCUPACIONES CENTRALES

En esta lección estaremos considerando los temas relacionados con la filosofía de las leyes de la lógica *y* los universales. Estos son asuntos importantes ya que sin la lógica y los universales no podemos comprender nada o participar en un razonamiento coherente. No sólo debemos entender la naturaleza como un todo que opera bajo el principio de la uniformidad (según nuestro último capítulo), sino que nosotros también debemos ser capaces de razonar por medio de las leyes de la lógica teniendo acceso a los universales.

LOS UNIVERSALES Y EL PENSAMIENTO

Abordemos el problema de los **universales** y las "leyes de la lógica" como temas relacionados que provocan problemas adicionales al incrédulo. Aunque normalmente no consideres los universales, necesaria e invariablemente los empleas en tu vida diaria.[1]

---

1. En lugar de considerar los universales, Zen Buddhism insta a la contemplación de las adivinanzas absurdas a través del ejercicio del koan. La próxima vez que alguien te pregunte que es el sonido de alguien aplaudiendo con las manos, todo lo que tienes que hacer es responder

Pero, ¿qué son? Y, ¿Por qué son tan importantes? Y, ¿cómo demuestran la existencia de Dios? *La Apologética de Van Til* define un "universal" como

> cualquier verdad de una naturaleza general o abstracta—ya sea un concepto amplio, una ley, principio o una declaración categórica. Estas verdades generales se usan para entender, organizar e interpretar verdades particulares encontradas en experiencias concretas... Si uno no empieza con alguna de estas verdades generales (universales) con las cuales comprender las observaciones particulares en la experiencia de uno, esos hechos particulares no se relacionarían y no serían interpretables—es decir, serían 'brutos.' En un universo azaroso, todos los hechos particulares serían aleatorios, no tendrían una identidad clasificable, no guardarían un orden predeterminado o relación y así, serían ininteligibles para la mente del hombre.[2]

Los filósofos señalan que un universal involucra tres nociones: (1) Por definición, los "universales" deben aplicar a muchas cosas (de lo contrario, estos serían particulares); (2) Estos son abstractos en lugar de concretos (por lo tanto, no aparecen en el mundo material); (3) Estos son verdades generales en lugar de específicas.

Para ilustrar la función de los universales de una forma sencilla veamos a Hugo, Paco y Luis, los sobrinos de ficción de la caricatura de Disney del personaje del Pato Donald.[3] Hugo, Paco

---

eso es ace una cachetada. La adivinanza contemplativa será resuelta y tú podrás continuar con tus negocios en el mundo de la razón en lugar de estar contemplando lo absurdo.

2. Greg L. Bahnsen, *La Apologética de Van Til: Lecturas y Análisis* (Phillipsburg, NJ: Presbyterian and Reformed, 1998), 38, nota 10.

3. Si alguna vez te lo preguntaste, los tres hermanos (Hugo, Paco y Luis / Huey, Louie, y Dewey sus nombres en inglés) fueron nombrados así en honor a Huey Pierce Long, un político de Luisiana, Thomas Dewey, un político de Nueva York y el animador Louie Schmitt. En "Duck

y Luis son "patos." Pero considera esto: "¿A qué se refiere el término 'pato'?" La respuesta, claro está, es a *todos* ellos. Hugo, Paco y Luis son individuos *particulares* que pertenecen a una *clase* de "patos," que es el concepto de organización universal y general. Cada uno de ellos comparte su esencia de "pato."

Además señala que los universales son realidades inmateriales diferentes de los particulares materiales. Por ejemplo, cuando utilizas los conceptos de "caballos" o "patos," sabes que estos aplican a *muchos* individuos pero que están *separados* entre sí. Por ejemplo, te puedes comer a Hugo como un pato en particular, pero no te puedes comer su esencia de pato. "Ser pato" es un concepto abstracto que relaciona a muchas cosas individuales que llamamos "patos."

Por la naturaleza misma del razonamiento, tú necesariamente asumes los universales invariantes y abstractos. Estos son esenciales para comprender los particulares cambiantes y concretos, porque tú necesitas ser capaz de asociar, clasificar y organizar en tu mente las cosas particulares en tu experiencia. Tú *experiencia* sensata, observacional y diaria siempre consiste de cosas objetivas, históricas y particulares. Aun así, *razonas* en términos de principios abstractos universales para poder juntar todo y entenderlo. Por ejemplo, tú puedes hablar de una roca en particular, que experimentas a través de tus sentidos como dura, áspera, fría y pesada. Pero cuando contemplas o hablas de cualquier roca específica, debes generalizar por medio de universales abstractos de dureza, aspereza, frialdad y pesadez.

Otra vez, los universales son absolutamente esenciales para conocer y comunicarse. Como Van Til lo dice: "Si queremos con-

---

Tales," los niños son adolescentes con sus nombres revelados como Huebert, Deuteronomy y Louis Duck. No me preguntes por qué. Yo sólo estoy reportando los hechos: en.wikipedia.org/wiki/Huey,_Dewey,_and_Louie, consultado el 6-3-13

ocer los hechos de este mundo, debemos relacionar estos hechos a las leyes. Es decir que, en cada transacción de conocimiento, debemos traer los particulares de nuestra experiencia a una relación con los universales."[4]

LEYES DE LA LÓGICA

Los universales incluyen naturaleza (por ejem., la naturaleza humana), valores morales, proposiciones—y leyes. Así es que, las leyes de la lógica son universales. Estas son las proposiciones más generales que alguien puede posiblemente sostener. Estas son utilizadas en cada momento que piensas o hablas acerca de cualquier cosa. Estas son reglas invariantes, universales y abstractas que gobiernan la razón humana. De hecho, ellos hacen la racionalidad posible al permitir el significado coherente, el pensamiento racional y la comunicación inteligente.[5]

Ten cuidado de cómo hablas de las leyes de la lógica. No deberías decir que estas son "leyes de pensamiento," como si fueran asuntos de la psicología humana subjetiva informándonos de cómo piensa la gente. Nosotros sabemos, claro está, que la gente en realidad viola las leyes de la lógica regularmente. Las leyes de la lógica no son leyes del pensamiento, sino presuposiciones de pensamiento (coherente). Las tres leyes básicas de la lógica son la Ley de la Identidad, la Ley de la Contradicción (algunas veces llamada la Ley de la No Contradicción) y la Ley del Tercero Excluido.

---

4. Cornelius Van Til, *Introducción a la Teología Sistemática* (Phillipsburg, NJ: Presbyterian and Reformed, 1974), 22.
5. Puedes ver el significado teológico de los universales, por ejemplo, en el hecho de que Cristo se volvió *verdaderamente* hombre, en que la naturaleza humana es un universal clasificado. "Debido entonces a que los niños participaron en carne y sangre, Él de la misma forma también participó de lo mismo" (Hebreos 2:14).

La Ley de la Identidad establece que la "A es A." Esto significa que si cualquier declaración es verdad, es verdad; no pueden ser ambos verdad y no verdad simultáneamente. Es decir, cualquier cosa que existe en la realidad tiene una identidad particular y no es algo más. La cosa es lo que es. Una cosa puede ser una vaca pero no simultáneamente un gato. Un perro puede ser completamente negro pero no simultáneamente completamente blanco (es decir, tanto blanco como negro de la misma forma y en el mismo lugar).

La Ley de la Contradicción establece que la "A no es una no-A." Es decir, ninguna declaración puede ser tanto verdadera como falsa en el mismo sentido y al mismo tiempo. Una persona no puede estar tanto viva como no viva simultáneamente y de la misma forma. Un astronauta no puede estar en la luna y no estar en la luna al mismo tiempo y de la misma manera.

La Ley del Tercero Excluido establece que "A es A o no-A." Es decir, cada declaración debe ser verdadera o falsa exclusivamente, no hay un punto intermedio.[6] Para ponerlo de otra manera: si una declaración dada no es verdad, entonces su negación debe ser verdad. Por ejemplo, nosotros podemos decir que algo es una silla o no es una silla; no puede ser *ni* una silla ni no una silla. Tú estás aquí o estás no aquí, no puedes *ni* estar aquí ni no aquí.[7]

Obviamente los universales y las leyes de la lógica son fundamentalmente importantes para la racionalidad. Sin ellos no podrías relacionar una cosa con otra, ni razonar acerca del mundo y la vida.

---

6. Esta ley algunas veces se le llama de broma la Ley del Lío Excluido (por su juego de letras en inglés *Middle/ Muddle*).
7. Esta ley en particular ha sido debatida por los filósofos. Debes procurar comprenderla. La ley del Tercero Excluido no dice que no hay un punto intermedio entre los opuestos (como grande y pequeño). Más bien está abarcando la cuestión del punto intermedio entre una declaración y su negativa.

PROBLEMAS PARA EL INCRÉDULO

Tú debes recordar que la Apologética Presuposicional puede tomar *cualquier* hecho para demostrar la existencia de Dios, Esto es, claro está, sostener la verdad aún por las leyes de la lógica y los universales. A estas alturas del partido, puedes expresar reflexivamente el desafío apologético al incrédulo: ¿Qué cosmovisión le da sentido a los universales y a las leyes de la lógica?"

El problema recurrente de la cosmovisión incrédula surge una vez más: Él no puede *explicar* los universales y las leyes de la lógica. Recordando que la apologética lidia con las *cosmovisiones* y los *principios* inherentes en ellos, nosotros vemos ahora el problema del incrédulo:

> Van Til dice que el hombre espiritualmente muerto no puede *en principio* siquiera contar, pesar o medir. Van Til dice que los incrédulos no pueden ni siquiera hacer matemáticas o las operaciones más sencillas en ciencia. Con esto quiere decir que *la cosmovisión adoptada por el incrédulo* o la filosofía no puede hacer cuentas o medir *inteligiblemente*. Ahora, ¿por qué es esto? Brevemente, porque contar involucra un concepto abstracto de la ley, un universal o el orden. Si no hay ley, si no hay un universal, si no hay orden, entonces no hay una cuenta secuencial. Pero la postulación de un orden universal abstracto contradice el punto de vista del incrédulo de un universo como un reino aleatorio y azaroso de material particular. El contar apela a entidades abstractas que son de hecho uniformes y ordenadas. El incrédulo dice que el mundo no es abstracto—sino que el mundo sólo es material; que el universo no es uniforme sino que es un reino azaroso y aleatorio. Así que al rechazar la Palabra de Dios—que explica un orden universal o una ley—el incrédulo no puede en principio ser capaz de contar y medir cosas. Como realmente sucede, los incrédulos si pueden, de hecho, contar y hacer, pueden de hecho, medir y practicar la ciencia, pero *ellos no pueden dar una explicación filosófica de este hecho.*

O como a Van Til le encanta decirlo: los incrédulos pueden contar pero no pueden explicar porque cuentan.[8]

La lógica es crucial para cualquier pensamiento racional: esta provee de leyes comunes del razonamiento, buenos patrones de inferencia. "En términos genéricos 'la razón' sencillamente se refiere al intelecto del hombre o a su capacidad mental. Los Cristianos creen en la razón y los no Cristianos creen en la razón, ambos creen en la capacidad intelectual del hombre. Sin embargo, para cada uno, su punto de vista de la razón y del uso de la razón está controlado por la cosmovisión bajo la cual la razón opera."[9] Pero, ¿qué cosmovisión hace las leyes de la lógica inteligibles? ¿Puede el incrédulo justificar las leyes de la lógica en un universo azaroso? ¿Especialmente un universo azaroso concebido naturalmente y que sólo involucra las cosas materiales? Una vez que él intenta justificar los universales y las leyes de la lógica, se sale de su cosmovisión y entra en la tuya. Sus presuposiciones no pueden sustentar su cosmovisión y no pueden explicar los universales. Veamos cómo sucede esto.

EL PREDICAMENTO DEL NO CRISTIANO

¿Por qué la cosmovisión del incrédulo no puede explicar los universales y las leyes de la lógica?

1. Limitaciones Empíricas. Cuando el hombre moderno se compromete exclusivamente con el método científico, entonces se ha comprometido con el empirismo. El empirismo es el punto de vista que dice que todo el conocimiento humano finalmente

---

8. Greg L. Bahnsen, "En Guerra con la Palabra: La Necesidad de la Antítesis Bíblica" (http://www.reformed.org/apologetics/index.html?mainframe=/apologetics/At_War_With_the_Word.html, consultado el 6-3-13). Énfasis mío.
9. Greg L. Bahnsen, "En Guerra con la Palabra: La Necesidad de la Antítesis Bíblica" en *Antítesis* (1:1), 8.

se deriva de los sentidos y de la experiencia. Nosotros descubrimos las leyes de la física, por ejemplo, la observación, medición, el contar y analizar el comportamiento de las cosas a nuestro alrededor.

El incrédulo empírico no puede explicar las leyes de la lógica que regulan el razonamiento humano. Las leyes de la lógica no son objetos físicos que existen como una parte del mundo de los sentidos. Estas leyes no son el resultado del comportamiento observable de los objetos materiales o las acciones físicas. ¿Existen las leyes de la lógica en el mundo natural como para que puedan ser examinadas empíricamente? Si somos materialistas, entonces sólo aquello que es objetivo en el reino de la experiencia sensorial es real. ¿Qué sentido tienen las leyes de la lógica para los incrédulos? ¿Qué son las leyes de la lógica? Si tan sólo son impulsos de las terminaciones nerviosas en las sinapsis neuronales, entonces la lógica es diferente de una persona a otra y, por lo tanto, sus leyes no son leyes en lo absoluto. El materialismo inherente en el mundo moderno no puede explicar las leyes de la lógica.

Además, debido a que las leyes de la lógica son universales, invariantes, abstractas, verdades eternas, ¿cómo es que ellos pueden aplicarlas continuamente en nuestro cambiante mundo de la experiencia? ¿Cómo es que recibimos esas leyes de "arriba" y las bajamos a nuestro proceso histórico?

El mundo del incrédulo, incluso no puede explicar los universales más allá de las leyes de la lógica. Ellos obviamente hablan acerca de conceptos, pero si ellos son devotos al método científico empírico, entonces ellos deben sostener que sólo las cosas que existen en el mundo material son reales. Cuando los incrédulos hablan de conceptos, necesitan una cosmovisión que les dé sentido. Pero ellos no tienen una. Con todos sus particulares, no pueden explicar los universales. Como el Dr. Van Til lo expresó, ellos está "tratando de ensartar cuentas en un hilo con cuentas que no tienen hoyo." Ellos no tienen universales que mantengan las cosas juntas.

2. Fundamentos Azarosos. No sólo la inversión del incrédulo en la cien-cia empírica destruye las leyes de la lógica y los universales en principio, sino que también lo hace su compromiso con un universo al azar. Uno de los más renombrados ateos era también un filósofo—un filósofo de la ciencia. Bertrand Russell llevo el azar hasta su conclusión final, destruyendo la unidad: "Los filósofos académicos, desde el tiempo de Parménides, han creído que el mundo es una unidad . . . La más fundamental de mis creencias intelectuales es que esto es basura. Yo creo que el universo es puros puntos y saltos, sin ninguna unidad, sin ninguna continuidad, sin ninguna coherencia y orden. . . En realidad, hay muy poco que decir, sólo el prejuicio y el hábito por el punto de vista de que hay un mundo."[10] Por muy extraño que parezca, por lo menos él era consistente con su ateísmo al decir esto, aunque ¡el hecho de decirlo es evidencia en contra de su punto de vista! En otra parte él llama al hombre a "adorar en el santuario que construyó con sus propias manos, sin desmayar por el imperio del azar."[11]

El comentario de Jacques Monod vale la pena repetirlo: "El azar puro, absolutamente libre pero ciego, [yace] en las raíces mismas del asombroso edificio de la evolución . . . El universo no estaba preñado con vida ni la biósfera con el hombre. Nuestro número salió en el juego de Monte Carlo."[12] El biólogo de la evolución Julian Huxley (1887–1975) ha escrito:

---

10. Bertrand Russell, *La Perspectiva Científica*, 98.
11. "Bertrand Russell, *Por qué No Soy Cristiano, Y Otros Ensayos sobre Religión y Temas Relacionados*, ed. Paul Edwards (New York: Simon and Schuster, Clarion, 1957), 116.
12. Jacques Monod, *Azar y Necesidad* (New York: Knopf, 1971), 112.

Los esquemas generales, del nuevo cuadro final de la evolución, empiezan a ser claramente visibles. El destino del hombre es ser tan solo el agente para la evolución futura de este planeta. Él es el tipo dominante superior producido durante dos y medio billones de años del lento mejoramiento biológico efectuado por *el trabajo ciego y oportunista de la selección natural,* si él no se destruye a sí mismo, tiene por lo menos una cantidad igual de tiempo evolutivo delante de él para ejercer su cargo de agente.[13]

El difunto paleontólogo de Harvard, Stephen Jay Gould, ejerció mucha influencia en los círculos de la evolución. El obituario de Walter Gilberti para Gould manifiesta que el "concluyó que las repentinas aceleraciones del cambio evolucionario que se han manifestado a sí mismas a lo largo de la historia de la tierra eran el resultado de eventos en los que el azar jugó un rol preponderante. Para Gould, al determinismo en la naturaleza, contenido en los procesos ciegos de la selección natural, cada vez más se le restaba importancia en sus escritos, en favor del accidente puro. La contingencia radical de Gould aún excluía cualquier noción de dirección, tal como la evolución partiendo de lo simple a lo complejo, por ejemplo."[14] Los físicos están comprometidos con la noción del azar como su fuente final de toda la realidad. Como comenta el astrónomo y cosmólogo Marcus Chown:

> El espacio y el mundo material podría ser creado de nada más que el ruido... De acuerdo a [los físicos] Reginald Cahill y Christopher Klinger de la Universidad Flinders en Adelaida, el espacio, el tiempo y todos los objetos alrededor de nosotros no son más que la espuma de un mar profundo de la aleatoriedad.

---

13. Julian Huxley, ed., *El Marco Humanista* (New York: Harper, 1961), 17.
14. Walter Gilberti, "En la Muerte del Paleontólogo Stephen Jay Gould," Sitio web del Mundo Socialista: http://www.wsws.org/en/articles/2002/07/goul-j01.html, consultado el 6-3-13

"Aquí es donde entra la física," dice Cahill. "El universo es lo suficientemente rico para ser referencia a sí mismo. Por ejemplo, Yo estoy consciente de mí mismo." Esto sugiere que la mayoría de las verdades de cada día de la realidad física, como la mayoría de las verdades matemáticas, no tienen explicación. De acuerdo a Cahill y Klinger, esto se debe a que la realidad está basada en la aleatoriedad. Ellos creen que la aleatoriedad es más fundamental que los objetos físicos.[15]

Pero el azar no puede explicar la ley. Los universales y las leyes de la lógica son hostiles al azar y a la aleatoriedad: "En un universo azaroso, todos los hechos particulares serían aleatorios, no tendrían una identidad clasificable, no guardaría un orden o relación pre determinada y de este modo no sería inteligible para la mente humana."[16]

Además un universo al azar y evolutivo no puede explicar las leyes de la lógica universales e invariantes. En realidad, la ley absoluta contradice la noción de cambios incesantes donde necesariamente se involucra el relativismo.

3. Tensión Dialéctica. Pero claro está que la ciencia moderna opera en términos de los universales y la ley. Simplemente es que su cosmovisión no puede explicarlas. Esto trae una tensión dialéctica (contradicción) dentro de su sistema:

> En los supuestos del hombre natural, la lógica es un principio impersonal y eterno, y los hechos son controlados por el azar. Es por medio de los principios universales eternos de la lógica que el hombre natural debe, en sus supuestos, buscar hacer afirmaciones inteligibles acerca del mundo de la realidad o del azar. Pero esto no se puede hacer sin caer en la auto-contradicción. En cuanto al azar no hay forma en que se pueda hacer una afirmación. Es irracional

---

15. Marcus Chown, "Realidad Aleatoria," *New Scientist* (Febrero 26, 2000), 24.
16. Bahnsen, *La Apologética de Van Til*, 38, nota 10.

la idea misma. Y ¿cómo se deben hacer las afirmaciones racionales partiendo de lo irracional?[17]

Esta tensión también es vista en la asociación irreflexiva de la lógica y la ciencia empírica. Por ejemplo, Kyle Ash escribe de la "lógica y el empirismo—aspectos fundamentales de la ciencia."[18]

Una queja recurrente hecha en contra de nosotros es que el Cristianismo depende más en la fe que en la razón. De hecho, es como si la noción completa de la fe necesariamente descartara la razón. La mente moderna está enamorada con la racionalidad de la ciencia y lamenta la ingenuidad de la fe. Como lo expresó Thomas Paine hace dos siglos, desde la Ilustración nosotros estamos en la "Era de la Razón," mientras que el Cristianismo es una parte de la "Era de la Fe" primitiva y pasada de moda. El Club de Harvard Objetivista de la Universidad del mismo nombre, presenta en su sitio web, argumentos para el Objetivismo (la filosofía desarrollada por Ayn Rand), señalando que la "razón es la única fuente del conocimiento." Esto obviamente impide por definición la revelación divina como una fuente del conocimiento.

Para el hombre moderno que nos desafía con la Razón, debemos preguntarle ¿qué forma de razonamiento sigue? ¿Empirismo? ¿Utilitarismo? ¿Pragmatismo? ¿Fundacionalismo? ¿Positivismo Lógico? ¿Existencialismo? ¿Esencialismo? ¿Idealismo? ¿Sensacionalismo? ¿Objetivismo? ¿Nihilismo? ¿Intuicionismo? ¿Instrumentalismo? ¿Falibilismo? Y, ¿por qué existen tantos enfoques competitivos y contradictorios para el conocimiento y el entendimiento, si la razón se sostiene sola

---

17. Cornelius Van Til, *La Defensa de la Fe* (Philadelphia, PA: Presbyterian and Reformed, 1955), 143.
18. Kyle Ash, "Derechos Internacionales de los Animales: Especismo y la Dignidad Humana Excluyente," *Revista de la Ley Animal*, Universidad Estatal de Michigan, Colegio de Leyes (11), 198: http://www.animal-law.info/journals/jo_pdf/vol11_p195.pdf, consultado el 5-31-13

PRESIONANDO LA ANTITESIS

como *la* fuente del conocimiento?

4. *Subjetividad Convencional.* Durante un debate de cosmovisiones, al ateo Gordon Stein se le preguntó una vez que diera una explicación de las leyes de la lógica. El Dr. Stein tomo una ruta común no absolutista cuando declaró que estas son "convenciones humanas" acordadas por el hombre. Esto fue lo mejor que pudo hacer en su mundo azaroso. En primer lugar las leyes de la lógica no son acordadas por todas las personas. Stephan Bevans interactúa con Raimon Panikkar en este tipo de tema:

> Panikkar sostiene que los Indios no pueden realmente aceptar el principio que podría llamarse la columna vertebral del pensamiento filosófico occidental: el principio de la contradicción. Para los Indios, Panikkar insiste, las cosas pueden en realidad "ser" y "no ser" al mismo tiempo
>
> . . . Esto parece estar cerca de la idea Taoísta del yin yang, donde todas las cosas participan en la realidad de sus opuestos: luz y obscuridad, hombre y mujer, bien y mal, carne y espíritu, y así consecutivamente.[19]

William Dyrness también señala esto acerca del pensamiento oriental:

> Existen aquellos que discuten que estos patrones orientales de pensamiento son inviolables y que el Cristianismo se debe adaptar completamente a ellos. Jung Young Lee ha argumentado que en Asia nosotros debemos quitarnos el hábito de pensar en términos de "cualquiera de los dos/o" y debemos ser capaces de pensar en "ambos/y." El cambio, cree él, puede ser la clave al universo y la ambigüedad y las diferencias ser simplemente el reflejo de aspectos de la realidad. En el pensamiento tradicional chino, se cree que el yin yang son formas complementarias del ser . . . Él busca aplicar

---

19. Stephen B. Bevans, *Modelos de Teología Contextual* (Maryknoll, NY: Orbis, 1992), 5.

esto a su punto de vista de Dios.[20]

Este problema surge del monismo básico operando en estos sistemas. Debido a que todo es uno, es obvio que ahí no puede haber la ley de la contradicción. El renombrado Zen Budista, D. T. Suzuki, señala que: "El Zen es una cosa y la lógica otra. Cuando fallamos en hacer esta distinción y esperamos que el Zen nos de algo consistente lógicamente y revelador intelectualmente, nosotros malinterpretamos completamente el significado del Zen."

Si el incrédulo declara que las leyes de la lógica son acordadas por convenciones, entonces estas no son absolutos porque están sujetas al "voto" y por lo tanto, al cambio. Las leyes de la lógica no dependen de la gente: estas son verdad ya sea que la gente exista o no.

LA RESOLUCIÓN CRISTIANA

5. La Fuente de la Lógica. El Cristiano sostiene una presuposición básica de que Dios es el Creador del mundo (Génesis 1) y de la mente humana (Génesis 1:26–27), así que toda la inteligibilidad se debe a Él. Él es el autor de toda la verdad, sabiduría y el conocimiento (Proverbios 1:7; 9:10; Colosenses 2:3). Los Cristianos ven las leyes de la lógica como expresiones del pensamiento de Dios, de Su propia naturaleza consistente y personal, no como principios fuera de Dios a los que deba estar a la altura. Las leyes de la lógica reflejan la naturaleza de Dios, porque en Él encontramos una coherencia perfecta. "La ley de la contradicción, por lo tanto, como nosotros la conocemos, no es otra cosa sino la expresión de un nivel creado de coherencia interna de la naturaleza de Dios."[21]

---

20. William A. Dyrness, *Aprendiendo acerca de la Teología del Tercer Mundo* (Grand Rapids: Zondervan, 1990), 140–141.
21. Cornelius Van Til, *Introducción a la Teología Sistemática,* 11. Ciado de

Aquí debemos tener cuidado. No estamos diciendo que Dios *creó* las leyes de la lógica por medio de Su determinación propia y volitiva. De ser así, entonces Él podría alterarlas o descartarlas también. En el sitio de la Universidad de Harvard, el Club Objetivista erróneamente descarta el teísmo basándose en que "la existencia de dios implicaría que existe un ser capaz de suspender las leyes de la naturaleza por mero acto de voluntad. Esto contradice dos premisas importantes del Objetivismo: la primacía de la existencia y la Ley de la Identidad."

Más bien, estamos diciendo que las leyes de la lógica reflejan Su *naturaleza,* la forma en la que Él es en sí mismo. Las leyes, por lo tanto, son expresiones *eternas* del carácter inmutable de Dios (Números 23:19; Malaquías 3:6; Santiago 1:17). El carácter inmutable de Dios es simplemente eso, inmutable. Por lo tanto, las leyes de la lógica (que reflejan ese carácter) son inmutables e inalterables, ya que Dios "no se puede negar a Sí mismo" (2 Timoteo 2:13).

6. *La Coherencia del Mundo.* Para que nuestra experiencia sea coherente racionalmente debe existir una correspondencia entre nuestras mentes y la de Dios, ya que Él es la fuente última de la realidad uniforme y de la razón coherente. Esto es lo que encontramos en el sistema Cristiano: el hombre es creado a la imagen de Dios para acoplarse al mundo en una forma racional. No sólo la mente del hombre es analógica a la de Dios, sino que es compatible con el universo creado por Dios debido a que Dios nos diseñó a nosotros y a nuestros medios ambientes. De hecho, "el regalo del razonamiento lógico fue dado al hombre por Dios, para que el hombre pudiera ordenar la revelación de Dios para sí mismo."[22]

Bahnsen en, La Apologética de Van Til, 235.
22. Cornelius Van Til, *Introducción a la Teología Sistemática* (Phillipsburg,

Van Til habla de nuestro "pensar los pensamientos de Dios después de Él." Es decir, nosotros debemos pensar conforme a los patrones de la mente de Dios, realística y racionalmente. La coherencia perfecta caracteriza la mente de Dios así que para que nosotros razonemos debemos pensar con consistencia lógica.

2.0 OBSERVACIONES EXEGÉTICAS

La revelación propia de Dios expresa y asume las leyes lógicas primarias. Por ejemplo, la ley de la identidad es afirmada por Dios cuando Él se identifica a Sí mismo: "Yo soy el que Soy" (Éxodo 3:14). Dios es Él mismo y nada más. Aunque el panteísta declara que Dios es todo y todo es Dios, y aunque los monistas creen que todo es uno (incluyendo dios), en la Escritura nosotros encontramos una afirmación fundamental e inexorable de la distinción Creador/creatura (Romanos 1:25, Génesis 1:1). Aquí en Éxodo 3:14 Dios se define a Sí mismo de tal forma como para subrayar la ley de la identidad. Considera todos las declaraciones de "Yo soy" de Jesús, como "Yo soy el pan de la vida (Juan 6:35, 41, 51; 8:58; 10:7, 11; 14:6; 15:1).

La ley de la no contradicción yace debajo de la orden de que "sea el sí de ustedes, sí, y su no, no, para que no caigan bajo juicio" (Santiago 5:12). Un "árbol bueno" es diferente de un "árbol malo" (Mateo 12:33). Después de todo, "Dios no es Dios de confusión" (1 Corintios 14:33) y "es imposible que Dios mienta" (Hebreos 6:18).

La ley del tercero excluido aparece en la noción de la antítesis, como cuando Jesús dice: "El que no está a favor Mío, está contra Mí; y el que no recoge a Mi lado, desparrama" (Mateo 12:30; Marcos 9:40). Obviamente, uno está "con" Cristo o está "contra"

NJ: Presbyterian and Reformed, 1974), 256.

él. No hay punto intermedio—de acuerdo a Cristo mismo.

Debemos notar que Jesús utilizó la lógica (Mateo 21:24–27) y Pablo "razonó" con los griegos (Hechos 17:17; 18:4). De hecho, como parte del testimonio Cristiano estamos llamados a "darles una respuesta" a aquellos que nos la pidan (1 Pedro 3:15).

3.0 PREGUNTAS PLANTEADAS

Intenta contestar las siguientes preguntas por ti mismo antes de ver el texto o consultar la **Clave de Respuestas**.

1. ¿Qué queremos decir cuando hablamos de "universales"?
2. ¿Es el concepto de los universales práctico en nuestras vidas diarias? Explica.
3. ¿Cuáles son las tres nociones involucradas en los universales que los definen?
4. ¿Están las leyes de la lógica en la categoría de los universales? Explica.
5. ¿Por qué las leyes de la lógica no se deben llamar "leyes del pensamiento"?
6. Da a conocer y define brevemente cada una de las tres leyes básicas de la lógica.
7. ¿Cuál es la pregunta apologética básica que debemos hacerle al incrédulo con respecto a los universales y las leyes de la lógica?
8. ¿Cómo es que el método científico es problemático para las leyes de la lógica en la cosmovisión del incrédulo?
9. ¿Cómo es que el compromiso final del incrédulo al azar es problemático para las leyes de la lógica?

10. ¿Cómo es que la cosmovisión del incrédulo involucra tensión interna y contradicción cuando trata de afirmar las leyes de la lógica?

11. ¿Cuál es el problema con declarar que las leyes de la lógica son convenciones humanas adoptadas por el hombre?

12. ¿Cuál es la relación entre las leyes de la lógica y Dios?

13. Cita algunos versículos que afirmen cada una de las tres leyes de la lógica.

4.0 APLICACIÓN PRÁCTICA

1. Para la mente no entrenada, las leyes de la lógica parecen estar diciendo lo mismo desde tres diferentes ángulos. Busca algunas explicaciones de las leyes de la lógica en internet. Escribe una recopilación de tres páginas explicando y marcando la diferencia entre cada una de las leyes de la lógica, dedicándole una página a cada ley.

2. Piensa en otros versículos de la Biblia que afirman cada una de las tres leyes de la lógica.

3. Escribe un estudio de dos o tres lecciones sobre la importancia de las leyes de la lógica y su compatibilidad con la Escritura. Enseña estas lecciones en un grupo pequeño que esté interesado en la apologética.

4. Una vez que te hayas familiarizado con las leyes de la lógica a través de los estudios previos, discute con un amigo no Cristiano. Después de discutir estas leyes, pregúntale al incrédulo como puede explicarlas. Mantente listo para señalar su incompatibilidad con la afirmación de un

universo al azar.

5. Lee materiales en Christianlogic.com sobre cómo estudias la lógica (www.christianlogic.com/articles/suggested_course_of_study_for_ logic.htm). Toma el curso de estudio recomendado y esbozado ahí.

6. Estudia de Morris S. Engel *Con Buena Razón* para mejorar tus habilidades lógicas.

5.0 LECTURAS RECOMENDADAS

Bahnsen, Greg L., "Apologética en Práctica":
http://www.cmfnow.com/ articles/PA103.htm, consultado el 5-31-13

Bahnsen, Greg L., "Herramientas de la Apologética":
http://www.cmfnow. com/articles/PA101.htm, consultado el 6-3-13

Johnston, Patrick, "Pruebas para la Existencia de Dios—Aún los Ateos Presuponen la Existencia de Dios":
http://rightremedy.org/booklets/47, consultado el 6-3-13

"La Irracionalidad y la Mentalidad Oriental":
http://www.christian-faith. com/religion/irrationality.html, consultado el 6-3-13

CAPÍTULO 12

LIBERTAD PERSONAL Y DIGNIDAD

*¿Qué es el hombre para que te acuerdes de él,
y el hijo del hombre para que lo cuides?
¡Sin embargo, lo has hecho un poco menor que los
ángeles,
y lo coronas de gloria y majestad!
(Salmos 8:4–5).*

Ahora llegamos a nuestro último capítulo en nuestro estudio de las bases para defender la fe Cristiana. Hemos recorrido un tramo largo, habiendo aprendido acerca de la idea fundamental de la garantía bíblica para el método correcto apologético; la imposibilidad de la neutralidad en el pensamiento; el significado, la importancia, los elementos básicos y la universalidad de las cosmovisiones; diferentes cosmovisiones alternativas sostenidas por el hombre; metafísica, epistemología, ética y algunos problemas básicos paralizando la cosmovisión del incrédulo.

Este capítulo concluirá con el enfoque en los problemas inherentes en las cosmovisiones no Cristianas. En los tres capítulos anteriores analizamos los problemas de los absolutos de la moral, la uniformidad de la naturaleza y las leyes de la lógica. Estos son, obviamente, temas de gran importancia, cuyo carácter problemático es catastrófico para la perspectiva del incrédulo en el mundo y la vida. Ahora estamos listos para considerar estos problemas en relación a la libertad personal y la dignidad.

Mientras que estudiemos esta área problemática, deberás sentirte alentado a ver una vez más, que *sólo* las declaraciones de verdad Cristianas pueden *explicar* estas enormes necesidades de la cosmovisión. Recuerda: el argumento fundamental para la existencia de Dios y la confirmación del sistema Cristiano es "la *imposibilidad* de lo contrario"—*no* "la *superioridad* del Cristianismo sobre los sistemas que compiten en manejar discretamente hechos." El incrédulo no puede explicar los temas fundamentales de la vida *desde adentro de su propio sistema de creencia*—en realidad, no puede explicar *nada*. Si fuera **autoconsciente epistemológicamente** estaría completamente incapacitado.[1] Como lo establece Van Til:

> Es la firme convicción, dé cada Cristiano autoconsciente epistemológicamente, que ningún ser humano puede proferir una sola sílaba, ya sea en negación o afirmación, a menos que fuera por la existencia de Dios. Así que el to trascendental busca descubrir qué tipo de cimientos debe tener la casa del conocimiento humano, para poder ser lo que es.[2]

---

1. Alguien que es **autoconsciente epistemológicamente** enfrenta la vida en una forma que concuerda completamente con su teoría del conocimiento. Es decir, su comportamiento y su razonamiento son perfectamente consistentes con sus compromisos básicos acerca del mundo y el conocimiento. Bahnsen invita a los cristianos a ser "autoconsciente epistemológicamente acerca del carácter de su posición epistemológica, permitiendo que sus estándares rijan y regulen cada detalle de su sistema de creencias y su aplicación." (Greg L. Bahnsen, *La Apologética de Van Til: Lecturas y Análisis* [Phillipsburg, NJ: Presbyterian and Reformed, 1998], 4).
2. Cornelius Van Til, *Un Estudio de la Epistemología Cristiana* (Phillips-

Aseveramos que solo el Cristiano puede obtener una coherencia real en su pensamiento. Si todos nuestros pensamientos acerca de los hechos del universo corresponden con las ideas de Dios de estos hechos, naturalmente habrá coherencia en nuestro pensamiento porque existe una coherencia completa en el pensamiento de Dios.[3]

Entonces, el apologista presuposicional no se conforma con declararse a sí mismo *neutral* y argumentar la *posibilidad* de que pueda existir *un dios* (como muchos sistemas apologistas populares lo hacen). Más bien el Cristiano audazmente declara que el Dios de la Escritura *sí existe* y que es la *precondición necesaria* para toda realidad y conocimiento. Por lo tanto, el Cristianismo es el único punto de vista racional disponible para el hombre. A esto se le llama acertadamente "la apologética de fuerza nuclear." Es un enfoque que no toma prisioneros de guerra de las cosmovisiones.

1.0 PREOCUPACIONES CENTRALES

En este capítulo resaltaremos asuntos de libertad personal y de dignidad humana. Hemos abordado ya, el problema de la libertad personal en el capítulo cuatro. Te animamos a repasar el material a este respecto. Aquí resumiremos brevemente el argumento acerca de la libertad humana, después nos centraremos en el problema de la dignidad humana.

La cosmovisión naturalista no puede explicar la libertad. Si el naturalismo es verdad, entonces los naturalistas no tienen ninguna razón para creer en el naturalismo. El naturalista dice que todo el pensamiento es tan solo la respuesta electro química de la materia gris del cerebro material y que estas respuestas están

---

burg, NJ: Presbyterian and Reformed, 1932) 11.
3. Van Til, *Un Estudio de la Epistemología Cristiana*, 2.

determinadas por nuestro medio ambiente. El pensamiento humano está en el mismo nivel en que las malas hierbas crecen. Si el naturalismo es verdad, entonces el defensor del enfoque naturalista solo está diciendo que afirma el naturalismo porque la naturaleza ha determinado que lo haga. El naturalismo contradice la libertad (y la dignidad). Él no tiene razón para declarar que el naturalismo sea verdad, simplemente está siendo forzado a decir eso.

LA IMPORTANCIA DE LA COSMOVISIÓN DE LA DIGNIDAD

La "dignidad humana" se ocupa de nociones de valor ético, de respeto personal y del valor inherente en la vida humana. La pregunta de la dignidad humana es de un significado práctico enorme tanto para nuestras vidas mundanas como para nuestras cosmovisiones teóricas. No sólo impacta nuestras actitudes diarias y nuestra interacción con otros sino que sirve como el fundamento mismo de los derechos humanos y de una sociedad estable.

En los niveles prácticos y sociales, los supuestos básicos acerca de la naturaleza humana llevan a la mayoría de los incrédulos a distinguir al hombre de los animales. Al hacer esto, ellos están afirmando tácitamente la dignidad de la vida humana. Ellos aún intentan hacer esto desde su punto de vista de la evolución, que coloca al hombre en un continuum con los animales, solo más arriba en la escalera. O como Aristóteles lo expresaría: más arriba en la "escala del ser."

Una manera perspicaz de ilustrar nuestro sentido inherente de dignidad es en nuestras ceremonias de funerales. A lo largo de la historia y por todo el mundo los servicios de entierros han sido utilizados para mostrar amor, respeto y aprecio por el difunto, así como simpatía, preocupación y afecto por la familia que se queda atrás. Los servicios en sí mismos casi invariablemente se realizan bajo algún tipo de ritual que refleja el sistema de creencias prevaleciente en la cultura. Como lo muestra la historia, "los ritos funerarios son tan viejos como la raza humana. En la cueva de Shanidar en Iraq, los esqueletos de los Neandertales han sido descubiertos con una característica capa de polen, la cual sugiere que los Neandertales enterraban a sus muertos con ofrendas de flores."[4] Así que aún con los supuestos evolutivos, los antropólogos reconocen la idea de la dignidad humana.

Otra forma significativa en la cual vemos la afirmación de la raza humana de la dignidad es a través del establecimiento de tribunales de justicia. Nuestro sistema legal muestra nuestra comprensión interna de la dignidad humana (¡Aunque usted, no lo crea!). Nosotros subrayamos nuestro sentido de dignidad y honor al crear estructuras sociales y códigos de marcos legales diseñados para proteger y alentar la vida, la libertad, la búsqueda de la felicidad, los derechos de propiedad, reputaciones y demás. En realidad, "la ciencia de la ley... no es otra cosa sino varias ciencias que están preocupadas con que el hombre viva en un estado social. La sociología, ética, política, economía política, así como la historia, biología y psicología, todas tienen un interés mutuo, porque todas ellas se relacionan más o menos unas con otras y todas son necesarias para el correcto entendimiento de cada ciencia."[5] Nuestro sentido de la dignidad tiene implicaciones amplias y enormes para la cultura humana.

Ahora bien, ¿cómo impacta esto el argumento apologético?

---

4. El artículo en *Wikipedia* acerca de los funerales contempla las costumbres en la Roma Antigua, Japón, África, Escocia y los Estados Unidos. El estudio de los osarios (cofres funerarios) de los funerales son de gran interés para los arqueólogos que han encontrado incontables osarios al documentar los ritos funerarios en la antigua Persia, Babilonia, Israel y otras culturas.

5. John Maxcy Zane, *La Historia de la Ley* 4, 2da. ed. (Indianápolis, IN: Liberty Fund 1998), 2.

¿Cómo debemos usar esta pieza de información para poder realizar una crítica interna de la cosmovisión del incrédulo?

EL PROBLEMA DEL INCRÉDULO CON LA DIGNIDAD

Comencemos nuestra crítica presuposicional de la cosmovisión del incrédulo con una observación interesante. Recuerda que solo los humanos tienen un sentido de dignidad y que cuando nosotros investigamos el mundo animal, no vemos nada como un funeral para el difunto. Los leones, por ejemplo, se les conocen por olfatear a sus parientes muertos y después comérselos. El respeto por los muertos como es evidenciado en los funerales y las conmemoraciones es una experiencia distintiva humana que carece de cualquier correspondencia con las actividades humanas.

Como un apologista presuposicional, debes hacer la pregunta penetrante de: Si el hombre es un animal avanzado y si nuestras prácticas puedes rastrearse de nuestros ancestros animales, ¿por qué no podemos descubrir ningún comportamiento primitivo en la respuesta animal a la muerte que haya evolucionado en nuestras ceremonias más avanzadas? ¿Por qué los humanos han expresado universalmente la dignidad de la vida humana de esta forma? Los funerales no son ejemplos del hombre siendo un animal "superior" con una inteligencia avanzada, como el desarrollo de nuestro cálculo, construcción de aviones, producción de literatura escrita, composición de música y otras actividades intelectuales de este tipo. Tampoco podemos afirmar que los funerales tengan cualquier beneficio de supervivencia para las especies *homo sapiens*, como por puntos de vista evolutivos de los instintos animales. Más bien, los funerales señalan nuestro sentido de dignidad y reconocimiento de valores personales, que son completamente carentes en los animales.

Como siempre sucede, el no-Creyente no puede *explicar* la

dignidad humana. Si no existe Dios a cuya imagen fuimos creados, ¿por qué tenemos un sentido de dignidad humana? ¿Por qué hemos desarrollado prácticas sociales enfatizando nuestro valor inherente? ¿Por qué hemos establecido rituales que la confirman o códigos legales que la defienden? ¿Qué *explica* la dignidad humana?

El mundo incrédulo actual, *generalmente* afirma la dignidad de toda vida humana. Nosotros decimos "generalmente" porque en los últimos tiempos y hasta nuestros días, grandes grupos han negado la dignidad universal del hombre. Los Nazis en la Segunda Guerra Mundial no afirmaron la dignidad inherente de los Judíos, denigrándolos como "comedores inútiles." La historia del racismo japonés también es bien conocida.

La justificación de la esclavitud como se practica en muchos países musulmanes hoy en día, demuestra su negación de la dignidad humana universal. Según el clérigo y líder gubernamental, Sheik Saleh Al-Fawzan: "La esclavitud es una parte del Islam... La esclavitud es parte de la yihad y la yihad permanecerá mientras que exista el Islam." Este artículo continuó señalando: "Al-Fawzan es miembro del Consejo Superior de los Clérigos, del máximo órgano religioso de Arabia Saudita, un miembro del Consejo de Edictos Religiosos e Investigación, el Imam del Príncipe Mitaeb Mosque en Tiad y un profesor en la Universidad Islámica Imam Mohamed Bin Saud, el principal centro de aprendizaje wahabí en el país." Serge Trifkovic continúa:

> Contrario al mito de que el Islam es una religión libre del prejuicio racial, la esclavitud en el mundo Musulmán ha sido, y sigue siendo, de carácter brutalmente racista. Para encontrar hoy en día racismo anti-Negros y esclavitud verdaderamente endémicos, abiertos y crudos, uno necesita ir a las dos Repúblicas Islámicas en África: Mauritania y Sudán. La gente negra ha sido esclavizada a tal escala

que el término negro se ha convertido en un sinónimo de esclavo. La raza mixta, predominantemente negroide pero auto declarada "Árabe," habitantes de la zona en transición sub-sahariana, han sido adoctrinados en el trato a sus vecinos negros puros del sur con el desdén racista. (En la actualidad, puede ser peligroso para la vida de alguien preguntarle a un musulmán Sudanés o Mauritano, de apariencia obscura pero de habla árabe, si es un "negro.").[6]

Pero casi con certeza cualquier persona con la que puedas entrar en contacto en nuestra cultura en la actualidad, tendrán alguna noción general de la dignidad humana, aun cuando la infrinja con un racismo sutil o cualquier otra actitud pecaminosa. Necesitamos insistir sobre el problema de la dignidad humana con el incrédulo. ¿Es simplemente una convención humana? Si es así, podría ser cambiada por la sociedad. Entonces, ¿sobre qué bases estables podríamos establecer nuestro sistema de leyes, que está diseñado para proteger nuestras vidas y nuestros derechos?

PRINCIPIO DESCONTROLADO

La noción de la dignidad no puede ser controlada razonablemente por los principios del incrédulo. Muchos puntos de vista populares han declarado incluso que *todas* las cosas vivientes tienen dignidad. Por ejemplo, el gran humanitario, teólogo y filósofo Albert Schweitzer (1875–1965) escribió *Reverencia por la Vida*, donde declaró este mismo principio aún en el título. En su *Filosofía de la Civilización* estableció sucintamente su punto de vista: "La filosofía verdadera debe comenzar desde el hecho más inmediato y comprensible de la conciencia: 'Yo soy vida que quiere vivir, en medio de vida que quiere vivir.'" Su respeto por "toda" la vida guió a conclusiones absurdas. Jack Coulehan, quien

---

6. Serge Trifkovic, "Record Wretched del Islam sobre la Esclavitud," *FrontPageMagazine.Com* (Noviembre 9, 2003): http://archive.frontpagemag.com/readArticle.aspx?ARTID=21060, accessed 6-3-13

anotó la biografía de Schweitzer, señaló que "Schweitzer resistió la modernización y no mantuvo su hospital tan limpio como a sus críticos les hubiera gustado, pero que esta resistencia estaba basada mayormente en su filosofía de la 'reverencia por la vida.' Que aparentemente le había guiado, en la medida de lo posible, a respetar incluso las vidas de los insectos y las bacterias."[7]

Mahatma Gandhi (1869–1947) estaba comprometido con Áhimsa, que todavía permanece como un principio de la religión jainista:

> Traducido literalmente Áhimsa significa estar sin daño; ser inofensivo, no sólo para uno mismo y para otros, sino para todas las formas de vida, desde los mamíferos más grandes hasta la bacteria más pequeña... Al seguir esta disciplina, a los monjes jainistas se les puede observar pisando y barriendo en sus templos con el máximo cuidado a fin de evitar aplastar accidentalmente insectos rastreros o usando paños de muselina sobre sus bocas en caso de que accidentalmente se tragaran una mosca.[8]

Los ambientalistas extremos muchas veces caen en este campo cuando establecen cosas tales como: "El respeto por toda la vida también es muy importante. Esto significa que tú respetas el Planeta Tierra. Cuidas el medio ambiente y eres *benévolo con todas las cosas vivientes*."[9] Pero si eso fuera verdad, entonces aún el ser vegetariano no tendría sentido, porque ¿qué sería de la dignidad de las zanahorias?[10]

---

7. "Literatura, Artes y Base de Datos de Medicina": litmed.med.nyu.edu/Annotation?action=view&annid=11876%EF%BF%BD%C3%9C, consultado el 6-3-13
8. "Áhisma," en el sitio web bbc: http://www.bbc.co.uk/religion/religions/jainism/living/ahimsa_1.shtml, consultado el 6-3-13
9. Red Internacional de Jóvenes del Mundo, "iq-eq-sq": http://www.worldyouthnetwork.com/PDF/5th.pdf, consultado el 6-3-13
10. Un comediante dijo una vez: "Yo soy vegetariano no porque ame a los

PRESIONANDO LA ANTITESIS

Los defensores de los derechos de los animales se quejan en contra de que limitamos la noción de la dignidad solo a los humanos. Ellos están pidiendo leyes que confirmen la dignidad para *toda* la vida animal.

> La base más común establecida por los derechos humanos internacionales es la dignidad humana. La Declaración Universal de los Derechos Humanos sienta las bases en el Artículo I, al que todos los tratados de derechos humanos subsecuentes se refieren. El Artículo I establece, "[t]odos los seres humanos nacen libres y con la misma dignidad y derechos. Ellos están dotados con la razón y la conciencia, y deberían actuar entre ellos con un espíritu de hermandad..."
>
> La dignidad humana tradicionalmente ha sido definida por teóricos y filósofos, de tal forma que se deriva del conocido chauvinismo humano. Esto es lamentable por dos razones. En primer lugar, apoyarse en una definición de especies de la dignidad humana mina la fuerza de los derechos humanos, ya que es científica y filosóficamente insostenible. En segundo lugar, basar los derechos humanos en conceptos metafísicos o irracionales dificulta más desenmascarar el especismo, debido al reconocimiento subsecuente de que los derechos legales son fabricados. Con la meta de la legitimidad multicultural y científica, la ley internacional de los derechos humanos, de lo contrario, podría referirse a bases permanentes y no metafísicas. Esto requiere de la erradicación del elemento basado en las especies.[11]

Este artículo en una revista jurídica prominente se queja de

---

animales sino porque odio a las plantas." Otro reflexionó: "Si Dios no quería que comiéramos animales, ¿Por qué los hizo de carne?"

11. Kyle Ash, "Derechos Internacionales de los Animales: Especismo y la Dignidad Humana Excluyente," *Revista de la Ley Animal*, Universidad Estatal de Michigan, Colegio de Leyes (11) 196: http://www.animal-law.info/journals/jo_pdf/vol11_p195.pdf, consultado el 5-31-13

que "en la mayor parte de la historia documentada, los humanos han negado los derechos legales a otros animales y el reconocimiento como personas legales, con dos justificaciones: la 'base teológica' y la 'expresión secular del orgullo de las especies.'"[12] Nota el golpe en contra de nuestra cosmovisión Cristiana y su base para la dignidad humana. El lamenta que las consideraciones metafísicas no han permitido una correcta valuación del valor animal y pide que las leyes cubran las expectativas evolutivas a este respecto: "Hasta hace poco, la presuposición metafísica de que los humanos no son animales ha inhibido la interacción entre la psicología humana, la antropología y la sociología con la primatología y la evolución biológica—y vice versa."[13]

IMPEDIMENTOS MATERIALISTAS

En la cosmovisión materialista tan sólo somos paquetes de información genética. ¿Qué dignidad es inherente en una colección de hilos de adn? Una vez más vemos la enorme (y ¡peligrosa!) complicación surgiendo de la negación de la metafísica y del dominio del empirismo puro en la ciencia, como lo señalaremos ahora. En la reseña del libro del biogenético, Dinesh D'Souza, él observa que:

> En este punto de vista, las preferencias subjetivas de aquellos que buscan mistificar la vida humana no cuadran con las verdades acerca de la biología humana enseñada por la ciencia. Las células de los seres humanos, señala Silver, no son diferentes en su composición química de las células de los caballos y bacterias. Si existe una cosa tal como la dignidad humana, argumenta Silver, se deriva exclusivamente de la consciencia, de nuestra habilidad para percibir y

---

12. Ash, "Derechos Internacionales de los Animales: Especismo y la Dignidad Humana Excluyente," 197.
13. Kyle Ash, "Derechos Internacionales de los Animales: Especismo y la Dignidad Humana Excluyente," 206.

aprehender nuestro medio ambiente. "La mente humana," escribe Silver, "es mucho más que genes que la trajeron a la existencia." De alguna manera las reacciones electroquímicas en nuestro cerebro producen conciencia y es esta conciencia, sostiene Silver, la que es la fuente de la autonomía del hombre y del poder...Los genes controlan completamente la actividad de todas las formas de vida.[14]

Este problema puede ser demostrado una y otra vez a través de la literatura técnica. El Profesor de Biología de la Universidad Cornell y destacado historiador de biología, William Provine escribe: "Las implicaciones de la ciencia moderna, sin embargo, son claramente inconsistentes con la mayoría de las tradiciones religiosas... Ninguna moral inherente o leyes éticas existen, ni hay principios absolutos rectores de la sociedad humana. El universo no cuida nada para nosotros y nosotros no tenemos un significado final en la vida."[15] Su cosmovisión atea viene claramente expresada en esta declaración. Esto impide claramente cualquier justificación a la dignidad humana.

J. D. Bernal (1901–1971), anterior Profesor de Física en la Universidad de Londres y pionero en cristalografía de rayos X, dio la siguiente definición evolutiva de la vida: "La vida es algo parcial, continuo, progresivo, multiforme e interactivo continuamente, la autorrealización de las potencialidades de los estados del electrón atómico."[16] ¿Están los estados del electrón dignificados?

En su famosa carta a William Graham el 3 de Julio, 1881, Carlos Darwin (1809–1882) escribió: "Pero, entonces, conmigo

---

14. Dinesh D'Souza, "Permaneciendo Humano: El Peligro de la Tecno-utopía," *National Review* (Enero 22, 2001).
15. William Provine, "Científicos, ¡Enfréntenlo! La Ciencia y la Religión son Incompatibles," *The Scientist*, 5 (Septiembre 1988), 10.
16. J. D. Bernal, *El Origen de la Vida* (New York: Universe Books, 1967), xv.

siempre surge la horrible duda de si las convicciones de la mente del hombre, que siempre ha sido desarrollada de la mente de animales inferiores, son de algún valor o no son confiables para nada. ¿Confiaría alguien en las convicciones de la mente de un mono, si es que existe alguna convicción en una mente así?"[17] El renombrado psicólogo investigador, B. F. Skinner, plantea el asunto de manera intencionada: "Para el hombre [como] qua hombre [hombre como ser humano] fácilmente podemos decirle hasta nunca."[18] Tanto para la dignidad humana.

El bien conocido biólogo, William Etkin escribe eso: "No somos más que peces mejorados... algo así como el diseño original de una casa que ha sido remodelada."[19] El incrédulo presiona más consistentemente para una más completa autoconciencia naturalista cuando *insta a la eliminación de las limitaciones éticas* sobre la investigación científica. En la cosmovisión materialista, la vida no es sagrada y la ética está en contra de lo científico. Dinesh D'Souza lo explica:

> Los tecno-utópicos no están preocupados con disminuir la santidad de la vida humana porque, ellos dicen, ésta es intrínsecamente sagrada. "Esto no es un argumento ético sino uno religioso," dice Silver. "No tiene lógica." El biólogo David Baltimore, un Nobel de literatura, argumenta que 'las declaraciones acerca de prácticas inaceptables moral y éticamente' no tienen lugar en el debate biotecnológico "porque estos son terrenos subjetivos y por lo tanto, no proveen ninguna base para la discusión." El supuesto que comparten Silver y Baltimore, es que los moralistas es-

---

17. Rousas J. Rushdoony, *La Mitología de la Ciencia* (Nutley, N. J.: Craig, 1967).
18. Schaeffer, Entonces, *¿cómo deberíamos Vivir?* en *La Obra Completa de Francis Schaeffer: Una Cosmovisión Cristiana*, 5 vols. (Westchester, IL: Crossway Books, 1985), 5:230.
19. Bolton Davidheiser, *Evolución y Fe Cristiana* (Nutley, NJ: Presbyterian and Reformed, 1969), 157.

tán hablando de valores mientras que ellos, los científicos duros, se ocupan de hechos.[20]

LA CONFUSIÓN DEL AZAR

En el último análisis, debemos hacer nuestra pregunta apologética estándar:

¿Qué significado tiene la dignidad en un Universo azaroso? En la reseña de un libro acerca de la posibilidad de vida extraterrestre (que fue escrito por el Profesor de Historia Natural, Paul Davies) encontramos un comentario revelador. El crítico Gregory Koukl escribe: Davies "tiene algunos pensamientos interesantes acerca del impacto de la idea de la evolución acerca de la noción del valor humano y la dignidad. Si tú crees que nosotros somos el resultado de procesos naturales de causa y efecto, terminas con serios problemas con el mérito, propósito, valor y dignidad. *Es difícil argumentar que alguien que es un accidente del universo tiene algún tipo de destino especial.*"[21]

El renombrado Profesor de Paleontología de la Universidad de Harvard, Stephen Jay Gould declaró: La existencia humana ocupó el último mili microsegundo geológico de esta historia— el último centímetro del kilómetro cósmico o el último segundo del año geológico... si la humanidad surgió ayer como una pequeña ramita en una rama de un árbol floreciente. Entonces la vida puede ser que no exista, en un sentido genuino, para nosotros o por nuestra causa. Quizás somos una idea tardía, un tipo de *accidente cósmico*, solo un adorno en el árbol de Navidad de la

---

20. Dinesh D'Souza, "Permaneciendo Humano: El Peligro de la Tecno-utopía" *National Review* (Enero 22, 2001).
21. "Azar y Dignidad" (http://str.convio.net/site/News2?page=NewsArticle&id=5202, consultado el 6-3-13). Énfasis añadido.

evolución."²²

El evolucionista J. W. Burrow, Profesor del Pensamiento Europeo, Universidad de Oxford, escribió la introducción para una nueva edición de *El Origen de las Especies*: "La Naturaleza, conforme a Darwin, fue el producto de *un azar ciego* y una lucha ciega, y el hombre una mutación solitaria e inteligente, luchando con los animales para su sustento. Para algunos el sentido de pérdida era irrevocable, era como si un cordón umbilical hubiera sido cortado y el hombre se encontrara a sí mismo como una parte de 'un universo frío y desapasionado.' A diferencia de la naturaleza como la conciben los griegos, la Ilustración y la tradición Cristiana racionalista, la naturaleza Darwiniana no tiene ninguna pista para la conducta humana, no tiene respuestas para los dilemas morales humanos."²³ Bertrand Russell vio al hombre como un accidente cósmico, carente de significado:

> Tal es, a grandes rasgos, pero aún más sin propósito, más carente de significado, el mundo que la Ciencia presenta para que sea nuestra creencia. En medio de un mundo así o en cualquier parte, nuestros ideales en lo sucesivo deben encontrar un hogar. Que el hombre es el producto de causas que no tenían previsión del fin que estaban logrando, que su origen, su crecimiento, sus esperanzas y sus temores, sus amores y sus creencias, no son otra cosa sino el resultado de las *colocaciones accidentales* de los átomos; que ningún fuego, heroísmo, ni intensidad de pensamiento y sentimiento puede preservar una vida individual más allá de la tumba; que todos los trabajos de las edades, toda la devoción, toda la inspiración, toda la claridad del genio humano están destinados a la extinción en la

---

22. Stephen Jay Gould, *Vida Maravillosa* (New York: W. W. Norton, 1989), 44. Énfasis añadido.
23. J. W. Burrow, introducción en J. W. Burrow, ed., Charles Darwin, *El Origen de las Especies por Medio de la Selección Natural* (Baltimore, MD: Penguin, 1974), 43. Énfasis añadido.

gran muerte del sistema solar y que todo el templo del éxito del Hombre debe ser enterrado debajo de los restos de un universo en ruinas—todas estas cosas, si no están absolutamente fuera de discusión, aun así es casi seguro, que ninguna filosofía que las rechaza puede esperar mantenerse. Solo dentro del andamio de estas verdades, solo en el firme fundamento de la desesperación implacable puede la habitación del alma de aquí en adelante ser construida de manera segura.[24]

Al ganador del Premio Nobel, el Profesor de Biología de la Universidad de Harvard, George Wald (1906–1997) le preguntaron una vez quien era desde su punto de vista Shakespeare y contestó: "Una colección al *azar* de moléculas que existieron hace 400 años."[25] El muy respetado antropólogo Loren Eiseley (1907–1977), quien encabezó el Departamento de Antropología de la Universidad de Pensilvania. Comentó una vez que: "El hombre no tenía que ser nada más que una mariposa o una oruga, Él simplemente emergió de un vacío infinito para el que no tenemos un nombre."[26]

Debemos recordar que el azar no puede explicar la moralidad ni los universales. Como consecuencia, no puede afirmar la dignidad humana. ¿Cuál es el significado de la dignidad en un universo azaroso? El azar destruye la posibilidad misma del significado y la relevancia, derribando juntamente la noción de la dignidad. Gregory Koukl resalta los problemas del materialismo y del azar de explicar la dignidad humana:

> ¿Por qué la ciencia le roba a los seres humanos su dignidad? La Ciencia ha limitado su área de estudio al área de los acontecimientos naturales. No dice que esa es la única área que real-

---

24. Bertrand Russell, *La Adoración de Un Hombre Libre: Misticismo y Lógica* (New York: George Allen and Unwin, 1917), 46.
25. Schaeffer, *Entonces, ¿cómo debemos Vivir?* 5:230. Énfasis añadido.
26. Citado en Davidheiser, *Evolución y Fe Cristiana*, 149.

mente existe. A esto se le llama naturalismo filosófico. Si solo existe la naturaleza, entonces resulta que somos meramente partes de una maquinaria en los trabajos de la naturaleza y somos las víctimas involuntarias de la maquinaria de la causa y efecto sucediendo en el tiempo sin ningún plan. Esto le roba su dignidad a los seres humanos. Claramente es, que si somos el producto del azar, entonces no tenemos propósito. Suena duro argumentar que no somos en nada diferentes a cualquier otra cosa en esta tierra que ha resultado del proceso de la evolución.

La declaración de que somos un tipo de dignidad peculiar resulta ser un tipo de especismo. Nosotros vemos arbitrariamente nuestras especies como cualitativamente más valiosas que otras especies, pero la realidad del asunto es que en la naturaleza ese no es el caso. Davis reconoce que si nos quedamos con el naturalismo filosófico, somos robados del valor único y la dignidad, y nos convertimos en uno de muchos organismos vivos que no tienen distinción cualitativa.

Uno podría argumentar que somos más sofisticados en nuestros logros evolutivos, pero ¿qué nos separa del resto? Nada. Ese es un juicio de valor y no existen juicios de valor como ese, que no tiene sentido en la naturaleza porque la naturaleza carece de valor. Los valores son una construcción filosófica. Estos son una noción moral y teológica y no tienen lugar, hablando estrictamente, en un mundo que está definido simplemente por la ley científica.[27]

La dignidad no reposa sobre nada en el Universo evolutivo. Esta desafía la ley de la gravedad, por así decirlo, y simplemente cuelga allí—si se afirma del todo. Como se ha establecido, un ateo es alguien que no tiene medios invisibles de soporte. En el mejor de los casos, la dignidad es tan solo una convención humana. Y cuando es afirmada, se vuelve una contradicción en la cosmov-

---

27. Gregory Koukl, "Azar y Dignidad": http://str.convio.net/site/News2?page=NewsArticle&id=5202, consultado el 6-3-13.

isión del incrédulo. Nuestro desafío Presuposicional debe señalar esta tensión dialéctica. Nancy Pearcey observa la destrucción de la libertad y la dignidad en la cosmovisión evolutiva, mencionando sus implicaciones contradictorias:

> Contradicciones propias similares son endémicas en la literatura de la psicología evolutiva. Un ejemplo principal es *El Animal Moral,* donde el autor Robert Wright dedica cientos de páginas para describir a los seres humanos como "robots," "títeres," "máquinas" y "relojes Suizos" programados por la selección natural. Él insiste en que la "bioquímica gobierna todo" y que el libre albedrío es pura ilusión. Él desenmascara nuestros impulsos morales más nobles como los "estratagemas de los genes" de supervivencia y los pone como simples dispositivos "que se encienden y se apagan conforme al interés propio." Pero entonces, en un gran salto de fe, Wright insiste que nosotros ahora somos libres para escoger nuestros ideales morales y nos insta a practicar el "amor fraternal" y nuestra "empatía sin límites."

> Esta contradicción interna persistente proviene del hecho de que la psicología evolutiva es una investigación esencial para la moralidad secular. El Darwinismo deja al mundo moderno libre de las tradiciones religiosas y de los sistemas de significado; el resultado es una cultura a la deriva en un mar de relativismo. Ahora el Darwinismo es en sí mismo sondeado como una fuente de significado, una guía cósmica para los problemas de la vida. Con todo, el punto de vista Darwiniano de la naturaleza es tan negativo, tan contrario a las nociones tradicionales de la dignidad humana, la moralidad y la razón (sin mencionar el sentido común), que existe un impulso casi irresistible de dar un salto de fe hacia atrás, hacia aquellas nociones tradicionales, sin importar que no tengan apoyo de la teoría. Porque, ¿quién puede vivir con una teoría que nos dice que la "ética es ilusoria" y que la 'moralidad es simplemente una adaptación puesta en marcha para promover nuestros fines repro-

ductivos,' en las palabras de Michael Ruse y E. O. Wilson? ¿Quién puede vivir con una teoría que nos dice que si 'la selección natural es suficiente y verdadera, es imposible que un patrón de 'comportamiento altruista' o genuinamente desinteresado evolucione," en las palabras de M. T. Ghiselin?[28]

EL PUNTO DE VISTA CRISTIANO

El punto de vista Cristiano de la dignidad humana es afirmado en la Declaración de la Independencia de Estados Unidos, la cual declara correctamente que los hombres están "dotados por su Creador de ciertos derechos inalienables." La Escritura en varias ocasiones establece la base firme de la dignidad humana, declarando que el hombre existe como la imagen del Dios eterno (Génesis 1:26–27; 9:6; 1 Corintios 11:7; Efesios 4:24; Colosenses 3:10; Santiago 3:9). El salmista declara que Dios hizo al hombre "un poco menor que los ángeles" (Salmos 8:5).

Nuestro valor está subrayado por el hecho de que el Hijo de Dios tomó sobre sí mismo la humanidad verdadera, para poder redimirnos de nuestros pecados. "Así que, por cuanto los hijos participan de carne y sangre, también Jesús participó de lo mismo, para anular mediante la muerte el poder de aquel que tenía el poder de la muerte, es decir, el diablo, y librar a los que por el temor a la muerte, estaban sujetos a esclavitud durante toda la vida" (Hebreos 2:14–15; Romanos 8:3; Filipenses 2:7–8).

Nuestro Dios santo aun nos proveyó en la Escritura un sistema de moralidad y de ley que establece protecciones especiales para el hombre, afirmando su dignidad. La ley fundamental a este respecto es el Sexto Mandamiento: "No matarás" (Éxodo

---

28. Nancy Pearcey, "Cantante en la Lluvia," *First Things* 106 (Ocubre 2000), 57–63: http://www.arn.org/docs/pearcey/np_ftreviews1000.htm, consultado el 6-3-13

20:13; Deuteronomio 5:17). Esta ley está establecida específicamente sobre la realidad subyacente de la imagen de Dios en ella: "El que derrame sangre de hombre, por el hombre su sangre será derramada, porque a imagen de Dios hizo Él al hombre" (Génesis 9:6). Esta ley medular está aplicada de muchas maneras en las jurisprudencias del Antiguo Testamento y en los principios morales del Nuevo Testamento. Jesús inclusive, la aplica al odio de otro humano (Mateo 5:21–22).

La Escritura habla de un gran valor en la reputación y en el nombre, aun prefiriéndoles antes que el oro. "Más vale el buen nombre que las muchas riquezas, y el favor que la plata y el oro" (Proverbios 22:1). "Mejor es el buen nombre que el buen ungüento, y el día de la muerte que el día del nacimiento" (Eclesiastés 7:1). También lamenta la vergüenza, que golpea la dignidad y el honor de alguien (Salmos 31:17; 69:19; Proverbios 13:18; 1 Corintios 11:22).

Robert Reilley expresa el problema del incrédulo muy bien en *La Reseña Intercolegial*: "El problema es que, al negar la posibilidad de una relación entre Dios y el hombre, el ateo también niega la posibilidad de una relación justa entre el hombre... La vida humana es sagrada solo si existe un Dios que la santifica. De otra manera el hombre es sólo otra colección de átomos y puede ser tratado como tal."[29] El filósofo Patrick D. Hopkins resume el punto de vista del hombre incrédulo:

> Este punto de vista representa esencialmente a los humanos como moderadamente inteligentes, moderadamente conscientes, moderadamente creativos, físicamente débiles, animales emocionales, sociales y mortales participando en un proceso continuo de evolución carente de cualquier gran propósito o diseño. Nosotros na-

---

29. Robert R. Reilly, "Ateísmo y Control de Armamento," *Intercollegiate Review*, 24 (Fall 1988), 15.

cemos, vivimos, comemos, excretamos, pensamos, sentimos, creamos, nos emocionamos, organizamos, clasificamos, competimos, cooperamos y morimos. Aunque somos en verdad más inteligentes y probablemente más conscientes y mucho más auto conscientes que otros animales, somos esencialmente lo mismo que los animales, difiriendo solo en cierto grado y no de especie, y no difiriendo tanto como solemos pensar. No somos únicos metafísicamente, no clasificamos entre los ángeles y las bestias, no somos almas dentro de un cuerpo.[30]

En definitiva, podemos ver claramente "la imposibilidad de lo contrario." Solo el Cristianismo provee "las precondiciones para la inteligibilidad." La cosmovisión del incrédulo destruye aun la dignidad de la vida humana, de este modo socava aun el motivo para discutir en contra del Cristiano. De hecho, el incrédulo no puede ni siquiera explicar su argumento con el creyente acerca de la libertad humana, porque en su visión nosotros solo estamos sujetos a las leyes de la física.

2.0 OBSERVACIONES EXEGÉTICAS

En nuestros doce capítulos hemos tenido muchas oportunidades de referirnos a Génesis 1 y la creación del hombre. El libro de Génesis es extremadamente importante para la cosmovisión Cristiana ya que declara el origen del hombre y del Universo por medio del poder soberano de Dios. También habla de la esencia misma de lo que es ser un humano y poseer dignidad. Reflexionemos brevemente en la creación del hombre y en las implicaciones de su dignidad personal exaltada.

En Génesis 1 y 2 encontramos la explicación del Creador

---

30. Patrick D. Hopkins, "Transcendiendo al Animal: Como es que el Transhumanismo y la Religión Son y no Son Parecidas," *Journal of Evolution Technology* 14:1 (Agosto, 2005), 13–14: http://www.jetpress.org/volume14/hopkins.html, consultado el 6-3-13.

del origen del hombre. En lugar de investigar el código genético de su ascensión del lodo, deberías estar leyendo los registros de Génesis de su creación hecha por Dios. Génesis habla elocuentemente del honor y la dignidad del hombre como la creación del Dios racional contraria a su evolución por el azar irracional. Estudiemos algunos de los ángeles en Génesis que señalan la dignidad del hombre.

El Hombre es la cúspide de la creación. En la explicación de la creación descubrimos una narrativa fluida y bien ordenada bosquejando seis días de la actividad creadora de Dios. El comentarista del Antiguo Testamento, Derek Kínder, declara que "la marcha de los días es un proceso tan majestuoso como para no tener una implicación de secuencia ordenada; también parece demasiado sutil adoptar una visión del pasaje que descarta una de las impresiones primarias que provoca en un lector ordinario."[31] En realidad, de los Días 1 al 5 establece el medio ambiente para el hombre en el cuál vivirá. La vegetación es para su comida (Génesis 1:29); los animales son para que gobierne sobre ellos (Génesis 1:26).

El Día 6 entonces, aparece como la última etapa del desarrollo rápido del proceso creativo. El hombre forma el clímax especial de la actividad creativa de Dios. El sexto día es, por lo tanto, el gran final de la creación, estableciendo al hombre como la meta y punto más alto del trabajo de amor de Dios.

El Hombre fue creado después del consejo inter-Trinitario. Después de que Dios creó todo lo demás simplemente por medio de Su palabra hablada, se prepara para crear al hombre. Y lo hace con un característico consejo interTrinitario: "Hagamos al hombre a nuestra imagen" (Génesis 1:26). La expresión plural "hag-

---

31. Derek Kidner, *Génesis: Una Introducción y Comentario* (Downers Grove, IL: InterVarsity, 1967), 54–55.

amos" alude a las personas de la Trinidad y no a ángeles, en ese sentido: sólo Dios es el Creador (Génesis 1:1; Nehemías 9:6); el hombre es creado sólo a la imagen de Dios (Génesis 9:6; Santiago 3:9); Dios el Hijo (Juan 1:3; Colosenses 1:17) y Dios el Espíritu (Génesis 1:2) están asociados con Dios el Padre en la creación. Este consejo deliberativo subraya la importancia de la creación del hombre para la narrativa.

El Hombre es creado a la imagen de Dios. El texto claramente establece el carácter distintivo del hombre en ser la misma imagen de Dios: "Y dijo Dios: Hagamos al hombre a Nuestra imagen, conforme a Nuestra semejanza; y ejerza dominio sobre los peces del mar, sobre las aves del cielo, sobre los ganados, sobre toda la tierra, y sobre todo reptil que se arrastra sobre la tierra. Dios creó al hombre a imagen Suya, a imagen de Dios lo creó; varón y hembra los creó" (Génesis 1:26–27).

La Escritura muestra varias formas en que el hombre es la imagen de Dios. Dios habla ("entonces dijo Dios," 1:3, 6, 9, 11, 14, etc.); el hombre habla (Génesis 3:9–10). Dios hace cosas (Génesis 1:7, 16, 31; 2:3); Adán cultiva el jardín (Génesis 2:8) y sus hijos hacen cosas (Génesis 4:20–24). Dios "nombra" los elementos de la creación ("Y llamó Dios," Génesis 1:5, 8, 10); el hombre nombró a los animales (Génesis 2:19) y a su esposa (Génesis 2:23). Dios ejerce dominio (Génesis 1:1, 31); al hombre se le es dado dominio sobre las creaturas (Génesis 1:26, 28). Dios descansa de sus obras (Génesis 2:2); el hombre sigue el patrón de descanso (Éxodo 20:9–11). El hombre es la imagen de Dios.

El Hombre es creado en intimidad por Dios. En Génesis 1 *Elohim* (traducido como "Dios") aparece a lo largo de la explicación de la creación. *Elohim* actúa como "el poderoso" quien realiza la creación de todo el universo (Génesis 1:1; 2:1, 4) sin esfuerzo tan sólo por Su palabra (ocho fíat rápidos repartidos en seis breves días). Pero en Génesis 2; en lugar de enfatizar el poder del Creador, Moisés enfatiza su relación íntima: Dios y el hombre están en un pacto. Esto es indicado cuando Moisés importa el nombre de pacto ("Jehová," traducido como "Señor") dentro del contexto de la creación del hombre (Génesis 2:7). Además, Dios forma amorosamente el cuerpo del hombre y sopla en él el aliento de vida (Génesis 2:7), mientras que los animales fueron una producción en masa (1:20, 24).

El Hombre es creado para tener comunión con Dios. En Génesis 3 encontramos el comentario casual de que Dios "se paseaba en el huerto al fresco del día" y buscando a Adán (Génesis 3:8–9). Dios conversó con el hombre cuando le informó de Su abundante provisión (Génesis 2:16), límites morales (Génesis 2:17) y cuando lo buscaba en el jardín (Génesis 3:9–11). Como el salmista efundió: "¿Qué es el hombre para que te acuerdes de él, y el hijo del hombre para que lo cuides?" (Salmos 8:4). A lo largo de la Escritura vemos a Dios no sólo comunicándose con el hombre, sino preparando los medios para que el hombre se pueda acercar a Él en adoración, oración y comunión (ejem., Salmos 42:2; 96:8).

El Hombre es creado como una persona moral. Con la creación terminada en Génesis 1:1–2:3, leemos en Génesis 2:4. Las primeras palabras de Génesis 2:4 introduce una nueva sección que se enfoca en el hombre y su periodo de prueba en el jardín: "Estos son los orígenes de los cielos y de la tierra cuando fueron creados." Génesis 2:4b empieza con la expresión en hebreo, "el día que" que es un modismo para "cuando." Así es que 2:4b dice: "El día en que el Señor Dios hizo la tierra y los cielos." El autor está asumiendo que la creación de la tierra y los cielos ha sido completada. En realidad, acaba de terminar de narrar la explicación de la creación en el capítulo 1. Así que con la creación como antecedente, empieza a establecer la historia del hombre—y su caída moral.

En lugar de sumergirse directo en la historia, empieza dando algunos antecedentes acerca de los eventos del Día 6. La primera cosa que cuenta acerca de la creación del Día 5 es que no había arbustos silvestres del desierto en la tierra ni había grano cultivado. Hay una razón para la ausencia de ambos. No había arbustos silvestres del desierto porque Dios no había enviado la lluvia y no había grano cultivado porque no había un hombre que trabajara la tierra: "No había ningún arbusto del campo en la tierra, ni había aún brotado ninguna planta del campo, porque el SEÑOR Dios no había enviado lluvia sobre la tierra, ni había hombre para labrar la tierra" (Génesis 2:5).

En Génesis 2:5 Moisés no está diciendo que no había nada de vegetación durante este tiempo, sino que había una ausencia de *tipos específicos* de vegetación. Él nos había dicho antes que Dios creó plantas que dan semillas y árboles que dan fruto en el 4to. día (Génesis 1:11–12). Aquí nos informa que no había arbustos silvestres del desierto ni granos cultivados. Cuando la creación de Adán es narrada después de este comentario, descubrimos que no tuvo que atravesar con hacha las malas hierbas y zarzas silvestres, tampoco tuvo que romperse la espalda con una azada. Más bien, Dios creó un medio ambiente agradable, pacífico y productivo para Adán (Génesis 2:8–14). Fue hasta después que aparecieron las zarzas y los azadones se volvieron necesarios— *después que Adán se reveló contra su Creador* (Génesis 3:17–18). Dios le había advertido de las consecuencias mortales del fracaso moral (Génesis 2:16–17). *El Hombre es creado para gobernar responsablemente.* En Génesis 1 observamos que los animales no son designados para "gobernar." Solo el *hombre* ha de gobernar. De hecho, el hombre ha de gobernar *sobre las creaturas de la tierra, el aire y el mar* (Génesis 1:26, 28). Dios declara *terminantemente* esto. El salmista alaba a Dios por poner al hombre sobre las creaturas (Salmos 8:6–8). En ningún lugar viene que el hombre comparta este gobierno con los animales; el hombre les puso nombre a los animales (ejerciendo autoridad sobre ellos) al empezar a gobernarlos (Génesis 2:20). En realidad, una característica importante de la caída histórica de Adán, es que le estaba permitiendo a un animal (la serpiente) ejercer gobierno sobre él (Génesis 3:1–7, 14–15).

Así es que, el hombre tiene tanto un impulso básico constitucional de ejercer dominio al ser creado a la imagen de Dios, *como* una responsabilidad fundamental de hacerlo al habérsele sido ordenado en el Mandato de la Creación. La tarea distintiva del hombre en el mundo de Dios de acuerdo con el plan de Dios es desarrollar la cultura. Por consiguiente, aprendemos que:

El Hombre es creado como un ser con capacidad de inventar. Es interesante notar, que el hombre caído fue impulsado por las hazañas culturales más allá de las expectativas de los antropólogos y sociólogos humanistas. Vemos el efecto y la importancia del Mandato de la Creación muy temprano en la historia en las hazañas de fomento de la cultura de los descendientes de Adán. En la Biblia el hombre es visto actuar como una creatura orientada al dominio, sometiendo con justicia a la tierra y desarrollando una cultura como un mayordomo debajo de Dios, a pesar de la entrada del pecado. El hombre rápidamente desarrolló varios aspectos de la cultura social: la cría del ganado, la creación de la música, la elaboración de herramientas de metal y así sucesivamente (Génesis 4:20–22). Sobre su propia creación, el hombre no sólo se le ordenaba que desarrollara toda la creación de Dios, sino que en realidad comenzó a hacerlo.

En todo esto, descubrimos evidencia clara e irresistible de

la *dignidad* del hombre. Él es la cúspide intencional de Dios de la creación. Él es creado después del consejo inter-Trinitario, es creado a la misma imagen de Dios y con el propósito de tener comunión con Él. El hombre es una persona moral distinguida llamada a gobernar en la tierra y a desarrollar la cultura para la gloria de Dios. El Cristianismo afirma la dignidad del hombre y provee las precondiciones necesarias para su inteligibilidad.

3.0 PREGUNTAS PLANTEADAS

Intenta contestar las siguientes preguntas por ti mismo antes de ver el texto o consultar la **Clave de Respuestas**.

1. ¿Qué significa la frase "autoconscientes epistemológicamente"? ¿Por qué es importante como herramienta apologética?

2. Define el concepto de "dignidad" en relación a la "dignidad humana." ¿Cómo es importante para nuestro diario vivir? ¿para nuestras vidas sociales?

3. ¿Cuáles son las dos ilustraciones de la dignidad humana presentadas? Explica el uso de estas en la apologética.

4. A pesar de que la mayoría de los estadounidenses aceptan la noción de la dignidad humana, no toda la gente lo hace. Haz una lista de algunos ejemplos de repudio generalizado de la dignidad humana.

5. Da a conocer algunos ejemplos históricos del problema de exagerar la dignidad de la vida (sin las limitaciones de la cosmovisión Cristiana).

6. ¿Cómo es que el materialismo destruye la noción de la dignidad humana?

7. ¿Cuál es en sí el problema final que tiene la cosmovisión de los incrédulos al intentar afirmar la dignidad humana?

8. Explica en términos generales el caso Cristiano para la dignidad humana.

4.0 APLICACIÓN PRÁCTICA

1. Intenta pensar en algunos temas contemporáneos que son afectados por la visión de alguien de la dignidad humana. Anótalos en una lista y escribe un párrafo acerca de cómo la visión Cristiana resuelve este asunto. Los ejemplos incluirían la eutanasia y el aborto.

2. Lee unos de estos nuevos temas en el Centro para la Bioética y la Dignidad. Copia tres artículos para tus archivos que estén directamente relacionados con el debate de la cosmovisión sobre la dignidad del hombre. (http://www.cbhd.org/news/index.html).

3. Investiga en internet y encuentra declaraciones evolucionistas que afirmen la dignidad humana. Lee artículos y extrae de ellos los medios mediante los que el evolucionista intenta establecer la dignidad humana. Anota algunos de los problemas que veas en su razonamiento. Guarda esto en tus archivos de apologética.

4. Repasa las "Observaciones Exegéticas" de arriba. Ve si puedes extraer otras líneas de evidencia que subrayen el fundamento Cristiano para la dignidad humana.

5. Investiga en varios sitios web que exigen los derechos humanos como un asunto del gobierno civil. Desarrolla dos listas. En una lista incluye todos estos sitios que meten

a Dios en la ecuación. En la otra lista incluye aquellos que no mencionan a Dios o la religión. Guarda estos en tus archivos de apologética.

6. Utilizando tu investigación del punto número 5, lee nuevamente las declaraciones que mencionan a Dios y la religión. Anota el tipo de religión o de "dios" mencionado en estas declaraciones. Haz una lista de los problemas al tratar de establecer los derechos humanos desde una visión genérica de Dios o la religión en general.

5.0 LECTURAS RECOMENDADAS

Clark, John D., "Algunas Implicaciones Filosóficas de la Teoría de

la Evolución" *Origins* 3(1): 38–45 (1976): http://www.grisda.org/ origins/03038.htm, consultado el 6-3-13

Flashing, Sarah J., "El Mito de la Neutralidad Secular: ¿Bioética Imparcial?": http://cbhd.org/content/myth-secular-neutrality-unbiased-bioethics, consultado el 5-31-13

Harrub, Brad, "El Valor Inherente de la Vida Humana": http://www. apologeticspress.org/apcontent.aspx?category=7&article=159, consultado el 6-3-13

Koukl, Gregory, "Azar y Dignidad": http://str.convio.net/site/News2?page=NewsArticle&id=5202, consultado el 6-3-13

Major, Trevor, "El Valor de la Vida Humana Temprana": http://www. apologeticspress.org/apcontent.aspx?category=7&article=349, consultado el 6-3-13

Schaeffer, Francis, *Entonces, ¿cómo Debemos Vivir? El Surgimiento y Decadencia del Pensamiento Occidental y la Cultura* (Old

Tappan, N.J.: Revell, 1967).

Trivcovic, Serge, "Record Wretched del Islam sobre la Esclavitud," *FrontPageMagazine.Com* (http://archive.frontpagemag.com/ readArticle.aspx?ARTID=21060, consultado el 6-3-13)

Zacharias, Ravi, *La Verdadera Cara del Ateísmo* (Grand Rapids: Baker, 2004).

CLAVE DE RESPUESTAS

RESPUESTAS AL CAPÍTULO 1: "EL MITO DE LA NEUTRALIDAD"

1. ¿Qué es la "apologética"? Define el término y explica la derivación de la palabra "apologética."

   Respuesta: La apologética es la vindicación de la filosofía Cristiana de vida en contra de varias formas de filosofía de vida no Cristiana. La palabra "apologética" se deriva de la combinación de dos palabras griegas: *apo* ("atrás, desde") y *logos* ("palabra"), que significa "dar una palabra de regreso, responder" en defensa.

2. ¿Cuál es el punto central del primer capítulo?

   Respuesta: Demostrar que el pensamiento humano y la conducta no son neutrales y que las afirmaciones de neutralidad están mal informadas o son fraudulentas. Por consiguiente, esto desalienta los intentos Cristianos de desarrollar sistemas apologéticos en base a una supuesta neutralidad ya que esta contradice la cosmovisión Cristiana.

3. **¿Cómo es que el mismo principio de la evolución (aún aparte de las declaraciones científicas/biológicas de la teoría de la evolución) se opone a la fe Cristiana?**

   Respuesta: La evolución está comprometida con la noción del cambio incesante y por lo tanto, se opone en principio al concepto de los absolutos. Para el Cristiano, los absolutos son esenciales y la Palabra de Dios es el absoluto final.

4. **¿Qué es el "deconstruccionismo"? ¿En dónde surgió esta filosofía? ¿Cómo es que está en conflicto con los principios básicos de la fe Cristiana?**

   Respuesta: El deconstruccionismo empezó como una forma de crítica literaria a principios de 1970 por medio de Jacques Derrida. Este declara que ninguna comunicación puede tener algún significado o transmitir un mensaje confiable debido a las diferentes influencias en la persona que intenta comunicarse. Esto eventualmente pasó más allá de una crítica literaria pura y se convirtió en una filosofía de relativismo absoluto. Esto entra en conflicto directo con la revelación bíblica en la Escritura que afirma dos verdades importantes a este respecto: (1) Dios se comunica con nosotros revelándonos las Escrituras para que podamos comprenderle, creer en Él y obedecerle. (2) Nosotros somos Su imagen y lo reflejamos cuando nos comunicamos con nuestro prójimo en una forma coherente e inteligente.

5. **Enlista algunos pasajes de la Escritura que afirman la certeza y la autoridad de la Palabra de Dios.**

   Respuesta: "Las palabras del Señor son palabras puras, plata probada en un crisol en la tierra, siete veces refinada" (Salmos 12:6); "Y la Escritura no se puede violar" (Juan 10:35b);

"Toda Escritura es inspirada por Dios y útil para enseñar, para reprender, para corregir, para instruir en justicia, a fin de que el hombre de Dios sea perfecto, equipado para toda buena obra" (2 Timoteo 3:16–17)

6. **¿Cómo es que la cosmovisión de los profesores incrédulos de las universidades confrontan sutilmente tu fe, aun cuando el profesor per se no esté mencionando directamente el Cristianismo?**

    Respuesta: (1) Por medio de consideraciones selectivas donde decide que preguntas son importantes, que opciones son serias, que evidencia debe presentarse en la clase. (2) Al proclamar la tolerancia neutral de todos los puntos de vista pero siendo intolerante a la visión Cristiana "estrecha" de la conducta homosexual, el aborto, el feminismo y demás. (3) Por medio de la censura, donde omite material de lectura rechazando el punto de vista Cristiano y promoviendo libros que la contrarrestan.

7. **¿Cuál es el significado del "mito de la neutralidad"?**

    Respuesta: Nadie puede enfocarse en temas de la vida desde una perspectiva puramente neutral. Esto es debido a que la Biblia enseña que el hombre es un pecador que se opone a Dios, no que simplemente sea indiferente a él. Romanos 1:18–21 habla de cómo el pecador activamente detiene la verdad como resultado de su corazón entenebrecido. Colosenses 1:21 habla de la hostilidad del pecador hacia Dios. Pablo ilustra nuestro alcance con imágenes de la guerra en 2 Corintios 10:4–5.

8. **¿Qué declaraciones de Cristo descartan la posibilidad de la neutralidad?**

   Respuesta: Cristo enseña que "cualquiera que oye *estás mis palabras* y *las hace*, le compararé a un hombre sabio, que edificó su casa sobre la roca." Él continúa advirtiendo "Todo el que oye estas palabras Mías y no las pone en práctica, será semejante a un hombre insensato que edificó su casa sobre la arena" (Mateo 7:24, 26). "El que no es conmigo, contra mí es; y el que conmigo no recoge, desparrama" (Mateo 12:30).

9. **¿Dónde en las Escrituras ves por primera vez un intento de la neutralidad con respecto a Dios y Su Palabra?**

   Respuesta: En Génesis 3 donde Satanás le presenta a Eva la opción de obedecer a Dios o desechar Su orden. Ella debía asumir la posición de la neutralidad hacia la palabra de Dios.

10. **Es el intento de la neutralidad un tema simplemente metodológico o ¿también es uno moral? Explica.**

    Respuesta: Es ambos. Es un asunto moral porque Dios demanda en la Escritura que el hombre "teme a Dios y guarda Sus mandamientos" (Eclesiastés 12:13). La neutralidad postula esto como un intento de "ser como Dios" (Génesis 3:5). La Biblia enseña que "todo lo que no procede de fe, es pecado" (Romanos 14:23) porque "sin fe es imposible agradarle" (Hebreos 11:6).

RESPUESTAS AL CAPÍTULO 2: "DESTRUYENDO LAS FORTALEZAS FILOSÓFICAS"

1. **¿Por qué es la mente del incrédulo "hostil a la cosmovisión Cristiana? ¿Qué evidencia existe que respalde esta afirmación?**

   Respuesta: Debido a que este es el mundo de Dios, nosotros somos Sus creaturas, estamos bajo Su control y seremos juzgados por Él, no puede haber neutralidad en la palabra, el pensamiento o en la acción. Todas las cosas le pertenecen a Dios y el hombre le debe todo a Él. Afirmar la neutralidad en el pensamiento es negar la autoridad universal de Dios. En que el Cristianismo es verdad, el mundo es como Dios lo creó— como consecuencia, las afirmaciones de neutralidad son falsas a pesar de que sea un mito secular moderno y ampliamente difundido.

2. **En lo que se refiere a la neutralidad, ¿Cuáles son las dos verdades importantes de la afirmación del incrédulo acerca de la neutralidad en el razonamiento?**

   Respuesta: La primera es que "el incrédulo no es neutral." La segunda es que "el Cristiano *no debería* intentar ser neutral."

3. **¿Qué declaraciones de Cristo descartan la posibilidad de la neutralidad?**

   Respuesta: "Nadie puede servir a dos señores; porque o aborrecerá a uno y amará al otro, o apreciará a uno y despreciará al otro" (Mateo 6:24) y "El que no está a favor Mío, está contra Mí" (Mateo 12:30).

4. **¿Por qué decimos que el hombre no puede ser neutral hacia Dios? Proporciona al menos 3 líneas bíblicas que respalden el argumento de tu respuesta.**

   Respuesta: (1) Dios creó todas las cosas (Génesis 1:1; Juan 1:3), dando de este modo, significado al orden creado. Él creó todas las cosas para Sí (Romanos 11:36; Colosenses 1:16d), no dejando así nada fuera del cuidado de Su propia gloria. Él es dueño de todas las cosas (Salmos 24:1; 1 Corintios 10:26, 28), teniendo de este modo, un derecho inalienable sobre el hombre y todas sus propiedades. Dios gobierna todas las cosas (Isaías 46:10; Colosenses 1:17), dándole de este modo, propósito a todas las cosas bajo Su plan sabio. Que el hombre afirme la neutralidad en pensamiento es negar la autoría de Dios como creador, su meta, propiedad y plan. (2) Tenemos el mandato positivo de temer a Dios para poder obtener conocimiento en que "El temor del Señor es el principio de la sabiduría" (Proverbios 1:7; 9, 10). (3) El señorío universal de Dios requiere de sumisión a Él. Dios es el señor universal sobre todo el universo, desde la partícula atómica más pequeña hasta la vasta galaxia más lejana. Tanto a Dios como Jesús se les refiere como "Señor de Señores" (1 Timoteo 6:15; Apocalipsis 19:16). La autoridad del Dios Trino es absoluta y demandante, de modo que el negar Su autoridad en deferencia a la "neutralidad" es negar Su señorío.

5. **¿Qué queremos decir con el término "efecto Noético" del pecado?**

   Respuesta: La palabra griega *nous* significa "mente." El efecto Noético del pecado es el efecto del pecado en la mente del hombre y en sus procesos de pensamiento. El hombre no cayó solo en una dimensión de la vida, sino es pecaminoso en *todas* las áreas de la vida y del ser, incluyendo la mente.

6. **¿Enseña la Escritura que aún la mente del hombre y sus procesos de razonamiento están afectados por el pecado? Comprueba tu respuesta citando la Escritura.**

   Respuesta: Sí, la mente del hombre está afectada por el pecado, así como todas las otras áreas de su condición humana. La Escritura habla directamente sobre el tema de lo pecaminoso del pensamiento y la mente del hombre. En Romanos 1:18–21 Pablo resalta la resistencia a Dios al "detener la verdad" y como se "envanece" en sus "razonamientos." En Efesios 4:17–18 Pablo declara fuertemente la "vanidad" de la mente del hombre caído y la "ignorancia" en ellos.

7. **En el hecho de que los incrédulos han contribuido mucho al pensamiento humano, la ciencia y la cultura, ¿Qué es lo que el Dr. Bahnsen quiere decir cuando declara que la fe en Dios es un prerrequisito para entender verdaderamente?**

   Respuesta: El único fundamento racional para el pensamiento humano y la experiencia es el Dios Creador hablando en Su Palabra. El incrédulo conoce a este Dios verdadero en lo profundo de su corazón, aunque niega a Dios. Los logros del incrédulo se deben a que detienen el conocimiento de Dios, más que a su negación pública de Dios que no puede explicar la racionalidad, el orden y demás.

8. **Lee 2 Corintios 10:4–5. Discute con amigos cristianos, el significado y la importancia para la apologética del pasaje.**

   Respuesta: Este pasaje enseña que tienes que escuchar el llamado a la obediencia *en tus pensamientos mismos:* "Destruyendo especulaciones y todo razonamiento altivo que se levanta contra el conocimiento de Dios, y poniendo todo pensamiento en cautiverio a la obediencia de Cristo" (2 Corintios 10:5). Tú debes desafiar "toda altivez" que se levanta "en contra del conocimiento de Dios" para que puedas llevar "cautivo todo pensamiento" a "la obediencia a Cristo." Esto nos lleva a obedecer a Cristo clara y con fuerza, en la totalidad de nuestros procesos de pensamiento—incluyendo nuestro método para defender la fe en Cristo.

RESPUESTAS AL CAPÍTULO 3: "DEFINIENDO LAS COSMOVISIONES"

1. **Define "cosmovisión."**

Respuesta: Una cosmovisión es una red de presuposiciones (las cuales no son verificadas por los procedimientos de la ciencia natural) con respecto a la realidad (metafísica), el conocimiento (epistemología) y la conducta (ética) en términos de los cuales cada elemento de la experiencia humana se relaciona y se interpreta.

2. **¿Por qué es importante entender la idea de una cosmovisión?**

Respuesta: Una cosmovisión gobierna la forma en la que vemos la realidad, el conocimiento y la moralidad, los asuntos más básicos de la vida. Necesitamos ser capaces de articular nuestra propia cosmovisión, para que podamos vivir más consistentemente, promover la vida Cristiana y desafiar más hábilmente la cosmovisión del incrédulo para mostrarle su error y la gloria del sistema Cristiano.

3. **¿Tienen todos, una cosmovisión? o ¿Es esto sólo un concepto cristiano? Explica tu respuesta.**

   Respuesta: Por necesidad todo hombre sano tiene una cosmovisión, porque todos ellos deben vivir en el mundo. Las cosmovisiones gobiernan la forma en la que vemos la realidad, pensamos, razonamos y vivimos moralmente. Estas son asuntos clave para cualquier sistema de vida.

4. **¿Por qué es importante para un enfoque bíblico de la apologética, entender nuestra cosmovisión como una "red de creencias"?**

   Respuesta: Como apologistas bíblicos queremos desafiar todo el sistema de vida del incrédulo, para mostrarle que no tiene fundamentos para la forma en la que vive. Queremos mostrarle la necesidad de tener fundamentos Cristianos para poder hacer la vida inteligible. Las críticas por partes no llegan a la raíz del asunto y se evaden fácilmente.

5. **¿Qué es una "presuposición"?**

   Respuesta: Una presuposición es un supuesto elemental en el razonamiento de alguien o en el proceso por medio del cual las opiniones son formadas... [Esta] no es simplemente cualquier supuesto en un argumento, sino un compromiso personal que se sostiene en el nivel más básico de la red de creencias de alguien. Las presuposiciones forman una *perspectiva* (o punto de partida) fundamental y amplia, en términos de la cual, todo lo demás es interpretado y evaluado. Como tales, las presuposiciones tienen la autoridad más alta en el pensamiento de alguien, siendo tratadas como las creencias menos negociables de la persona y siéndoles otorgadas la inmunidad más alta al ser revisadas.

6. ¿Cómo encaja tu presuposición dentro de la "red de creencias"? Es decir, ¿Qué rol juega en tu red de cosmovisión?

Respuesta: Las presuposiciones son los fundamentos de todas tus otras creencias. Estas les dan sentido a todos los asuntos de tu vida.

7. ¿Son las presuposiciones fáciles de cambiar o desechar? ¿Por qué dices eso?

Respuesta: No, estas no son fáciles de desalojar. Debido a que estas son tus compromisos medulares y gobiernan todos los otros asuntos en la vida, están establecidas de forma segura debajo de todo un conjunto de supuestos secundarios. Sin las presuposiciones tus otros supuestos no se podrían sostener.

8. ¿Cuáles son algunos de los temas presuposicionales que tenemos latentes en nuestro pensamiento y que generalmente los hacemos sin pensar, pero que son absolutamente esenciales para la vida racional?

Respuesta: La realidad de un mundo exterior objetivo, la realidad de la memoria, la relación de la mente inmaterial y el cuerpo material, tu identidad personal continua en el tiempo y la realidad de las relaciones de causa-efecto.

RESPUESTAS AL CAPÍTULO 4: "CARACTERÍSTICAS DE LA COSMOVISIÓN"

1. ¿Cuáles son los tres temas principales a los que cualquier cosmovisión debe responder?

Respuesta: Cuestiones con respecto a la naturaleza de la realidad (metafísica), como sabemos (epistemología) y cómo debemos actuar (ética).

2. **¿De dónde se deriva la palabra "metafísica"? ¿Qué es la metafísica?**

   Respuesta: "Metafísica" se deriva de la palabra en latín *metaphysica,* que se basa en el compuesto de dos palabras griegas: *meta* ("después, más allá") y *physika* ("física, naturaleza"). Literalmente significa "más allá de lo físico", es decir, más allá del mundo físico de la percepción de los sentidos. Es el estudio de la naturaleza fundamental de la realidad, el origen, la estructura y la naturaleza de lo que es real.

3. **¿Cuáles son algunas preguntas clave de la metafísica?**

   Respuesta: ¿Qué *significa* existir? ¿Qué tipo de cosas existen? ¿Cuál es la naturaleza del hombre? ¿Cuál es la naturaleza del universo? ¿Es objetivamente real o simplemente apariencias? ¿Existe Dios? ¿Cuál es Su naturaleza? ¿Cuál es la relación de Dios con el universo? ¿Existe el cambio o el desarrollo? ¿Cómo cambian las cosas? ¿Cuál es el carácter de las leyes o conceptos que gobiernan la realidad? ¿Están cambiando? ¿Son universales? ¿Cuáles son los límites de la posibilidad?

4. **¿Tienen todas las personas un programa de metafísica? Explica tu respuesta.**

   Respuesta: Ya sea que la persona promedio esté consciente de la metafísica o no, sin duda tiene un programa metafísico o una perspectiva que opera en su vida. Esto se debe a que tiene por lo menos un entendimiento general de lo que cree que se trata este mundo. Si no lo tuviera, no sería capaz de darle sentido a su experiencia y no podría funcionar en el mundo exterior.

5. **¿Cuál es la diferencia entre "terreno neutral" y "terreno en común"?**

   Respuesta: El "terreno neutral requiere que no haya un compromiso de una u otra forma acerca de cualquier tema propuesto para ser debatido. El "terreno común" sólo habla de un "punto de contacto" que compartes con quien debates.

6. **En el punto de vista Cristiano, ¿cuáles son los dos niveles de la realidad?**

   Respuesta: El Dios eterno que no fue creado y todo lo demás (el orden temporal creado).

7. **¿Qué quieren decir los hombres cuando dicen que Dios es "autónomo"? ¿Por qué es esto importante para nuestra apologética?**

   Respuesta: Dios no necesita nada fuera de Sí mismo para prolongar Su existencia. Él es absolutamente autosuficiente, Él sólo se autodefine.

8. **¿De dónde derivamos la palabra "epistemología"? ¿Qué es la epistemología?**

   Respuesta: "Epistemología" se basa en dos palabras griegas: *episteme* ("conocimiento") y *logos* ("palabra, discurso"). Es el estudio de la naturaleza y los límites del conocimiento humano; esta hace preguntas acerca de la verdad, la creencia, la justificación, etc. Investiga el origen, la naturaleza, los métodos y los límites del conocimiento, descubriendo lo que sabemos y como llegamos a saberlo.

9. **¿Cuáles son algunas preguntas clave de la epistemología?**

   Respuesta: ¿Cuál es la naturaleza de la verdad y de la objetividad? ¿Cuál es la naturaleza de la creencia y del conocimiento? ¿Cuál es la relación entre ellos? ¿Podemos saber y aún no creer? ¿Cuáles son los estándares que justifican las creencias? ¿Cómo sabemos lo que sabemos? ¿Cuál es la prueba o la evidencia que es aceptable? ¿Cuáles son los procedimientos apropiados para la ciencia y el descubrimiento? ¿Cómo son evaluados? ¿Qué estándares ofrecen ellos?

10. **¿Por qué decimos que todo el Universo revela a Dios?**

    Respuesta: Porque Dios lo creó para Su propia gloria y creó al hombre para que le conozca a Él. Además, el mundo opera de acuerdo a todo el plan de organización del Dios y necesariamente refleja su sabiduría y su orden.

11. **¿Cuáles son las tres formas de revelación en la epistemología Cristiana? Explica brevemente cada una.**

    Respuesta: (1) La Revelación General, que es la revelación de la existencia y la gloria de Dios como es vista en la creación. (2) La Revelación Especial, que es la revelación directa de Dios al hombre para instruirlo en lo que debe creer y hacer, la cual está registrada para nosotros en la Escritura. (3) La Revelación Encarnada, que solo la encontramos en Cristo cuando Él vino a la tierra como Dios hecho carne.

12. **¿Cuáles son algunas preguntas clave de la ética?**

    Respuesta: ¿Cuál es la naturaleza del bien y del mal? ¿Cuáles son los estándares para la evaluación ética? Las preguntas acerca de la culpa y la paz personal. ¿Cómo consigues o produces el carácter moral?

13. **Discute Éxodo 3:14, en cuanto a su percepción del ser de Dios.**

    Respuesta: Dios se llama a sí mismo "Yo soy El que Soy," que se basa en el verbo "ser" y es encontrado en el tiempo imperfecto del hebreo. El tiempo imperfecto indica una acción no completada, una realidad continua: Dios continuamente es. La repetición del verbo ("Yo soy / Yo soy" en "Yo soy El que Soy") enfatiza una continuidad ininterrumpida y la duración sin límite. El nombre revela que Dios determina desde Su interior su propio ser. "Yo soy El que soy" significa que no hay una causa detrás de Dios. Como el Absoluto, Él opera con libertad sin restricciones. Él no es movido por circunstancias externas ni es resistido por fuerzas compensatorias

14. **¿Cuáles son los dos pasajes Bíblicos principales que afirman claramente que la Biblia es una revelación "inspirada" de Dios?**

    Respuesta: 2 Timoteo 3:16–17 y 2 Pedro 1:20–21. Ambos enseñan que la Escritura es una revelación directa de Dios y es autoritativa.

RESPUESTAS AL CAPÍTULO 5: "COSMOVISIONES ALTERNATIVAS"

1. ¿Cuáles son algunos temas claves que debes comprender al estar tratando con hindús? ¿Qué aspectos del Hinduismo se comportan como muchos de los diferentes puntos de vista occidentales contemporáneos?

    Respuesta: Debes entender el monismo (que enseña que

todo es uno), maya (que afirma que toda experiencia es una ilusión) y el relativismo (que niega los absolutos). En muchos aspectos importantes, el Hinduismo concuerda con muchas perspectivas principales occidentales y específicamente con el movimiento de la Nueva Era. No tiene problema con la evolución ya que la religión hindú en sí misma involucra una adaptación sin fin de otras religiones y de una evolución espiritual ascendente. Mucho de la psicología moderna afirma la inherente bondad del hombre, mientras que el Hinduismo habla de la divinidad básica de este. La relatividad de todas las declaraciones de verdad, tan difundida en nuestra cultura, encaja cómodamente con la visión hindú de la ilusión, de dios siendo una parte de todo (tanto de lo bueno como de lo malo), así como su práctica de absorber diferentes creencias (todas las demás religiones son *yoga*, "caminos"). Su híper espiritualidad (elevando lo espiritual sobre la exclusión de lo material) es atractiva para muchos que están desencantados con el materialismo de la cultura occidental.

2. **¿Cuáles son algunos temas claves que debes comprender al estar tratando con aquellos influenciados por el Conductismo?**

   Respuesta: El materialismo (que enseña que todo lo que es real es material), mecanismo (que enseña que todas las acciones humanas son el resultado del estímulo ambiental), la negación del libre albedrío (resultante del mecanismo inherentemente materialista).

3. **¿Cuál es el punto de vista del Marxismo sobre el progreso de la historia? ¿Qué es el "materialismo dialéctico"?**

   Respuesta: Este sigue la visión de Hegelian de tesis, antítesis, después síntesis. Esto significa que el conflicto es la condición necesaria para desarrollar una vida mejor y más alta. El materialismo dialéctico es la interpretación de la realidad que ve la materia como lo único sujeto al cambio y todo cambio, como producto de un conflicto constante entre opuestos que surgen de las contradicciones internas inherentes en todos los eventos, ideas y movimientos.

4. **¿Cuál es la idea principal involucrada en el Existencialismo?**

   Respuesta: La libertad personal que nos lleva a la libre expresión. Esto requiere de la prioridad al vivir por encima del conocimiento, la voluntad por encima del pensamiento, la acción por encima de la contemplación, el amor por encima de la ley, la personalidad por encima del principio, la individualidad por encima de la sociedad. El existencialismo religioso busca el "encuentro personal" con Dios por encima del "entendimiento proposicional" de Dios. El existencialismo secular elimina a Dios por completo:

5. **Discute dos razones bíblicas que justifiquen el razonamiento filosófico.**

   Respuesta: (1) Dios creó al hombre a su imagen, lo que incluye el pensamiento racional, de modo que el hombre tiene un deseo innato de conocer su creación. Y (2) Dios llama específicamente al hombre a buscar y a aprender, de modo que el hombre tiene la obligación moral con Su creador de descubrir.

6. **Nombra las cinco presuposiciones que estudiamos, que fungen como núcleo de una cosmovisión.**

   Respuesta: Monismo, dualismo, atomismo, pragmatismo y escepticismo.

7. **¿Cuál es el principio central del Monismo?**

   Respuesta: Todo es uno. La realidad está hecha sólo de una sustancia o principio final. El monismo niega la multiplicidad de las cosas.

8. **¿Cuál es el principio central del Dualismo?**

   Respuesta: Los dualistas sostienen que existen dos realidades finales: la mente y la materia.

9. **¿Cuál es el principio central del Atomismo?**

   Respuesta: Toda la realidad es material, con la materia estando compuesta de partículas infinitesimalmente pequeñas.

10. **¿Cuál es el principio central del Pragmatismo?**

    Respuesta: Los pragmáticos enseñan que el significado de una idea o una proposición, reside en sus consecuencias prácticas observables. Ellos argumentan que nosotros vivimos para resolver nuestros problemas, aunque no necesitamos dar teóricamente explicaciones. Debemos ser capaces de adaptarnos al medio ambiente, solucionar nuestros problemas y continuar en la vida. El Pragmatismo le rehúye a los problemas tradicionales de la filosofía. En lugar de eso dicen: "Nosotros no necesitamos certeza, sino utilidad."

11. **¿Cuál es el principio central del Escepticismo?**

   Respuesta: Los escépticos enseñan que nosotros no sabemos nada con certeza. Todo el conocimiento humano es tan deficiente que por mucho solo puede ser probablemente verdad. Debido a esto, se considera que el conocimiento simplemente es una opinión.

RESPUESTAS AL CAPÍTULO 6: "COSMOVISIONES EN COLISIÓN"

1. **¿Cuál es el concepto de "antítesis" en la apologética?**

   Respuesta: La "antítesis" nos habla de oposición o un punto en contra. Como Cristianos debemos reconocer el desacuerdo fundamental entre el pensamiento bíblico y todas las formas de incredulidad al nivel fundamental de nuestra teoría del saber y el conocimiento. La cosmovisión apologética es una proposición de todo o nada en la que niega un acuerdo básico y general entre el no Cristiano y el Cristiano. Rendir la antítesis buscando un terreno neutral, es rendir lo que hace de la fe Cristiana distintiva.

2. **¿Dónde vemos que empieza el problema de la Antítesis en la Escritura? ¿Cuál es el versículo clave que establece el patrón para la antítesis a lo largo de la Escritura?**

   Respuesta: En Edén cuando Adán se rebela contra Dios. Esto establece una maldición de Dios sobre el mundo y la raza adámica que continua a través de la historia. Génesis establece el patrón de la antítesis encontrado a lo largo del resto de la Biblia.

3. **¿Cómo establece Génesis 2 el carácter de la Caída de Adán en Génesis 3?**

   Respuesta: Muestra la creación íntima y amorosa de Adán y Eva hecha por Dios y la abundante provisión de dios de un medio ambiente pacífico. Adán y Eva no tenían carencia de nada que necesitaran, pero pecaron en contra de Dios.

4. **¿Dónde vemos la antítesis final?**

   Respuesta: En el infierno donde el hombre queda separado por siempre de Dios y de Su gracia común.

5. **¿Por qué es importante entender la Biblia para poder tener un desafío filosófico contra el incrédulo?**

   Respuesta: Un desafío filosófico surge de nuestra cosmovisión bíblica. Nosotros estamos estableciendo una cosmovisión sobre otra. Como consecuencia, debemos entender nuestra propia cosmovisión para poder presentar un desafío adecuado al incrédulo. Debemos promover la fe Cristiana *particularmente;* y nuestra fe está contenida en la Biblia.

6. **Da algunos ejemplos de evidencia de contradicción en la cosmovisión del incrédulo mientras que anda por la vida.**

   Respuesta: El incrédulo proclama una cosmovisión materialista, pero intenta tener alguna forma de ética (no-materialista). Él promueve la libertad sexual, los derechos homosexuales y los derechos del aborto como un asunto de libertad y de resistir la moralidad impuesta, pero entonces, responde con indignación moral ante el holocausto de Hitler, la riqueza injusta en Estados Unidos, las muchas guerras y demás.

7. ¿Cuál es la imagen principal de pecado que la Biblia emplea de la catastrófica naturaleza del pecado?

Respuesta: El pecado es presentado como una guerra, una rebelión hostil, destructiva y activa del hombre en contra de Dios.

8. ¿Qué pasaje bíblico muestra que los incrédulos conocen a Dios pero que activamente detienen ese conocimiento?

Respuesta: Romanos 1:18–20 donde Pablo declara que el incrédulo detiene la verdad.

RESPUESTAS AL CAPÍTULO 7: "VENCIENDO LA TENDENCIA METAFÍSICA"

1. ¿Cuál es la predisposición de la mente moderna hacia la metafísica? ¿Cuándo empezó esto?

Respuesta: La mente moderna tiende a descartar la metafísica como algo distractor, anticuado e innecesario. Esto se convirtió en un problema especial durante la Ilustración en los siglos diecisiete y dieciocho.

2. Entre los que toleran la metafísica, ¿Cuál consideran más básica, la metafísica o la epistemología? ¿Por qué?

Respuesta: La metafísica está subordinada a la epistemología. Esto es el resultado del gran éxito de los logros científicos y tecnológicos. La ciencia nos ha dado mucho y el "método" científico se ha convertido en el ideal dominante en el pensamiento moderno.

3. **Declara cinco de las ocho respuestas que se dan en contra de la tendencia antimetafísica hoy.**

   Respuesta: (1) El método epistemológico no es neutral porque o presupone la verdad o el error de la cosmovisión Cristiana. (2) La metafísica es esencial para la epistemología en que la forma en la que uno razona depende de la naturaleza de la realidad. (3) Los argumentos anti metafísica no son críticos ya que estos crean supuestos metafísicos acerca de la realidad. (4) Las presuposiciones metafísicas son necesarias para la experiencia humana en que proveen un punto de partida para el razonamiento. (5) Los argumentos anti metafísica están equivocados al no darse cuenta de que los principios del método científico en sí mismos son no observacionales. (6) Los argumentos anti metafísicos son contradictorios en que específicamente no permiten la experiencia no observacional, pero este principio se basa en supuestos no observacionales, como el principio de la uniformidad de la naturaleza (que es absolutamente esencial para la ciencia). (7) La tendencia anti metafísica es anti Cristiana en que impide la respuesta Cristiana desde el principio. (8) La tendencia anti metafísica está pecaminosamente motivada, Pablo nos informa que el hombre busca detener la verdad con injusticia.

4. **Explica por qué la epistemología no es neutral. ¿Cuáles son las dos metodologías básicas de la epistemología disponibles para el hombre?**

   Respuesta: La Biblia llama al hombre a empezar con el temor de Dios para el conocimiento y la sabiduría; la mente incrédula niega esto desde el fundamento mismo de sus principios operantes. En el análisis final, solo existen dos posiciones: el enfoque Cristiano y el no Cristiano. Todos los enfoques de los incrédulos son simplemente variaciones al principio de detener la verdad con injusticia. Cada método presupone ya sea la verdad o la falsedad del teísmo Cristiano.

5. **¿Cómo es que el registro de Adán y Eva nos ayuda a ver que la epistemología no es neutral?**

   Respuesta: Dios soberanamente y sin ambigüedad ordenó que Adán y Eva no comieran del Árbol del Conocimiento del Bien y el Mal. Pero Satanás desafió la orden directa de Dios y le dijo a Eva que la decisión era de ella. Aún puso sobre ella el sopesar las dos opciones que se le presentaban: "¿Debo obedecer a Satanás quien no ve nada de malo en esto? O ¿Debo seguir a Dios quien simplemente declaró que estaba mal sin ninguna razón justificable?" Este es el mismo método que elige el incrédulo: Él afirma por sí mismo *el derecho de determinar el método correcto*. Y lo hace sin tomar en cuenta a Dios.

6. **En la cosmovisión Cristiana, ¿cuáles son los dos niveles de la realidad? Explica por qué estos "dos niveles de la realidad" son importantes.**

   Respuesta: Los dos niveles de la realidad son: el Dios eterno y la realidad creada. El "hombre natural" afirma "la ultimidad de la mente humana." Su *método* es operar en el mundo de una forma que reduce toda la realidad a un nivel, negando la autoridad de Dios como absolutamente determinante. El método del incrédulo no se rinde a la autoridad absoluta del Creador sino que reclama toda la autoridad a la razón en sus propios términos sin referencia a Dios.

7. **¿Por qué la metafísica es necesaria para la epistemología de modo tal que nuestro método científico deba involucrar una metafísica básica?**

    Respuesta: Nuestra teoría del conocimiento es lo que es porque nuestra teoría del ser es lo que es. No podemos preguntar *como* sabemos sin al mismo tiempo preguntarnos *que* sabemos. La epistemología no puede divorciarse de la metafísica ya que los estudios metafísicos en cuestiones o asuntos tales como la naturaleza de la existencia, los tipos de cosas que existen, las clases de cosas existentes, los límites de la posibilidad, el esquema último de las cosas, la realidad contra la apariencia y el marco conceptual detallado, le dan sentido al mundo como un todo. Estos temas *necesariamente* impactan la epistemología.

8. **¿De qué forma se considera que la hostilidad anti-metafísica es ingenua y "no crítica"?**

    Respuesta: Si no sabes algo acerca del universo para empezar, no puedes idear un método para separar la verdad del error (preocupaciones epistemológicas). Todos empiezan con una *cosmovisión integrada* involucrando la metafísica *y* la epistemología. La tendencia contemporánea anti metafísica es ingenuamente acrítica al examinar esto.

9. **Considerando que el punto de partida del Cristiano es Dios, explica cómo podemos evitar el costo de un razonamiento circular.**

    Respuesta: (1) No estamos involucrados en una defensa especial de la cosmovisión Cristiana. Simplemente estamos preguntando ¿qué sistema hace que la experiencia humana sea inteligible? Por el bien de la discusión, le concederemos al incrédulo su sistema con cualquier fundamento que adopte para poder ver si puede justificar la verdad que declara. Entonces, él tendrá que concedernos el nuestro (por el bien de la discusión) para ver si nosotros podemos justificar nuestra verdad. (2) Todos los sistemas deben involucrar finalmente algo de circularidad en el razonamiento. Por ejemplo, cuando argumentas la legitimidad de las leyes de la lógica, debes emplear las leyes de la lógica. ¿De qué otra manera puedes justificar las leyes de la lógica? En la cosmovisión Cristiana, sin embargo, la apologética Cristiana *no* está involucrada en un argumento circular *vicioso,* un argumento circular *en el mismo plano.* Nosotros apelamos por encima y más allá del reino temporal. La auto-revelación de Dios en la naturaleza y en la Escritura nos informa del universo de dos niveles: Dios no es un hecho como los otros hechos del mundo. Él es el Creador y el Establecedor de todo lo demás. (3) La circularidad en el sistema filosófico es sólo otro nombre para la 'consistencia' en la perspectiva a lo largo del sistema de alguien. Un punto de partida y conclusión final coherente entre sí. (4) El incrédulo no tiene un estándar defendible desde donde pueda juzgar la posición Cristiana. Su argumento o termina en una regresión infinita (haciéndolo imposible de probar), no tiene justificación (lo entrega al subjetivismo) o se involucra en una circularidad al mismo nivel injustificable (provocando que sea una falacia). Sin un estándar auto verificable, no tiene una salida epistemológica. Y sólo la cosmovisión Cristiana tiene ese estándar auto verificable.

RESPUESTAS AL CAPÍTULO 8: "ACERCAMIENTO AL INCRÉDULO"

1. **¿Qué pasaje específico de la Biblia establece la estructura doble del desafío apologético al incrédulo?**

   Respuesta: Proverbios 26:4–5: "No respondas al necio de acuerdo con su necedad, para que no seas tú también como él. Responde al necio según su necedad se merece, para que no sea sabio ante sus propios ojos."

2. **¿Qué quiere decir la Biblia cuando habla de un "necio"?**

   Respuesta: En la Biblia un necio, no es necesariamente alguien que tiene una deficiencia mental, ignorante de mente estrecha. El necio, es alguien que "confía en su propio corazón" (Proverbios 28:26; Jeremías 9:23), es alguien que rechaza a Dios, el recurso final de sabiduría y de verdad: "El necio ha dicho en su corazón: No hay Dios" (Salmos 14:1; 53:1). Es un necio porque "El temor del Señor es el principio de la sabiduría" (Proverbios 1:7).

3. **¿Cuáles son los dos aspectos particulares del desafío apologético bíblico a la incredulidad? Explica brevemente cada uno de estos dos pasos de la apologética.**

   Respuesta: (1) Presentar la verdad. Es decir, presentando la cosmovisión Cristiana en sus propios términos. (2) Advertir al necio. Es decir, entrar en la cosmovisión del no Cristiano en sus propios términos para poder proveer una crítica interna mostrando su inconsistencia interna.

4. **¿En qué circunstancias limitadas debes adoptar la cosmovisión del incrédulo?**

   Respuesta: Sólo para proveer una crítica interna de sus errores sistemáticos, no adoptándola como una opción válida.

5. **¿Por qué debes evitar discutir que el Cristianismo es la "mejor" posición que se deba tener? ¿De qué debes discutir en lugar de eso?**

   Respuesta: Porque esto implicaría que la cosmovisión incrédula tiene algún mérito. La verdad es que Dios existe y sólo Él provee las precondiciones de inteligibilidad de la experiencia humana.

6. **En el análisis final, ¿qué frase del Dr. Van Til encapsula la prueba bíblica de Dios, mostrando la esencia misma de nuestro argumento?**

   Respuesta: "La imposibilidad de lo contrario." Este es un argumento indirecto para Dios que demuestra que sin Dios nada puede ser conocido.

7. **¿Qué quiere decir cuando hablamos de las "precondiciones de inteligibilidad?**

   Respuesta: Estas son los supuestos más básicos que proveen la posibilidad misma del conocimiento. Estos supuestos o presuposiciones pueden ser explicados solo por el sistema Cristiano en su compromiso con el Dios Creador.

8. **¿Cómo es que nuestra autoconciencia es un argumento para la existencia de Dios?**

   Respuesta: El hecho mismo de la autoconciencia diferencia al hombre de las rocas. Pero, ¿cómo puede el incrédulo explicar la autoconciencia humana como un factor fundamental de la vida? ¿De dónde viene?

¿Cómo es que el hombre es autoconsciente? En la concepción materialista y naturalista del incrédulo acerca del universo, todo debe ser explicado en términos de una interacción material de átomos. Señala que esto nos obliga a vernos a nosotros mismos como simple materia en movimiento. Pregúntale como es que la materia puede estar consciente de sí misma. ¿Qué visión del mundo hace consciencia de sí misma de una manera inteligible? Pídele al incrédulo que te explique de donde viene la materia inerte, después cómo se convirtió en materia viva, que después paulatinamente se volvió en consciente de sí, que después paulatinamente se convirtió en racional, que después paulatinamente se convirtió en moral—y todo por medio del mecanismo de tiempo evolutivo junto con el azar.

9. **Explica cómo es que la cosmovisión Cristiana establece la lógica mientras que la no Cristiana no lo puede hacer.**

Respuesta: La visión del origen del incrédulo presenta una cosmovisión basada en el azar que no puede tener leyes, ni necesidad, ni principios lógicos sino sólo aleatoriedad. De acuerdo a la teoría de la evolución cósmica, todo está finalmente sujeto al cambio aleatorio y está en un estado constante de flujo. Pero nuestra racionalidad misma requiere de leyes para que las cosas se puedan distinguir, clasificar, organizar y explicar. La comprensión racional y la explicación demandan principios de orden y unidad para poder relacionar las verdades y los eventos unos con otros. Por consiguiente, en las bases de la cosmovisión del incrédulo la racionalidad no tiene un fundamento.

10. **¿Cómo le responderías a alguien que afirma usar el "método científico," el cual asevera que todo el conocimiento viene por medio del análisis de la observación a través de la experiencia sensorial?**

    Respuesta: Este método sostiene, entonces, que el conocimiento debe ser limitado a la observación y la percepción de los sentidos. Una vez que tu amigo incrédulo se haya comprometido con este procedimiento, demuestra su contradicción epistemológica: Si todo el conocimiento es gobernado por la observación, entonces ¿cómo llegó a conocer *eso*? Es decir, ¿cómo llegó a conocer que "todo el conocimiento es gobernado por la observación"? ¿*Observó* eso en el laboratorio? ¿Lo midió, lo pesó o lo contabilizó? ¿Detectó *esa* limitación conceptual por medio de explorar la naturaleza? Y aún más, ¿observa que este principio es una limitación *universal* en el conocimiento en todos los lugares y en todos los tiempos para que confiadamente pueda confiar en ella?

11. **¿Cómo mostrarías la futilidad de la incredulidad cuando el incrédulo declara que el abuso infantil y la opresión del pobre están moralmente mal?**

    Respuesta: Él no puede declarar que está completamente mal en su cosmovisión relativista basada en el azar. Las evaluaciones morales requieren de un estándar absoluto que la cosmovisión incrédula no puede producir desde la perspectiva de un universo azaroso. ¿Por qué alguien se aprovecharía de un niño? ¿Por qué el rico oprimiría al pobre?

12. **¿Cómo puede ser usada una flor para mostrar la incoherencia de la cosmovisión no Cristiana?**

    Respuesta: En la apologética bíblica todos los hechos testifican de Dios, aún la existencia de una flor. Varios problemas surgen al considerar a la flor. (1) El incrédulo no puede explicar lo material. ¿De dónde viene?

(2) No puede explicar la inducción. Es decir, es incapaz de explicar la historia de la flor y su desarrollo, debido a que su sistema es materialista y el proceso de inducción no lo es. (3) No puede explicar la concepción de la flor, lo cual requiere de la lógica para poder siquiera hablar acerca de las flores, en donde se requiere de los universales de las "flores" y la "tierra." (4) No puede explicar los valores. ¿Qué hacemos con las flores?

(5) No puede explicar la adaptación de la flor al medio ambiente. ¿Por qué se relaciona con algo más en un mundo aleatorio? ¿Por qué pueden las cosas externas a mí ser convenientes para mis propósitos? (6) No puede explicar la descripción de la "flor." En un universo azaroso de aleatoriedad fundamental, no puede explicar la unidad, diferenciación y clases de las cosas para poder explicar que quiere decir con "flor." (7) No tiene manera de explicar nuestra consciencia de las flores. Somos autoconscientes, la flor no. ¿Cómo sucede esto ya que no soy más que materia en movimiento?

RESPUESTAS AL CAPÍTULO 9: "EL PROBLEMA DE LOS ABSOLUTOS DE LA MORAL"

1. ¿Por qué la moralidad es un tema importante al defender la existencia de Dios?

Respuesta: Las preocupaciones morales son inevitables en la vida humana. Encontrarás que cada vez que te abstienes de golpear a tu vecino, él estará agradecido por tu contención moral. Y ¿qué sería de la sociedad si "cada uno hacía lo que le parecía bien ante sus propios ojos" (Jueces 17:6; 21:25)? Todos tendríamos miedo de salir en público—o aún de quedarnos en casa con miembros de la familia moralmente impredecibles. Todo momento de despertar en la vida incluye desafíos morales mientras que preferimos escoger una acción sobre otra.

2. **Enlista algunas posiciones de moral extrema en el mundo moderno que ayudan a mostrar lo absurdo del intento de establecer la ética sin tomar en cuenta a Dios.**

   Respuesta: Los derechos de los animales que prohíben comer animales y aún van más allá como proveer los mismos derechos a los animales que les proveen al hombre; el ambientalismo que prohíbe usar la tierra para el bien del hombre.

3. **Expresa tres posiciones morales por las que los Cristianos modernos son denunciados, mostrando la antítesis entre la cosmovisión Cristiana y la no Cristiana.**

   Respuesta: (1) La defensa pro vida del no nato. (2) La defensa de la pena capital para proteger al inocente. (3) La oposición a la inmoralidad de la conducta homosexual.

4. **Define que quisimos decir con "relativismo ético."**

   Respuesta: El punto de vista de que los estándares morales son relativos de una cultura a otra, de un tiempo a otro o aún de una persona a otra de manera que no podemos afirmar ningún estándar absoluto de lo correcto y lo incorrecto.

5. **¿Cuál es la contradicción involucrada al afirmar que nadie debe declarar valores morales absolutos?**

   Respuesta: Esta afirmación de relativismo es absolutista.

6. **¿Cuál es el desafío apologético estándar que hacemos en contra del incrédulo? Replantea ese desafío para utilizarlo en el debate sobre los absolutos de la moral.**

   Respuesta: El desafío estándar es: Qué cosmovisión puede explicar esto o aquello. Con respecto a la moralidad: ¿Qué cosmovisión puede explicar los valores morales que condenan el abuso infantil, la opresión al pobre y demás?

7. **¿Cuál es el estándar absoluto para lo bueno en la cosmovisión Cristiana?**

   Respuesta: El carácter santo de Dios como lo conocemos por medio de su auto revelación en la Escritura.

8. **Una escuela de ética de los incrédulos afirma que lo "bueno" es lo que evoca aprobación. Explica esta posición, siendo cuidadoso en señalar las dos divisiones en este enfoque.**

   Respuesta: Lo bueno es lo que evoca aprobación social o aprobación personal. La aprobación personal es una convicción de toda la sociedad mientras que la aprobación personal puede diferir de una persona a otra.

9. **Expresa cinco prácticas históricas reprobables que se han llevado a cabo en diferentes sociedades y que muestran lo absurdo del punto de vista que lo bueno es lo que evoca aprobación social.**

   Respuesta: Genocidio, infanticidio, canibalismo, sacrificios humanos, abuso infantil, inmolación de la viudez y suicidio comunitario.

10. ¿Cuál es el problema al declarar que los valores éticos son intuidos?

Respuesta: No puedes discutir acerca de lo bueno: simplemente intuyes lo que es bueno. Por lo tanto, no puedes tener una discusión racional acerca de lo correcto y lo incorrecto, porque no tienes forma de resolver las diferencias de opinión. Esto reduce la moralidad a una preferencia subjetiva que no une a nadie, ni siquiera el subjetivista que puede cambiar su punto de vista en cualquier momento. De hecho, tú no tienes una forma predecible de decir que la intuición de una persona acerca de lo bueno es buena en sí. Terminas teniendo que intuir que tu intuición es correcta, después intuir que tu intuición acerca de tu intuición es correcta. Y continuar así en una regresión infinita que es el resultado de no tener un estándar absoluto y auto verificable.

11. ¿Cómo responderías a la afirmación de que lo bueno es lo que evoca una aprobación personal?

Respuesta: Esto reduce la ética a una preferencia personal. No puede ni siquiera declarar algo bueno, porque eso simplemente explica que lo "bueno" es algo que esta u otra persona prefiera, en lugar de señalar a algo objetivamente bueno.

12. ¿Cómo responderías a la afirmación de que lo bueno es lo que cumple con un propósito deseado?

Respuesta: Si lo bueno es lo que cumple propósitos escogidos, esto lleva a ciertas consecuencias. El utilitarismo enseña que lo bueno es lo que produce la mayor felicidad para el mayor número. ¿Por qué es el mayor número determinante para lo bueno? Y ¿qué pasa cuando el número cambia? ¿Lo bueno cambia? Los hedonistas enseñan que nuestra propia felicidad individual y bienestar son las metas de lo bueno. Entonces, ¿cuándo se les niega rutinariamente a los sadomasoquistas, caníbales y abusadores de niños que satisfagan completamente su felicidad?

13. **Defiende desde las Escrituras la afirmación de que la ley de Dios es nuestro estándar revelado del absoluto de lo bueno.**

Respuesta: Romanos 7:12 y 1 Timoteo 1:8 declara que la ley de Dios es "buena." A la ley de Dios se le dan los mismos atributos que a Dios mismo: Esta es buena, recta, justa, santa y perfecta.

RESPUESTAS AL CAPÍTULO 10: "LA UNIFORMIDAD DE LA NATURALEZA"

1. **¿Cómo es que se relaciona la idea del "universo" con la noción de la "uniformidad de la naturaleza"?**

Respuesta: El que vivamos en un *universo* indica que existimos en un sistema ordenado, unificado y único que está compuesto de muchas partes diversas. Estas partes funcionan juntas coordinadamente como un sistema predecible, racional y completo.

2. **Explica el significado de la uniformidad de la naturaleza utilizando dos de los elementos básicos involucrados.**

Respuesta: (1) La uniformidad es válida en todo lugar. El carácter del universo material es tal que funciona de acuerdo a una regularidad discernible. Las leyes naturales que operan en un lugar del universo operaran uniformemente por todo el universo, de tal manera que la misma causa física producirá bajo circunstancias similares el mismo resultado físico en donde sea. (2) La uniformidad es válida en todo tiempo. Podemos esperar que el futuro sea como el pasado mientras que las leyes naturales no cambien con el tiempo. Por consiguiente, aún los cambios en el universo provocados por eventos super masivos como la explosión de supernovas, la colisión de galaxias y demás, son predecibles, siendo gobernados por la ley natural. Estas leyes mantienen la verdad en todo tiempo, desde el pasado hasta el futuro.

3. **¿Por qué es la uniformidad de la naturaleza importante para la experiencia humana y para la ciencia?**

   Respuesta: La ciencia y la experiencia humana son absolutamente dependientes de esta uniformidad porque sin ella no pueden inferir eventos pasados lo que podemos esperar bajo circunstancias parecidas en el futuro. La ciencia física requiere absolutamente de la habilidad de predecir la acción futura de entidades materiales. La experimentación científica, teorizar y predecir serían imposibles donde hubiera naturaleza no uniforme. La investigación científica sólo es posible en un sistema unido, coherente, racional y ordenado. Si la realidad fuera accidental y desordenada, no tendríamos leyes científicas básicas gobernando y controlando varios fenómenos. Por ejemplo, los laboratorios médicos hacen experimentos controlados para crear procedimientos y medicamentos que curen y prevengan enfermedades, y demás.

4. **Establece el desafío apologético que debes presentar al incrédulo en lo que se refiere a la uniformidad de la naturaleza.**

   Respuesta: Debemos preguntar ¿Qué cosmovisión esperaría de manera razonable que las conexiones al azar funcionaran uniformemente en todo el universo o que el futuro será como el pasado? Estamos preguntando, en otras palabras, ¿qué cosmovisión hace que la experiencia humana sea inteligible y que la ciencia sea posible?

5. **El incrédulo argumenta que el método científico opera bajo las bases de la observación y la experiencia. ¿Cómo presenta esto un problema para que pueda defender su cosmovisión?**

   Respuesta: Nosotros no tenemos experiencia del futuro, porque aún no sucede. Por lo tanto, en este método científico basado en la experiencia, ¿cómo podemos predecir que el futuro será como el pasado de tal forma que podamos esperar que los experimentos científicos sean válidos? Tampoco es posible observar y experimentar el método científico. La validez del método es presupuesta.

6. **Responde a la afirmación de que nosotros podemos conocer cómo van a operar las cosas en el futuro porque hemos visto cómo operaron en el pasado.**

   Respuesta: Pero esta declaración sólo nos habla todavía del pasado, no de un acercamiento al futuro que nosotros debamos anticipar ahora. Además, no puedes esperar que el futuro sea como el pasado separado del punto de vista de la naturaleza de la realidad que nos informa que los eventos son controlados de manera uniforme, como por Dios en el sistema Cristiano y no por el azar en el sistema incrédulo.

7. **¿Qué problema surge en la cosmovisión del incrédulo cuando afirma que sabe que el universo es uniforme?**

    Respuesta: ¿Cómo sabemos con certeza que el universo es un hecho uniforme? ¿Ha investigado el hombre cada uno de los aspectos del universo desde cada una de sus más pequeñas partículas atómicas hasta la más lejana de sus galaxias y todo lo que existe en medio de eso, para que pueda hablar con autoridad? ¿Tiene el hombre un conocimiento exhaustivo acerca de cada partícula de la materia, cada movimiento en el espacio y cada momento del tiempo? ¿Cómo sabe el hombre que la uniformidad gobierna todo el mundo y el universo completo?

8. **Haz una lista de algunos versículos de la Biblia que provean un fundamento para nuestro conocimiento de la uniformidad de la naturaleza.**

    Respuesta: Efesios 1:11; Colosenses 1:16–17 y Hebreos 1:3.

9. **¿Cómo mostrarías que el sistema Cristiano puede explicar fácilmente la uniformidad dela naturaleza?**

    Respuesta: Debido a que Dios creó un universo coherente y racional por medio de Su plan voluntario y soberano, y debido a que Él creó al hombre a Su imagen para que funcionara en ese mundo, vemos evidencia claramente reveladora para el fundamento de lo que los científicos llaman "la uniformidad de la naturaleza."

RESPUESTAS AL CAPÍTULO 11: "EL PROBLEMA DE LOS UNIVERSALES"

1. ¿Qué queremos decir cuando hablamos de "universales"?

   Respuesta: En filosofía es cualquier verdad de una naturaleza general o abstracta—ya sea un concepto amplio, una ley, principio o una declaración categórica. Estas verdades generales se usan para entender, organizar e interpretar verdades particulares encontradas en experiencias concretas.

2. **¿Es el concepto de los universales práctico en nuestras vidas diarias? Explica.**

   Respuesta: Sí, es absolutamente esencial. Sin ellos cada hecho estaría solo sin referencia a ningún otro hecho. Nada podría ser comprendido en términos de las relaciones.

3. ¿Cuáles son las tres nociones, involucradas en los universales que los definen?

   Respuesta: Los filósofos señalan que un universal involucra tres nociones: (1) Por definición, los "universales" deben aplicar a muchas cosas (de lo contrario, estos serían particulares); (2) Estos son abstractos en lugar de concretos (por lo tanto, no aparecen en el mundo material); (3) Estos son verdades generales en lugar de específicas.

4. ¿Están las leyes de la lógica en la categoría de los universales? Explica.

   Respuesta: Las leyes de la lógica son universales. Estas son las proposiciones más generales que alguien posiblemente puede sostener. Estas son utilizadas en cada momento que piensas o hablas acerca de cualquier cosa. Estas son reglas invariantes, universales y abstractas que gobiernan la razón humana. De hecho, ellos hacen la racionalidad posible al permitir el significado coherente, el pensamiento racional y la comunicación inteligente.

5. **¿Por qué las leyes de la lógica no se deben llamar "leyes del pensamiento"?**

   Respuesta: No deberías decir que estas son "leyes de pensamiento," como si fueran asuntos de la psicología humana subjetiva informándonos cómo piensa la gente. Nosotros sabemos, claro está, que la gente en realidad viola las leyes de la lógica regularmente. Las leyes de la lógica no son leyes del pensamiento, sino presuposiciones de pensamiento (coherente).

6. **Da a conocer y define brevemente cada una de las tres leyes básicas de la lógica.**

   Respuesta: (1) La Ley de la Identidad establece que la "A es A." Esto significa que si cualquier declaración es verdad, es verdad; no pueden ser ambos verdad y no verdad simultáneamente. Es decir, cualquier cosa que existe en la realidad tiene una identidad particular y no es algo más. La cosa es lo que es. (2) La Ley de la Contradicción establece que la "A no es una no-A." Es decir, ninguna declaración puede ser tanto verdadera como falsa en el mismo sentido y al mismo tiempo. (3) La Ley del Tercero Excluido establece que "A es A o no-A." Es decir, cada declaración debe ser verdadera o falsa exclusivamente, no hay un punto intermedio. O para ponerlo de otra manera: si una declaración dada no es verdad, entonces su negación debe ser verdad.

7. ¿Cuál es la pregunta apologética básica que debemos hacerle al incrédulo con respecto a los universales y las leyes de la lógica?

Respuesta: "¿Qué cosmovisión le da sentido a los universales y a las leyes de la lógica?" El problema recurrente de la cosmovisión incrédula surge una vez más: Él no puede *explicar* los universales y las leyes de la lógica.

8. ¿Cómo es que el método científico es problemático para las leyes de la lógica en la cosmovisión del incrédulo?

Respuesta: El incrédulo empírico no puede explicar las leyes de la lógica que regulan el razonamiento humano. Las leyes de la lógica no son objetos físicos que existen como una parte del mundo de los sentidos. Estas leyes no son el resultado del comportamiento observable de los objetos materiales o las acciones físicas. ¿Existen las leyes de la lógica en el mundo natural como para que puedan ser examinadas empíricamente? Si somos materialistas, entonces sólo aquello que es objetivo en el reino de la experiencia sensorial es real. ¿Qué sentido tienen las leyes de la lógica para los incrédulos? ¿Qué son las leyes de la lógica? Si tan sólo son impulsos de las terminaciones nerviosas en las sinapsis neuronales, entonces la lógica es diferente de una persona a otra y, por lo tanto, sus leyes no son leyes en lo absoluto. El materialismo inherente en el mundo moderno no puede explicar las leyes de la lógica.

9. ¿Cómo es que el compromiso final del incrédulo con el azar es problemático para las leyes de la lógica?

Respuesta: En un universo azaroso, todos los hechos particulares serían aleatorios, no tendrían una identidad clasificable, no guardaría un orden o relación pre determinada y de este modo no sería inteligible para la mente humana. El azar no puede explicar las leyes. Los universales y las leyes de la lógica son hostiles al azar y la aleatoriedad.

10. **¿Cómo es que la cosmovisión del incrédulo involucra tensión interna y contradicción cuando trata de afirmar las leyes de la lógica?**

Respuesta: En los supuestos del hombre natural, la lógica es un principio impersonal y eterno, y los hechos son controlados por el azar. Es por medio de los principios universales eternos de la lógica que el hombre natural debe, en sus supuestos, buscar hacer afirmaciones inteligibles acerca del mundo de la realidad o del azar. Pero esto no se puede hacer sin caer en la auto-contradicción. En cuanto al azar no hay forma en que se pueda hacer una afirmación. Es irracional la idea misma. Y ¿cómo se deben hacer las afirmaciones racionales partiendo de lo irracional?

11. **¿Cuál es el problema con declarar que las leyes de la lógica son convenciones humanas adoptadas por el hombre?**

Respuesta: En primer lugar las leyes de la lógica no son acordadas por todas las personas. El Hinduismo afirma el monismo que niega la diferenciación. Debido a que todo es uno, es obvio que ahí no puede haber la ley de la contradicción. Si el incrédulo declara que las leyes de la lógica son acordadas por convenciones, entonces estas no son absolutos porque están sujetas al "voto" y por lo tanto, al cambio.

12. ¿Cuál es la relación entre las leyes de la lógica y Dios?

Respuesta: El Cristiano sostiene una presuposición básica de que Dios es el Creador del mundo y de la mente humana, así que toda la inteligibilidad se debe a Él. Él es el autor de toda la verdad, sabiduría y el conocimiento. Los Cristianos ven las leyes de la lógica como expresiones del pensamiento de Dios, de Su propia naturaleza consistente y personal, no como principios fuera de Dios a los que deba estar a la altura. Las leyes de la lógica reflejan la naturaleza de Dios, porque en Él encontramos una coherencia perfecta.

13. Cita algunos versículos que afirmen cada una de las tres leyes de la lógica.

Respuesta: (1) La ley de la identidad es afirmada por Dios cuando Él se identifica a Sí mismo: "Yo soy el que Soy" (Éxodo 3:14). Dios es Él mismo y nada más. (2) La ley de la no contradicción yace debajo de la orden de "que su sí sea sí, y su no sea no, para que no caigan en condenación" (Santiago 5:12). (3) La ley del tercero excluido aparece en la noción de la antítesis, como cuando Jesús dice: "El que no es conmigo, contra mí es; y el que conmigo no recoge, desparrama." Obviamente, uno está "con" Cristo o está "contra" él. No hay punto intermedio—de acuerdo a Cristo mismo.

RESPUESTAS AL CAPÍTULO 12: "LIBERTAD PERSONAL Y DIGNIDAD"

1. ¿Qué significa la frase "autoconscientes epistemológicamente"? ¿Por qué es importante como herramienta apologética?

Respuesta: Alguien que es "autoconsciente epistemológicamente" enfrenta la vida en una forma que concuerda completamente con su teoría del conocimiento. Es decir, su comportamiento y su razonamiento son perfectamente consistentes con sus compromisos básicos acerca del mundo y el conocimiento.

2. **Define el concepto de "dignidad" en relación a la "dignidad humana." ¿Cómo es importante para nuestro diario vivir? ¿para nuestras vidas sociales?**

    Respuesta: La "dignidad humana" se ocupa de nociones de valor ético, de respeto personal y del valor inherente en la vida humana. La pregunta de la dignidad humana es de un significado práctico enorme tanto para nuestras vidas mundanas como para nuestras cosmovisiones teóricas. No sólo impacta nuestras actitudes diarias y nuestra interacción con otros sino que sirve como el fundamento mismo de los derechos humanos y de una sociedad estable.

3. **¿Cuáles son las dos ilustraciones de la dignidad humana presentadas? Explica el uso de estas en la apologética.**

    Respuesta: Los funerales para los muertos y los tribunales de justicia para defender los derechos. Los animales no tienen nada en sus actividades que expresen alguna noción de dignidad o de estándares de lo que es correcto o incorrecto. Los funerales y los tribunales de justicia exhiben nuestra noción de dignidad humana.

4. **A pesar de que la mayoría de los estadounidenses aceptan la noción de la dignidad humana, no toda la gente lo hace. Haz una lista de algunos ejemplos de repudio generalizado de la dignidad humana.**

   Respuesta: Los nazis les negaron la dignidad a los judíos en la Segunda Guerra Mundial. La esclavitud musulmana le quita la dignidad a los negros.

5. **Da a conocer algunos ejemplos históricos del problema de exagerar la dignidad de la vida (sin las limitaciones de la cosmovisión Cristiana).**

   Respuesta: Albert Schweitzer se rehusó a limpiar su hospital porque eso mataba la vida de las bacterias. Los jainistas hacían preparaciones para asegurarse de no matar accidentalmente a las moscas.

6. **¿Cómo es que el materialismo destruye la noción de la dignidad humana?**

   Respuesta: En la cosmovisión materialista tan sólo somos paquetes de información genética. ¿Qué dignidad es inherente en una colección de hilos de adn? La dignidad es un concepto metafísico inmaterial.

7. **¿Cuál es en sí el problema final que tiene la cosmovisión de los incrédulos al intentar afirmar la dignidad humana?**

   Respuesta: ¿Qué significado tiene la dignidad en un Universo azaroso? Nosotros debemos recordar que el azar no puede explicar la moralidad ni los universales. El azar destruye la posibilidad misma del significado y la relevancia, derribando juntamente la noción de la dignidad.

8. **Explica en términos generales el caso Cristiano para la dignidad humana.**

Respuesta: (1) La Escritura en varias ocasiones establece la base firme de la dignidad humana, declarando que el hombre existe como la imagen del Dios eterno. El salmista declara que Dios hizo al hombre "un poco menor que los ángeles" (Salmos 8:5). (2) Nuestro valor está subrayado por el hecho de que el Hijo de Dios tomó sobre sí mismo la humanidad verdadera, para poder redimirnos de nuestros pecados. (3) Nuestro Dios santo aun nos proveyó en la Escritura un sistema de moralidad y de ley que establece protecciones especiales para el hombre, afirmando su dignidad. (4) La Escritura habla de un gran valor en la reputación y en el nombre, aun prefiriéndoles antes que el oro. "Más vale el buen nombre que las muchas riquezas, y el favor que la plata y el oro" (Proverbios 22:1).

GLOSARIO DE TÉRMINOS Y FRASES

Antítesis: La Antítesis está basada en dos palabras griegas: *anti* ("en contra") y *tithenai* ("establecer o poner"). "Antítesis" habla de la oposición o de un contrapunto. Como Cristianos debemos reconocer el desacuerdo fundamental entre el pensamiento bíblico y todas las formas de incredulidad en el nivel del fundamento de nuestra teoría del saber y del conocimiento. (12)

Apologética: La apologética es la vindicación de la filosofía de vida Cristiana en contra de las diferentes formas de filosofía de vida no Cristiana. La "apologética" se deriva de la combinación de dos palabras griegas: *apo* ("atrás, desde") y *logos* ("palabra"), que significa "dar una palabra de regreso, responder," es decir, en defensa. (1)

Atomismo: Una forma de materialismo que sostiene que el universo material está compuesto de partículas indestructibles. En realidad, la palabra "átomo" se forma del griego *a* ("no") y *temnein* ("cortar"), que habla de la partícula material más pequeña que ya no puede ser cortada más. El Atomismo niega el Monismo necesariamente en que este afirma una diferenciación atómica infinita en la realidad. (79)

Autoconsciencia epistemológica: Alguien que es "autoconsciente epistemológicamente" enfrenta la vida de una forma que concuerda completamente con su teoría del conocimiento. Es decir, su comportamiento y su razonamiento son perfectamente consistentes con sus compromisos básicos acerca del mundo y el conocimiento. (202)

Autonomía: Autonomía se deriva de dos palabras griegas: *auto* ("propio") y *nomos* ("ley"). Significa efectivamente "ley propia," o "norma propia." La autonomía humana afirma que el razonamiento humano es el criterio último del conocimiento. (124)

Cosmovisión: Una cosmovisión es una red de presuposiciones (que no están verificadas por medio de los procedimientos de la ciencia natural) acerca de la realidad (metafísica), el conocimiento (epistemología) y la conducta (ética) en términos de la cual cada elemento de la experiencia humana es relacionada e interpretada. (1)

Deconstruccionismo: El deconstruccionismo es un principio de análisis del lenguaje moderno, el cual afirma que el lenguaje se refiere a sí mismo más que a una realidad externa. Desafía a cualquier reclamo de verdad definitiva y de obligación al atacar las teorías del conocimiento y de valores definitivos. Esta filosofía afirma "deconstruir" textos, quitar todas las tendencias y las suposiciones tradicionales. Los deconstruccionistas argumentan, por lo tanto, que un texto no escrito comunica cualquier significado establecido o transmite cualquier mensaje confiable y coherente. (9)

Deísmo: Una religión natural que prevalecía en los siglos 17 y 18. Esta creencia acerca de Dios se deriva únicamente de una revelación y razonamiento natural y no de una revelación especial. El dios del deísmo creó el mundo pero no interfiere con él ya sea mediante providencia, milagros, encarnación ni cualquier otra afirmación Cristiana. (26)

Dialéctica: Dialéctica (del griego *dialogo*, "discurso") es el proceso filosófico (el "diálogo") por el cual se llega a la verdad por medio del intercambio de ideas entre puntos de vista opuestos. (73)

Dualismo: El Dualismo sostiene que hay dos realidades finales, normalmente designadas como la mente y la materia. El filósofo griego Platón (428–348 a.c.) fue un Dualista dividiendo la realidad en el mundo eterno ideal de las "Formas" y en el mundo perceptual de la experiencia temporal de los sentidos. En el mundo eterno más allá del mundo espacio-temporal existen Formas ideales perfectas como realidades inmutables. El mundo de la experiencia está poblado de copias particulares imperfectas y oscuras de aquellas formas ideales (que se conocen sólo a través de la intuición). (78)

Egoísmo: Este sistema ético sostiene que el interés propio es el motivo correcto para la conducta humana. Este no se debería confundir como "egotismo" que es presunción. (79)

Empírico: El conocimiento que es por medio de la observación y confía en la percepción de los sentidos. Es guiado por la experiencia en lugar de por la teoría. (142)

Encarnación: La palabra encarnación viene del latín *incarnare*, "convertirse en carne". Esta se basa en dos palabras latinas: *in* ("dentro") más *carn* ("carne"). Nos habla de la venida del Dios invisible y espiritual en forma corporal en Jesucristo. (60)

Epistemología: La epistemología se basa en dos palabras griegas: *episteme* ("conocimiento") y *logos* ("palabra, discurso"). Es el estudio de la naturaleza y los límites del conocimiento humano; esta hace preguntas acerca de la verdad, la creencia, la justificación, etc. Investiga el origen, la naturaleza, los métodos y los límites del conocimiento, descubriendo lo que sabemos y cómo llegamos a saberlo. (57)

Escepticismo: El Escepticismo dice que nosotros no sabemos nada con certeza. Todo el conocimiento humano es tan deficiente que por mucho solo puede ser probablemente verdad. Debido a esto, se considera que el conocimiento simplemente es una opinión. Estos dos últimos núcleos de las cosmovisiones son generalmente bastante familiar para nosotros hoy en día, aunque no siempre como escuelas oficiales de pensamiento filosófico. (79)

Ética: La ética es la rama de la filosofía conocida como la filosofía moral. Esta estudia las actitudes correctas e incorrectas, los juicios y las acciones, así como también la responsabilidad moral y la obligación. (62)

Existencialismo: Una filosofía preocupada sobre todo con la libertad y la libre expresión. Este exalta la experiencia de vivir por encima del conocimiento, la voluntad por encima del pensamiento, la acción por encima de la contemplación, el amor por encima de la ley, la personalidad por encima del principio, la individualidad por encima de la sociedad. (74)

Generación X: La Generación X consiste en aquellos cuya adolescencia fue tocada por los años 80s es decir, aquellos que nacieron en los 60s y los 70s. El término fue popularizado por la novela de Douglas Coupland *Generación X: Historias para una Cultura Acelerada*. En el uso de Coupland, la X se refiere a la dificultad de definir a una generación cuya única creencia que les unificaba era el rechazo a las creencias de sus padres llamada Baby

Boomers. Aunque no fue el primer grupo de americanos que creciera con la televisión, los de la generación X si fueron el primer grupo que no conocía la vida sin ella. (11)

Hecho Bruto: El hecho que no se puede interpretar y que queda solo sin referencia a otros hechos, principios de interpretación y especialmente de Dios. La Apologética Presuposicional niega los hechos brutos ya que todos los hechos son creados y controlados por Dios de acuerdo a su plan y para su gloria. (40)

Ilustración: El movimiento intelectual europeo de los siglos 17 y 18, cuyas ideas acerca de Dios, la razón, naturaleza y el hombre fueron mezcladas en una cosmovisión que inspiró a desarrollos revolucionarios en el arte, la filosofía y la política. Algo importante en el pensamiento de la Ilustración era el uso y la celebración de la razón. Para los pensadores de la Ilustración, la autoridad recibida, ya fuera de la ciencia o de la religión, era para ser sujeta a investigación por las mentes sin restricciones. (7)

Marxismo: El Marxismo se basa en la filosofía desarrollada por Karl Marx (1818–1883), un filósofo judío y crítico social que vivía en Alemania. Este es un esquema inherentemente ateo y sociopolítico que sostiene que el mundo material es la realidad última y que la religión es una ilusión. (73)

Materialismo Dialéctico: La interpretación marxista de la realidad que ve la materia como lo único sujeto al cambio y a todo cambio, como producto de un conflicto constante entre opuestos que surgen de las contradicciones internas inherentes en todos los eventos, ideas y movimientos. (73)

Metafísica: La palabra metafísica se deriva del latín *metaphysica*, que se basa en el compuesto de dos palabras griegas: *meta* ("después, más allá") y *physika* ("física, naturaleza"). Literalmente significa "más allá de lo físico", es decir, más allá del mundo físico de la percepción de los sentidos. Es el estudio de la naturaleza fundamental de la realidad, el origen, la estructura y la naturaleza de lo que es real. (52)

Monismo: La palabra monismo se deriva de la palabra griega *mono*, "sólo". El Monismo es un sistema metafísico que impone una sola substancia o principio en el Universo. El Monismo niega la multiplicidad de las cosas, sosteniendo que aquellas muchas cosas que estimamos como reales son simplemente fases de una y de alguna manera son ilusiones. (78)

Nihilismo: El nihilismo enseña que el mundo y el hombre están completos sin significado o propósito. El mundo y el hombre son absolutamente insensatos e incompetentes acerca de que no existe la verdad comprensible. La palabra "nihilismo" se deriva del Latín *nihil*, que significa "nada." (9)

Noético: Noético se deriva de la palabra griega *nous*, que significa "mente" (ver: Lucas 24:45; Romanos 7:23; Filipenses 4:7). El "efecto Noético del pecado" es un aspecto de la doctrina de "depravación total," que declara que la caída llega hasta lo más profundo del ser, aún a su mente, sus procesos de razonamiento. (26)

Omnipresencia: Omnipresencia se deriva de las palabras del latín *omni* ("todo") y *praesens* ("presente"). Nos habla de la presencia de Dios personal y simultánea en todos lados y por todo el universo. (59)

Ontología: La Ontología es la rama de la metafísica que se ocupa de la naturaleza del ser. (177)

Petición del Principio: La Petición del principio (técnicamente conocida por la frase en latín *petitio principii*) es una forma de falacia de razonamiento en donde tu premisa incluye la afirmación de que tu conclusión es verdad, es decir, tu argumento asume el punto mismo a ser probado. (115)

Politeísmo: El politeísmo se deriva del francés, *polythiesme,* que se basa en la combinación de dos palabras griegas: *polu* ("muchos") y *theos* ("dios"). El politeísmo es la creencia en muchos dioses, donde dioses particulares son enseñados para gobernar aspectos específicos del mundo y de la vida. (46)

Pragmatismo: El sistema filosófico que sostiene que el significado de una idea o una proposición, reside en sus consecuencias prácticas observables. El Pragmatismo argumenta que vivimos para resolver nuestros problemas, aunque no necesitamos dar teóricamente explicaciones. Debemos ser capaces de adaptarnos al medio ambiente, solucionar problemas y continuar en la vida. El Pragmatismo le rehúye a los problemas tradicionales de la filosofía: No necesitamos certeza, sino utilidad. (78)

Predicación: (Aseveración/afirmación) La Predicción es un concepto lógico que se toma prestado de la gramática. En la lógica, la predicción puede afirmar o negar algo, es el atribuir o negarle algo al objeto de la propuesta. Por ejemplo, considere las siguientes dos declaraciones de predicción: "El sol está caliente"; "El lado obscuro de la luna no está caliente." La primera oración afirma (predice) calor en el sol, la segunda niega el calor en el lado obscuro de la luna. (35)

Presuposición: Un supuesto elemental (o fundamental) en el razonamiento de alguien o en el proceso por medio del cual las opiniones son formadas. No es simplemente cualquier supuesto en un argumento, sino un compromiso personal que se sostiene en el nivel más básico de la red de creencias de alguien. Las presuposiciones forman una perspectiva (o punto de partida) fundamental y amplia, en términos de la cual, todo lo demás es interpretado y evaluado. Como tales, las presuposiciones tienen la autoridad más alta en el pensamiento de alguien, siendo tratadas como las creencias menos negociables de la persona y siéndoles otorgadas la inmunidad más alta al ser revisadas. (41)

Proletariado: El Proletariado se deriva del latín *proles* ("descendencia"). En la Roma antigua se refería a la clase baja y pobre en la sociedad. En la teoría Marxista habla de la clase trabajadora que no posee capital o medios de producción. (73)

Razonamiento Circular: El Razonamiento Circular (técnicamente conocido por la frase en latín *circulus in probando*) ocurre cuando uno asume algo para poder probar esa misma cosa. El razonamiento circular es a menudo muy sutil y difícil de detectar. (115)

Razonamiento Discursivo: El razonamiento analítico que procede por medio de moverse de un hecho a otro, punto por punto, de una manera lógica en lugar de por intuición. (76)

Razonamiento Trascendental: El Razonamiento Trascendental busca descubrir cuáles son las condiciones generales que deben ser completadas por cualquier instancia particular de conocimiento para que sea posible. Este pregunta qué punto de vista del hombre, mente, verdad, lenguaje y mundo está presupuesto necesariamente por nuestra concepción del conocimiento y nuestros métodos de perseguirlo. (115)

Regresión Infinita: El resultado de que una explicación sugerida o un supuesto estándar sea desafiado, provoca que la discusión señale, más atrás, a un compromiso más básico que sostenga la explicación y cuando ese compromiso es desafiado, señala a un compromiso aún más básico, y a otro y a otro indefinidamente. (114)

Relativismo: El relativismo enseña que el conocimiento es relativo debido a lo limitado del estado de la mente y a que no puede haber absolutos que den un significado establecido o valor a cualquier pensamiento o acto humano. (9)

Revelación Especial: La revelación especial es aquella revelación que es dada al pueblo de Dios (por consiguiente, es "especial"). Esta viene de Dios por medio de una comunicación directa, personal, verbal (o visual), ya sea a través de mensajeros especiales dotados proféticamente o a través de registros escritos de esos mensajeros. (60)

Revelación General: La revelación general es la doctrina que enseña que Dios se revela a sí mismo en la naturaleza. Esta forma de revelación está dirigida a todo hombre (por lo tanto, se le llama revelación "general"). Aunque la revelación de Dios en la naturaleza no le muestra al hombre el camino de salvación, la naturaleza trinitaria de Dios y muchas otras verdades divinas como esta, sí muestran que Dios existe y que Él es poderoso y que el hombre es responsable ante Él. (58)

Subliminal: "Subliminal" se deriva de dos palabras en Latín: *sub* ("abajo") y *limmen* ("umbral"). Esto habla de aquello que está debajo del umbral de la conciencia, aquello que está fuera de la percepción consciente. Los publicistas han descubierto que la gente recoge de manera inconsciente información y son influenciados por destellos de esta, por debajo de los límites normales de percepción. (11)

Teología Reformada: La Teología de la Reforma es la rama teológica del pacto del evangelicalismo, fuertemente Calvinista. Un buen resumen del punto de vista Reformado de la teología puede ser encontrado en la famosa formulación doctrinal conocida como la Confesión de Fe de Westminster (que surge a mediados de 1640 en Inglaterra). (138)

Trinidad Económica: La Trinidad económica observa a la Trinidad en términos de un esquema de salvación, el plan de redención: El Padre nos escoge y envía al Hijo, el Hijo es encarnado y muere por nosotros, el Espíritu nos llama y nos santifica. La noción de la Trinidad económica se enfoca en los *roles* de cada miembro de la Trinidad. Ni el Padre ni el Espíritu murieron en la cruz, sólo el Hijo. (77)

Trinidad Ontológica: La Trinidad ontológica es el ser trino de Dios en sí mismo, el único ser de Dios de Padre, Hijo y Espíritu Santo. (77)

Teológico: La palabra "teológico" se deriva de la palabra griega *telos*, que significa "final" o "propósito" y *logos* ("palabra" o "estudio de") Un argumento teológico sostiene la existencia de Dios basado en la evidencia, orden, propósito, diseño y/o dirección en el orden creado. (56)

Universal: En la filosofía, cualquier verdad de una naturaleza general o abstracta—ya sea un concepto amplio, una ley, principio o una declaración categórica. Estas verdades generales se usan para entender, organizar e interpretar verdades particulares encontradas en experiencias concretas. (187)

Utilitarismo: El sistema ético que sostiene que el hombre debe buscar la felicidad más grande para el mayor número. (79)

Acerca del Cántaro Institute
Heredando, Informando, Inspirando

El Cántaro Institute es una organización cristiana evangélica confesional establecida en el año 2020, la cual busca recuperar las riquezas del protestantismo español para la renovación y edificación de la Iglesia contemporánea y promover la filosofía cristiana de la vida para la reforma religiosa del Occidente y el mundo Iberoaméricano.

Creemos que a medida que la Iglesia cristiana regresa a la fuente de las Escrituras como su última autoridad para todo conocimiento y vida, y sabiamente aplica la verdad de Dios a cada aspecto de la vida, fiel en espíritu a los reformadores, su actividad misiológica resultará no solo en la renovación de la persona humana, sino también en la reforma de la cultura, un resultado inevitable cuando la verdadera amplitud y naturaleza del evangelio es expuesta y aplicada.

www.ingramcontent.com/pod-product-compliance
Lightning Source LLC
Chambersburg PA
CBHW051856160426
43209CB00006B/1321